本书撰写人员名单

主　　编：向德平

撰写人员：向德平　梅莹莹　张中强　欧阳祎兰　王　维
　　　　　向　凯　张　坤　刘永泽　王　欢　陈丽珍
　　　　　宋佳奇　于小清

新时代中国县域脱贫攻坚案例 研究丛书

泽普

脱贫攻坚与民族团结双轮驱动

全国扶贫宣传教育中心／组织编写

人民出版社

目　录
CONTENTS

第一章 ｜ **泽普脱贫攻坚的总体状况** ……………………… 001

第一节　泽普县脱贫攻坚的背景 ……………………… 002

第二节　泽普县贫困状况 ……………………………… 005

第三节　泽普县脱贫攻坚的举措 ……………………… 008

第四节　泽普县的脱贫成就 …………………………… 019

第二章 ｜ **双轮驱动促双赢** ………………………………… 025

第一节　双轮驱动的意义 ……………………………… 026

第二节　双轮驱动的背景 ……………………………… 030

第三节　双轮驱动的实践 ……………………………… 039

第四节　民族团结与脱贫攻坚的深度衔接 …………… 050

第三章 ｜ **党建扶贫壮筋骨** ………………………………… 055

第一节　党建扶贫重大意义 …………………………… 057

第二节　党建扶贫政策安排 …………………………… 059

第三节　党建扶贫实践举措 …………………………… 061

第四节　党建扶贫经验总结 …………………………… 075

第四章	产业扶贫致兴旺	081
	第一节 产业扶贫的背景与意义	083
	第二节 产业扶贫的具体措施	090
	第三节 产业扶贫的成效	099
	第四节 产业扶贫的经验与启示	106
第五章	就业扶贫促转型	113
	第一节 就业扶贫的背景与意义	115
	第二节 就业扶贫的政策安排与实践举措	117
	第三节 就业扶贫的成效	126
	第四节 就业扶贫的经验启示	133
第六章	教育扶贫重扶智	139
	第一节 教育扶贫的双重属性与实践意义	140
	第二节 教育扶贫的实践措施	143
	第三节 教育扶贫的成效	156
	第四节 教育扶贫的经验总结	166
第七章	环境改善达宜居	169
	第一节 人居环境改善概述	170
	第二节 人居环境改善的主要举措	175
	第三节 人居环境改善的成效	188
	第四节 人居环境改善的经验	194

第八章 ｜ **大数据助脱贫** ································ 201

　　第一节　大数据助推脱贫攻坚概况 ··············· 202

　　第二节　脱贫攻坚大数据平台的运行 ············· 206

　　第三节　大数据助推脱贫攻坚的成效 ············· 214

　　第四节　大数据助推脱贫攻坚的经验与启示 ······· 221

第九章 ｜ **泽普经验：双轮驱动共发展** ··············· 225

　　第一节　脱贫攻坚与民族团结双轮驱动的主要做法 ······· 226

　　第二节　脱贫攻坚与民族团结双轮驱动的启示 ········ 237

　　第三节　脱贫攻坚与民族团结双轮驱动的展望 ········ 241

后　记 ······································· 249

第一章

泽普脱贫攻坚的总体状况

第一节　泽普县脱贫攻坚的背景

一、泽普县基本县情

泽普县，是"泽普勒善"的简称，因泽勒苦善河得名。泽普勒善，塔吉克语，意为"黄金之河"，河有沙金，故名。泽普又名波斯喀木，是维吾尔语"波斯提坎"的变音，意为"富饶的土地"，汉语意为"广泽惠普"。泽普县位于新疆西南部，昆仑山北麓，喀喇昆仑山东侧，塔克拉玛干沙漠的西缘，叶尔羌河与提孜那甫河冲积扇中上游。北与西北以叶尔羌河为界，同莎车县相望，东和东南隔提孜那甫河与叶城县为邻，西南亦接叶城县界，是古丝绸之路的重要驿站，有着悠久的历史。地处东经 76°52′0″—77°29′30″，北纬 37°57′—38°19′之间。海拔高度为 1215—1490 米，属暖温带大陆性干旱气候，年平均气温 11.4℃，极端最高气温 39.5℃，极端最低气温-22.7℃。全县辖 14 个乡镇（场）、151 个行政村（社区），全县总人口 22.5 万人，农村人口 15.3 万人，有维、汉、塔吉克、回等 19 个民族，少数民族人口占 79%，汉族占 21%。全县总面积 988 平方公里，耕地面积 57 万亩，土壤有机质低，一般在 2%以下。其中林果面积 53 万亩，绿洲面积占 86.3%，森林覆盖率 40.38%，是典型的沙漠绿洲地貌，其中园地 3.4 万公顷，牧草地 151 万公顷，可利用草场 10.48 万公顷，其中改良草场 2.96 万公顷、围栏草场 1.3 万公顷，水域面积 69.9 万公顷。后备耕地资源 48.81 万公顷，年均开发约 1 万公顷。截至 2010 年，已发现矿产 67 种，矿产地 213 处。其中大型矿床 10 处。泽普享有"梧桐天堂、胡杨水乡、精品枣都、寿乡之冠"的美誉，有"华夏梧桐第一县"和"中国有机红枣种植面积最大县"两项上海大世界基尼斯纪录。荣获了全国民族团结进步模范县、国家卫生县城、全国文明县城、全国生态文明示范县，近几年又先后荣获国家园林县城、全国义务教育发展基本均衡县、全国人居环境范例奖、全国十佳休闲小城、"四好农村路"全国示范县等诸多殊荣，是自治区首批平安县和优秀平安县。

由于自然条件、资源禀赋等原因，泽普县贫困人口多、贫困程度深，脱贫难度大。面临着区位劣势、信息闭塞、思想落后，贫困程度深、扶贫面广、扶贫量大，基础设施薄弱、公共服务水平低，产业发展落后、产业带动能力不足，贫困人群整体素质不高、自我发展能力不强，反恐形势严峻、维稳压力大等挑战，扶贫攻坚难度较大，地区发展存在困境。

二、泽普县的经济社会发展状况

2018 年，泽普县国民生产总值（GDP）47.53 亿元，比上年增长4.1%。其中：第一产业增加值 17.08 亿元，增长 2.7%；第二产业增加值 7.9 亿元，下降 3.3%（其中工业增加值 1.61 亿元，下降 9.7%）；第三产业增加值 22.55 亿元，增长 8%。第一产业增加值占国民生产总值的 35.9%，第二产业增加值占国民生产总值的 16.6%，第三产业增加值占国民生产总值的 47.5%，第三产业成为拉动经济增长的第一动力。2018 年，人均国民生产总值 21293 元，增长 3.8%。

在产业方面，泽普县在扶贫政策的引导下，突出市场导向，多措并举促进增收。坚持把产业扶贫工程作为脱贫增收的根本举措，积极发挥林果业优势，狠抓林果业，坚持做优种植业，推动特色种植业，做强畜牧业，并把就业作为扶贫工程的最直接手段，修建卫星工厂，大力招商引资，扎实推进供给侧结构性改革，多种福利政策促进企业发展，力保"一户一就业"，同时按照"古城喀什、生态泽普"的旅游发展定位，抓牢持续稳定释放红利的时机，坚持把第三产业发展作为优化经济结构、促进转型升级的有效手段，加快推进旅游与生态、文化、产业融合发展。全面推进"全域旅游"，将县域整体作为功能完整的旅游目的地来建设，持续稳定提高贫困群众收入水平。

第一产业方面，按照"稳粮、优果、强牧、扩菜、兴特色"的思路，积极发挥林果业优势，狠抓林果业提质增效，开展各类林果业技术培训。发展林果面积53万亩，其中红枣18万亩、核桃25万亩、苹果3万亩，其他7万亩，人均林果面积3亩，贫困户人均林果面积2.5亩。坚持在产中服务管理和产后销售上下功夫，提质增效14万亩，组建林果业服务队，引进11个农副产品加工企业，采取托底收购的方式，解决林果销售问题。2018年，林果产量21.7万吨，产值16.1亿元，人均收入达5400元，占据了人均收入的一半以上。坚持做优种植业，通过特色种植推动产业结构调整，发展马铃薯、万寿菊、露地蔬菜等特色种植6万亩，筑牢贫困户脱贫支撑；坚持做强畜牧业，建成良种繁育中心1个，为贫困户提供良种羔羊，推动贫困户依靠发展畜牧增加收入。

第二产业方面，扎实推进供给侧结构性改革，围绕"三降一去一补"，全面落实自治区低电价优惠政策，有效降低企业运行成本。园区基础设施建设不断完善，产业孵化园四期5栋8670平方米、特色食品产业园8栋1.07万平方米项目完工。通过启动实施2.52万平方米新型社区标准厂房项目建设，加大招商引资，落实一企一策帮扶措施，全年完成工业增加值达到1.58亿元。

第三产业方面，以打造南疆全域旅游第一县为目标，完成金湖杨景区、叶尔羌湿地公园、布依鲁克塔吉克风情小镇提升改造项目，建成叶尔羌河民俗文化博物馆、塔吉克民俗展示馆，建成金湖杨滑雪场、滑草场、全疆最大的室外3D画展、恐龙主题公园、叶尔羌河第一漂流等一批旅游娱乐项目，景区景点服务功能日趋完善。扎实推进叶尔羌河国家湿地公园、古勒巴格景区、法桐生态公园、塔吉克风情小镇申报3A级景区工作。

按照"古城喀什、生态泽普"的旅游发展定位，抓牢持续稳定释放红利的时机，成功举办丝路文化胡杨节和红枣文化节。以打造全域旅游为目标，依托国家 5A 级金湖杨景区、2 个国家 3A 级景区、1 个国家级湿地公园和 1 个自治区级生态旅游示范区优势，建成了两个旅游服务中心，修建了 11 公里道路，旅游基础设施不断完善；启德航空旅游成功落户金湖杨景区，填补了南疆低空旅游空白；编制完成《泽普县乡村旅游业发展规划》；利用上海"包机游"等活动，大力推进"送客入喀进泽"工作，今年累计送客 2600 余人。2018 年全县共接待游客 65 万人次，同比增长 41.3%；实现旅游综合收入 12025 万元，同比增长 31.59%。

第二节　泽普县贫困状况

一、泽普县贫困状况

泽普县位于新疆西南部，幅员 989 平方公里，辖 15 个乡镇（场）、151 个行政村（社区），总人口 23 万人，其中农村人口 15.3 万人，少数民族人口占 79%。泽普县有建档立卡贫困户 10028 户 38732 人，贫困发生率 25.6%。贫困村 40 个，深度贫困村 19 个。

2014 年建档立卡之初，全县贫困发生实际呈现以下状况：

一是贫困面广，贫困程度深。全县有贫困村 40 个，占全县行政村总数的 30.1%；有贫困人口 10806 户 37769 人，贫困发生率为 25.6%。扶贫开发面临的都是难啃的"硬骨头"，脱贫摘帽任务十分艰巨。

二是基础设施薄弱，公共服务水平低。基础设施相对落后，公共产品供给不足是制约全县经济发展的瓶颈。农田水利基础设施建设滞后，水利设施老化，病险灌渠急需维修，水资源利用率低，造成大量水资源浪费；中低产田比重大，抵御自然灾害的能力较弱；农村供电容量小、质量不高，生产生活用电保障能力不足；边远贫困村上学、就医、文化生活和社会保障体系不够健全。

三是产业发展落后，产业带动能力不足。第一产业结构调整任务重，畜牧业发展仍处于初级阶段，农产品加工能力不足，产业化、市场化程度不高，经济效益较低。第二产业中传统产业有待升级，新兴产业需求资金和政策方面的支持，纺织服装等劳动密集型产业仍处于起步阶段，就业拉动能力有限。第三产业虽旅游业和商贸物流业发展态势良好，但基础体量有限。

泽普自 2014 年开展精准识别建档立卡工作以来，按照"遵循标准、逐户核查、公示公告、分级确认、动态调整"的原则，严格标准、规范操作，切实把好信息数据关口。2015 年至 2017 年，开展了三轮"回头看、挤水分、再复核"工作，2017 年再复核后，全县有建档立卡贫困户 10257 户 39696 人，保证了应扶尽扶。2018 年，泽普县计划完成 1500 户、5553 名贫困人口脱贫、12 个贫困村退出任务、实现县域整体脱贫摘帽目标。9 月中旬至 10 月上旬，县扶贫开发领导小组抽调 42 个成员单位 69 名干部，组成 4 个验收核查组，本着"实事求是、客观公正"的原则，通过专项调查、抽样调查、实地核查、听取汇报、入户核查、组织访谈、电话抽查、查阅资料等方式，核查贫困户脱贫、贫困村退出的标准和程序，核查县域整体脱贫摘帽主要指标完成情况，确保了核查评估工作的质量和实效。全县有39644 名贫困人口达到脱贫标准，人均纯收入超过 3318 元标准，实现了"一超过、两不愁、三保障"的目标。全县未脱贫 8 户 33 人；返贫 4 户 19 人；新识别贫困人口 56 户 233 人。全县贫困发生率为0.19%（备注：15 户为分户、户籍迁出和单人单户死亡情况；自然减少 144 人、自然增加 103 人）。全县 133 个有建档立卡贫困户的行政村全部达到了"一降五通七有"的标准。

二、致贫原因

一是贫困人口综合素质不高，脱贫的内生动力不足。泽普县因其少数民族边区的特性，致贫原因多体现为缺技术、缺乏相关的技术支持和相关教育等。泽普县科技、教育、文化、卫生、体育等社会事业发展相对滞后，人民接受科技、文化、信息渠道有限，劳动力人均受教育程度低于新疆平均水平，素质相对偏低，且语言信息交流不畅，国语掌握和普及较差，导致信息推广受限制、市场信息匮乏。劳动力缺乏基本的就业技能，能力素质与劳动力市场需求严重脱节，国语教育正处在全面普及阶段，农村成年劳动力普遍不懂国语，一定程度上影响了贫困人口劳动力就业创业的渠道。当地贫困群众传统的"乐安天命"、"等靠要"思想严重，缺乏脱贫致富的内生动力，且对于政府给予的扶贫政策和当地工作人员的帮助存在一定程度的不理解。

二是贫困人群的基数大，减贫难度较大。从脱贫任务看，2014年泽普县有贫困村40个，其中深度贫困村19个，建档立卡贫困人口10028户38732人，贫困发生率25.6%，贫困人口基数大，减贫难度大。

三是贫困地区缺少摆脱贫困的产业基础。缺少产业是贫困地区致贫的重要原因，长期以来，泽普县乡村产业主要集中于传统种养殖业，产业投入高、收益低。很多贫困村发展产业欠基础、少条件、没项目，即使有产业项目，也存在结构单一、抗风险能力不足问题，对贫困户的带动作用有限。工业中传统产业升级改造难度大，新兴产业缺乏相关要素支持，纺织服装等劳动密集型产业仍处于起步阶段，就业拉动能力有限。第三产业旅游业和商贸物流业仍处于发展阶段，难以成为地方经济的主角。

四是反恐形势严峻，扶贫难度加大。泽普县地处南疆边陲、叶河流域，莎车、叶城两个维稳重点县之间，是反分裂斗争、打击"三股势力"前沿阵地和主战场，宗教极端思想流毒深远，意识形态领域反分裂反渗透形势严峻，长期受"三股势力"影响，对扶贫工作存在一定的不理解，对政府也存在一定误会，扶志工作难度大。暴恐活动的潜在威胁，直接阻碍了经济发展，严重冲击了招商引资、劳务输出和项目建设，一定程度上加剧了扶贫开发的难度。

第三节　泽普县脱贫攻坚的举措

泽普自 2014 年开展精准识别建档立卡工作以来，按照"遵循标准、逐户核查、公示公告、分级确认、动态调整"的原则，严格标准、规范操作，切实把好信息数据关口。2015 年至 2017 年，开展了三轮"回头看、挤水分、再复核"工作，2017 年再复核后，全县有建档立卡贫困户 10257 户 39696 人，保证了应扶尽扶。2018 年，全县有 39644 名贫困人口达到脱贫标准，人均纯收入超过 3318 元标准，实现了"一超过、两不愁、三保障"的目标。

在泽普县的脱贫攻坚实践中，泽普县坚持以"六个精准"为主线，坚定坚决落实自治区党委和地委确定的"七个一批、三个加大力度，十大工程、五项增收措施"决策部署。泽普县健全机制，配齐队伍，注重整改，落实项目，将脱贫的大任务细化为一个个工程，并有效监督落到实处。同时在整个脱贫攻坚实践中充分体现民族团结的重要性，注重地区文化融合、民族融合，抓住自身少数民族边区的特点，积极展开以民族团结促脱贫的工作。

一、健全工作机制，配齐配强队伍

泽普县党员群众认真学习习近平总书记系列讲话特别是脱贫攻坚

重要论述，树牢"四个意识"，坚持"两个维护"，一手抓脱贫攻坚，一手抓民族团结，实施双轮驱动。

泽普县乡两级分别成立脱贫攻坚工作领导小组，坚持落实党政一把手"双组长"负责制。依托"县领导包乡镇（场）"和"县领导包贫困村、乡领导包一般村"的包联制度，有效落实分管领导"一岗双责"责任制。按照逐村逐户"解剖麻雀"的办法，补充完善了"户有卡、村有表、乡有册、县有档"工作。及时制定下发了《泽普县2018年脱贫摘帽实施方案》，设置了6个专项组和23个专项行动小组。在2018年，按照"每周一次脱贫攻坚领导小组办公室会议、每半月一次领导小组会议、每月一次现场推进会"的制度，共召开领导小组会议33次，现场推进会10次，由党政主要领导牵头，总结经验、分析不足、安排部署重点工作，为实现脱贫摘帽目标奠定了坚实基础。

泽普县持续落实县委直接抓村级组织建设工作机制，按照县乡村扶贫机构不少于35人、10人、5人的标准，配齐县乡村三级扶贫干部共计820名，并通过扶贫知识专题培训和开设培训班等形式，强化了扶贫领域干部队伍的政治能力和业务能力。选优配强基层组织力量，选派154名优秀国家干部担任村（社区）第一书记，科级以上干部占88.31%，95名国家干部到村任党组织书记。区地县885名工作队员组成154个"访惠聚"工作队，实现了驻村（社区）全覆盖，在脱贫攻坚上发挥了积极作用。坚持把扶贫领域作为培养锻炼干部的主阵地，2016年以来，自治区、地区、县选派驻村工作队454个，驻村干部2498人，第一书记454人。对表现优秀的596人进行表彰奖励，提拔重用52人。

二、统筹各方资源，筑牢扶贫基础

深入推进实施"两个全覆盖工程"，自治区6个单位、地区5个单位和县直 115 个单位包联 133 个村，县乡两级 7222 名干部包联 10257 户困难群众，主要通过项目建设、技术帮扶、思想引导等形式，共投入帮扶资金 6778.3 万元，直接投入项目 93 个，协调引进项目 139 个，有效发挥行业扶贫作用。突出发挥上海援疆作用，投入 17.8 亿元，实施 169 个项目，并采取"组团式"援疆和"一对一"结对共建的形式进行扶贫帮困，为泽普实现脱贫摘帽目标奠定了坚实的基础。推进区内协作扶贫，克拉玛依白碱滩区投入援建资金 270 万元，转移贫困人口就业 85 人，有效发挥了援助共建作用。

按照自治区、地区要求，泽普县自下而上建立脱贫攻坚项目库，2016 年以来，储备项目累计 359 个、资金 92113 万元。严格执行项目管理办法规定，严把扶贫项目实施程序，确保扶贫项目资金到户到人。2015 年至 2017 年，全县共实施财政专项扶贫资金（扶贫发展资金）项目 351 个，资金 16649 万元。全县 2018 年共整合财政涉农资金、援疆资金、债券资金 54866 万元用于脱贫攻坚，实施项目 91 个，完工 89 个（剩余 2 个为中央财政专项扶贫资金项目管理费）。2016 年以来全县共发放扶贫小额信贷 29118 万元，惠及贫困家庭 9083 户。

三、注重民族融合，促进地区稳定

泽普县民族团结嵌入式发展有着源远流长的历史沿革，可以上溯到 20 世纪 60 年代初，共有维、汉、塔吉克、回等 19 个民族。在泽普农村，有 30 个汉族村（队）嵌入式居住于全县各乡镇（场），民汉住房、耕地交错在一起，生产生活相互影响、相互学习，汉族住户达到 2777 户 10442 人，民汉比例 1：2.6；在县城，各族群众交错杂居，形成了你中有我、我中有你的融合发展环境。近年来，在嵌入式发展中涌现出的民族团结典型数不胜数，有"全国最美村官"刘国忠，"最美乡村医生"魏成雄，致富能手杨孝和庞永福，村民联手救助病危阿訇忙苏·麦提尼亚孜的"好兄弟"依地热斯和狄世泰等。

泽普县提出文化为主、攻心为上的策略，始终以先进文化传播凝聚人心。做好民族团结工作最管用的是争取人心，而争取人心的根本是增强文化认同。泽普深刻认识到只有坚持以现代文化为引领，尊重差异、包容多样、相互欣赏，"爱国爱疆、团结奉献、勤劳互助、开放进取"的新疆精神才能得以延伸。始终坚持"双语"教育从娃娃抓起，立足"四个毫不动摇"，着力解决双语教师短缺问题，加大对双语教师培养培训和教研、教材的支持力度。近三年新聘双语教师865人，占全县事业编制的13%，目前全县双语教育普及率达到68.7%，双语教育幼小衔接率达到100%。少数民族学生中接受双语教育的占57%，接受汉语教育的占7.12%。在互学语言中增进感情，通过打造党员干部在线学习平台和农村党员远程教育视频系统，积极创造条件强化少数民族干部学习国家通用语言文字、汉族干部学习少数民族语言；在全社会推广实施"一对一"结对子学语言工程，将全县4200余名农村党员分片包户全覆盖到2.8万户农户，民汉党员交叉覆盖民汉群众，增强交流，促进感情。以典型引领增强泽普自信力，精心策划、创作编排以"全国最美村官"刘国忠为题材的歌曲《最美村官》、话剧《真爱》、微电影《暖爱》、电影《飘着金子的河》，反映泽普人文风光的歌曲《胡杨水乡》、《梧桐恋歌》、《胡杨牧歌》等一批深受群众喜爱、简单易学的现代化、世俗化文化作品，增强了各族群众对民族大团结和中华文化的认同。文化基础设施桥梁纽带作用得以延伸，在县城建成了县文体中心、全民健身广场、业余体校等，在农村实施了全民健身广场、文化站、文化室和百姓大舞台"四个全覆盖"，为开展种类文艺文体活动提供了有力的设施保障。

泽普县坚持以民族特色经济发展争取人心。在发展民族特色产业过程中，注重各民族机会的均等性、资源的均衡性和互助的有效性，把发展的成果落实到民生改善、惠及群众、增进团结上。在优化产业结构上实现利益共享，抢抓南疆特殊政策扶持机遇，依托产业孵化园、民生创业园，大力发展就业容量大的劳动密集型产业、小微企业，特别是民族特色产业，广泛吸纳各民族农村富余劳动力，让各族群众自觉用勤劳的双手创造更多的经济效益。在特色旅游上传承民族文化，帮助引导各族群众在发展以旅游业为龙头的第三产业上下功夫，在民族美食、民族服饰、民族特色手工艺品、民俗观光游览等方面做文章。目前，全县乡村生态旅游休闲点发展到 32 个，3 星以上农家乐 20 家，从事旅游服务人员 21136 人，占全县总人口的 10.48%，旅游综合收入累计近 3 亿元。在经济融合上实现成果共享，大力倡导各族群众共同经营生产模式，各族群众相互扶持、守望相助，互相学习生产技术，形成了一起谋发展的经济融合新模式，各族群众维护稳定的愿望更加强烈，民族团结的基础更为牢固。

泽普县坚持以各民族交往交流凝聚交融力量。建立和完善有利于各民族交往交流交融的条件和环境，才能形成相互了解、相互尊重、相互包容、相互欣赏、相互学习、相互帮助的民族感情，才能营造尊重各民族文化、风俗习惯的社会氛围。以"共居"促交融，对居民区设置、村组楼栋的人口结构进行分析规划，采取经济补助、环境优化、教育资源倾斜等措施，积极打造 30 个汉族村（队）和县城 21 个居住小区嵌入式居住模式样板，逐步形成了"大杂居、小聚居"，相互交错居住"你中有我、我中有你"的分布特点。以"共聚"促交融，结合扶贫攻坚集中连片建房，政策性引导各族群众聚居在一起。2015 年，筹资 250 万元为 7 个居住相对集中、人口较多的民族团结嵌入式居住自然村队修建了 260 平方米的活动阵地，搭建各民族嵌入式居住的平台。目前，全县 133 个行政村实现了标准化阵地全覆盖。以"共学"促交融，在学校，积极推动民汉合校、混班教学、混合住宿的方式，广泛开展"友谊学校"、"友谊班级"、共种"友谊树"、手拉手、结对子、学双语、交朋友、"首课 5 分钟"等活动，从小培养民族大家庭感情。在机关，鼓励各族干部同办公、同吃住、同学习、同劳动，营造"心往一处想、劲往一处使"的工作氛围。

泽普县坚持以思想融合深化情感。以思想融合为引领，时时处处突显团结、和谐、包容、融汇等文化特质。坚持不断完善机制，先后制定出台了《民族团结公约》、《民族团结模范单位五条标准》、《泽普县民族团结进步模范创建表彰办法》、《泽普县民族团结进步模范单位创建考核验收细则》等一系列制度，形成了制度化的"共识凝聚"。坚持领导带头，坚持每年举办 3—5 期科级以上领导干部民族团结教育和民族政策辅导学习班，四套班子领导带头宣讲，让各族干部在共同学习中增进感情、促进信任，带头维护民族团结。坚持创新宣传载体，围绕"我爱我家·我爱泽普"、践行"六种责任"主题，用好广播电视、微信、微博平台、报纸和公交出租等宣传载体，全面营造加强民族团结、维护祖国统一、反对民族分裂的浓厚舆论氛围，引导群众增强维护民族团结和社会稳定的坚定性和自觉性。坚持合力推进扶贫攻坚，在全县范围实施脱贫攻坚单位精准帮扶村、干部职工精准帮扶贫困户工程，全县 7142 名干部职工与 8120 户贫困户结成帮扶对子，深入落实帮扶单位每半月深入帮扶村调研，帮助解决实际困难，帮扶干部每月深入帮扶户家中了解情况，落实帮扶措施的要求，在结对帮扶中不断拉近了干群关系。

四、推进"十大工程"，改善人民生活

2018 年，农村居民人均可支配收入预计达到 10753 元，同比增长 9%，其中林果业人均收入预计达到 5868 元，占到了一半以上；贫困户人均纯收入预计达到 8156 元，这与泽普县的"十大工程"有着密切的联系。

（一）产业扶贫工程

全县林果面积达 53 万亩，其中红枣 20 万亩，核桃 24 万亩，苹果 3 万亩，其他 6 万亩，农村人口人均林果面积 3.5 亩，贫困户人均林果面积 2.5 亩。坚持把林果业作为支柱产业，投入 3559 万元，改

造低效益林果园 14 万亩，建成 50 座保鲜库，组建 450 人的林果业服务队，为依托林果业脱贫奠定了坚实的基础；坚持把种植业和畜牧业作为产业脱贫的有力支撑，优化种植结构，投入 2225 万元，新建拱棚 1888 座，投资 7290 万元建成良种繁育中心 1 个，同时建成农村电商 46 个，发展合作社 145 个，为产业扶贫促进群众增收奠定了坚实基础。

（二）就业扶贫工程

加快贫困户劳动力转移就业步伐。对全县建档立卡贫困户劳动力和就业情况进行摸底并分类造册，综合通过政府购买服务、园区企业就业、有组织转移就业、99 座卫星工厂就业、参与本地建筑业就业、自主创业，以及从事一产、三产就业等多种形式，2016 年以来建档立卡贫困户累计转移就业 24983 人，其中，疆外转移就业 564 人，疆内就业 24419 人。2018 年全县建档立卡贫困户中，有劳动能力贫困户 7069 户 11737 人，已全部实现就业。特别是今年有组织外出捡棉花共计 10700 余人（其中贫困户 2801 人），总收入 4975 万元，人均收入 5000 元以上，为实现就业脱贫打下了坚实的基础。

（三）土地清理再分配扶贫工程

利用全县清理回收 5.77 万亩土地收益 2885 万元，分层次、分领域设立了七项资金，按照动态跟进、保障到位的原则，帮助贫困户发展产业、促进就业，解决因病因学因灾和困境儿童关爱等问题。截至目前，通过周一"三结合"活动，已基本发放完毕。

（四）庭院惠民工程

按照"前院、中园、后圈"的模式，建成和改造庭院 9981 户，通过种植葡萄、小南瓜、蔬菜等，贫困户既改善了居住环境，又满足了生活需要，还实现了经济收入。

（五）安居保障工程

坚持规划先行、试点引导、同步推进的步骤，总投入 23.6 亿元，完成覆盖所有村的 193 个集中连片点建设任务，建成安居富民房 33930 套，其中贫困户 5574 套，截至目前，已全部建成并入住，全县农户住房安全实现全覆盖。

（六）基础设施配套工程

投入 1.9 亿元，完成了 204 公里安全饮水管网改扩建工程、485 公里村民小组道路建设、1160 户贫困户天然气入户，确保了 133 个村基层党组织阵地、文化室、卫生室、惠民超市、村民服务中心全覆盖，实现了"五通七有、一接近"目标。

（七）综合社会兜底保障工程

全面落实低保线和扶贫线"两线合一"，对 4879 户 10555 名建档立卡贫困户纳入低保范围，实现了应保尽保。全面实施"先诊疗、后付费"和"一站式"结算模式，落实大病医疗和救助报销政策，切实将综合社会兜底保障各项措施落到实处。

（八）易地搬迁工程

充分结合贫困户意愿，全县 2016—2017 年易地扶贫搬迁共计 216 户 850 人（死亡 3 人），于 2017 年 10 月搬迁入住。坚持扶贫项目资金向易地扶贫搬迁安置点倾斜，通过发展产业、促进就业等措施，目前各类指标均达脱贫标准，实现了搬迁户"搬得出、稳得住、能致富"的目标。

（九）扶志扶智工程

全面实施国家通用语言教育全覆盖工程，对疆内大专以上贫困学生给予一次性 3000 元资助，对疆外大专以上贫困学生给予每年 6000 元资助；积极开展"阳光助学"活动，动员全社会筹资 1370 万元，共资助 4608 名贫困学生，助力贫困户子女顺利完成大学学业，切实阻断贫困代际传递；深入推进"去极端化"，坚持把"四大"活动和发声亮剑活动作为正本清源的有力载体，引导各族群众自觉抵制民族分裂主义和宗教极端思想的渗透；积极开展"倡导新风尚、树立新气象、建立新秩序"活动，采取宣传党的惠民政策、选树脱贫致富典型、发放"脱贫光荣证"等形式，激发了脱贫致富内生动力。

（十）信息化建设工程

通过采取组织专班、筹措资金等措施，有序完成了县级、10 个乡和 40 个贫困村扶贫信息管理平台建设和信息录入工作，实现了对"六个精准"措施落实的跟踪管理，为脱贫攻坚决策部署提供了参考依据，也为巩固脱贫成效提供了科技支撑。同时，为全面巩固脱贫成效，建成了泽普县脱贫攻坚档案资料室，保障了脱贫摘帽的精准性和可视性。全面开放后，可达到存史、资政、育人的作用。

五、强化东西协作，提升"造血"能力

2017 年以来，泽普县第九批对口援疆工作聚焦"三大攻坚战"，在脱贫、维稳、就业、民生、交流交往等方面续写了"浦江叶河水相映，上海泽普心相连"的泽普篇章。坚持统筹用好用活援疆资金，加强资金项目的统筹规划。新一轮援疆工作启动以来，按照"规划为先、民生为本、产业为重、人才为要"的援疆总要求，泽普县紧紧围绕精准扶贫、精准脱贫，坚持将援疆资金和项目向基层倾斜，向保障和改善民生倾斜，向脱贫攻坚倾斜，三年来，上海市共投入援疆资金 81987 万元，其中用于保障和改善民生的项目资金占 82% 以上，共实施项目 56 个（2017 年 25376 万元，22 个项目；2018 年 27300 万

元，15 个项目；2019 年 29311 万元，19 个项目），涉及安居富民、产业发展、教育、卫生、人才培训、交流交往、基层阵地建设、社会治理等多个领域。资金到位率和项目开工率均实现 100%，实现援疆工作由"输血"向"造血"转变。

除了充分运用援助资金，泽普县第九批对口援疆工作更大力实施以就业为导向的产业援疆工作，累计建设工业园产业孵化基地标准厂房 10 栋 3.1 万平方米，14 个贫困村卫星工厂厂房 1.12 万平方米，新型社区（石榴社区）配套公共服务用房（幼儿园、卫生服务中心、就业员工宿舍等）1.5 万平方米。利用援疆资金完善园区污水处理、绿化、就业宿舍楼等配套设施，打造了特色食品深加工产业园、电子产业园、呼叫产业园三大园中园，引入入驻企业 30 余家，解决就业超过 5000 余人。积极协助做好招商引资购置，坚持盘活存量，发展增量，先后引进了启成手套、智慧呼叫、小南瓜、上海老大房、喀什好味道等优质企业入驻泽普；力促金胡杨药业与上海上药神象药业集团完成第二轮签约合作，闽龙达干果与上海农产品批发市场签订购销框架协议。以消费扶贫助力产业发展，2017 年以来，通过搭建销售对接平台、统筹线上线下资源，先后开展"泽普三宝"展销活动、"新春年货团购"干果销售活动、"自然的馈赠"、"品味新疆"等为主题的"双线九进"活动，在闵行区开展销售活动近 100 场次，联系拼多多、天猫超市、美团点评、阿基米德等电商平台进行网上销售，累计签订农产品采购协议近 2 亿元，助推农产品销售超过 1 万吨，帮助解决建档立卡贫困户农产品销售困难近 1 万户次。在闵行区委、区政府的大力支持下，通过激发工会会员的自身潜力，构建"人人皆可为，人人皆愿为"的消费扶贫模式，2017 年以来，闵行区社会各界认购泽普优质农产品价值近 3000 万元。扶持 14 个贫困村打造畜牧专业村，1954 户贫困户通过发展养殖产业实现脱贫。加大产业促进就业扶持力度，安排 1267 万产业促进就业专项补助资金、500万农产品销售奖补资金，营造了良好的企业发展外部环境。同时，积极争取前指政策资金支持，2017 年以来，帮助 6 家具备一定规模的企业争取前指产业促进就业专项补助 1453.049 万元。2019 年，已组织 13 家企业申报就业补助资金 2731.27 万元，组织 7 家符合条件的企业申报新增固定资产投资补助 849.0609 万元。

在旅游产业方面，三年来，累计投入项目资金 3238 万元实施旅游提升改造、宣传项目，景区基础配套功能进一步提升，旅游业成为拉动经济增长、促进群众增收就业的朝阳产业。在上海援疆前指统一部署下，深入贯彻落实"引客入喀"和"旅游兴喀"战略，积极与上海有关旅游企业对接，大力推进"送客进喀"工作，进一步扩大泽普县游客数量，提升旅游产业发展水平。2018 年实施"引客入喀"和"旅游兴喀"战略以来，已完成 46 架次、5000 余人次的"沪喀号"系列旅游援疆扶贫包机游接待保障工作，带动"吃住行游购娱"直接旅游收入 700 多万元，三年来，为泽普实现旅游综合收入超 2 亿元。2019 年，预计接待保障约 60 架次旅游援疆扶贫包机，其中"闵行号" 5 架次，510 人次。在上海旅游援疆的推动下，大量的"沪喀号"系列旅游援疆扶贫包机的游客来到泽普县观光旅游，提升了全县酒店、餐饮、农产品等旅游业态消费能级；提高了新开业的金湖杨国际酒店、"梧桐树下"夜市等接待能力；促进泽普创建叶尔羌河流域旅游集散服务中心，重点辐射到喀什地区南四县（麦盖提县、莎车县、泽普县、叶城县）。

泽普县借助上海市和闵行区优势资源，大力开展"组团式"教育援疆、卫生援疆、文化援疆，发挥援疆专业技术人才示范带动作用，全方位助力泽普双语教育、职业教育、医疗卫生事业和文化事业健康发展。第九批 26 名援疆干部人才、45 名教师舍小家、顾大家，情系泽普，倾情付出，与各族干部群众共同融入泽普的稳定和发展。积极动员各方面力量参与援疆工作，构建政府、市场、社会协同发力的援疆工作格局，沪泽、闵泽两地交流交往交融不断深入，近 300 个各级各类代表团 2248 人次赴泽普考察，推动了两地文化教育、医疗卫生、招商引资、产业科技等各领域的广泛合作，一大批专家学者、企业家、媒体记者走进泽普、宣传泽普。泽普则累计组织 868 名老师、青少年学生、310 名优秀基层干部赴上海开展交流学习活动，让他们开阔眼界、增长见闻、提升素质，通过系列活动开展，两地互融共进的和谐感情不断升华。

在社会治理方面，三年来，泽普县累计投入援疆资金 9748 万元，先后实施了 12 个村社区阵地及配套设施、12 个村级群众活动中心建设、公共安全维稳体系建设、综治信息化、城乡视频监控、综治视联网链路建设、6 座科技法庭等项目，进一步夯实了服务群众、加强社会治理的工作基础，各族群众安全感、幸福感进一步增强。

第四节 泽普县的脱贫成就

一、实现整县脱贫摘帽目标

2014 年至 2018 年底，泽普县经过持续扶贫，贫困人口大幅减少，贫困乡村稳步脱贫。全县有建档立卡贫困户 10257 户 39696 人，通过五年脱贫攻坚，99.87% 达到了"一超过、两不愁、三保障"脱贫标准，实现了脱贫。为贫困户建设安居房 5574 套（其中 2018 年建设 111 套），全县农户住房安全实现全覆盖。脱贫人口参加城乡居民基本医疗保险率达 100%，应参加城乡居民基本养老保险的 19672 名贫困人口参保率达 100%，实现"一超过、两不愁、三保障"目标。综合贫困发生率由 2014 年的 25.6% 降到 2018 年的 0.19%。

全县共有 133 个行政村，其中贫困村 40 个。按照贫困村退出"一降五通七有"标准，全县 133 个行政村（含 40 个贫困村）均实现通水、通电、通路，覆盖率 100%；均有广播电视、宽带或通讯，覆盖率100%。133个行政村均有村"两委"班子且发挥作用、有支撑稳定增收的产业、有村集体经济收入、有村级党组织阵地（办公场所）、有双语幼儿园（中心幼儿园）、有便民服务中心（文化体育活动场所）、有卫生室，实现"一降五通七有"目标。

通过自查自验及地区初审，全县有39644名贫困人口达到脱贫标准，主要指标贫困发生率降为0.19%，参考指标错退率及漏评率均为0%，群众认可度均达到90%以上。2019年4月，自治区人民政府批准退出国家贫困县序列。

二、增强县域经济发展基础

2018年，泽普县国民生产总值（GDP）47.53亿元，比上年增长4.1%。其中：第一产业增加值17.08亿元，增长2.7%；第二产业增加值7.9亿元，下降3.3%（其中工业增加值1.61亿元，下降9.7%）；第三产业增加值22.55亿元，增长8%。2018年，人均国民生产总值21293元，增长3.8%。2018年，农村居民人均可支配收入达10753元，同比增长9%，其中林果业人均收入达5868元，占到了一半以上；贫困户人均纯收入达8156元。

第一产业方面，按照"稳粮、优果、强牧、扩菜、兴特色"的思路，积极发挥林果业优势，狠抓林果业提质增效，开展各类林果业技术培训；坚持做优种植业，通过特色种植推动产业结构调整，发展马铃薯、万寿菊、露地蔬菜等特色种植6万亩，筑牢贫困户脱贫支撑；坚持做强畜牧业，建成良种繁育中心1个，为贫困户提供良种羔羊，推动贫困户依靠发展畜牧增加收入。

第二产业方面，扎实推进供给侧结构性改革，围绕"三降一去一补"，全面落实自治区低电价优惠政策，有效降低企业运行成本。园区基础设施建设不断完善，产业孵化园四期5栋8670平方米、特色食品产业园8栋1.07万平方米项目完工。通过启动实施2.52万平方米新型社区标准厂房项目建设，加大招商引资，落实一企一策帮扶措施，全年完成工业增加值达到 1.58 亿元，已为后续的发展打下一定基础。

第三产业方面，以打造全域旅游为目标，依托国家 5A 级金湖杨景区、2 个国家 3A 级景区、1 个国家级湿地公园和 1 个自治区级生态旅游示范区优势，建成了两个旅游服务中心，旅游基础设施不断完善；编制完成《泽普县乡村旅游业发展规划》；利用上海"包机游"等活动，大力推进"送客入喀进泽"工作，今年累计送客 2600 余人。2018 年全县共接待游客 65 万人次，同比增长 41.3%；实现旅游综合收入 12025 万元，同比增长 31.59%。

三、提升基础设施和公共服务

泽普县所有行政村基本安全饮水达 100%；全县所有行政村通动力电达 100%，贫困户生活用电全覆盖；全县所有行政村通硬化路（水泥、柏油）达 100%；全县学前和义务教育阶段国家通用语言文字教学覆盖率达到 100%，全县义务教育巩固率达到 100%。扩建了七中、三小、14 所寄宿制学校，实施职业技能教育培训基础设施及产业配套厂房建设。整合华师大、喀什大学、闵行区教育局多层次教育力量，聚焦"重点问题破解、教师专业发展、远程互动教研、上海优势援助"等内容全面开展传帮带，开设各类讲座和座谈会 20 余场，直接参与的教育工作者近 1000 人次，泽普五中成为南疆共建共管的先进典范，学校开展的"国学进校园"活动在教育教学方面打造了亮点，得到广泛认同。同时扎实开展"万名教师支教"工作，使在泽普的援疆教育团队人数达到了 56 名，上海援疆教师团队通过教研、课堂教学、远程教学教研等途径，突出对本地教师的传帮带，着力培养一支"永不走的教师队伍"。

城乡居民基本医疗保险参保率、应参加城乡居民基本养老保险参保率均达到100%，贫困人口基本养老保险、基本医疗保险、大病保险实现全覆盖。泽普县实施"三降一提高"公共卫生项目，将泽普县人民医院打造成县域医疗中心，医教研能级提升，群众大病不出县。组织各类义诊近百次，受惠群众近万人。建成上海闵行—新疆泽普多学科远程会诊中心，服务各族患者。开展"联联看、对对扶"沪疆医疗结对帮扶行动，实现了闵行区13家社区卫生服务中心对泽普县13家乡镇卫生院的"一对一"结亲，闵行区对泽普县的远程会诊数达到3000多例、远程业务24000多例、远程医学教育140多例。

泽普县投入1.9亿元，完成了204公里安全饮水管网改扩建工程、485公里村民小组道路建设、1160户贫困户天然气入户，确保了133个村基层党组织阵地、文化室、卫生室、惠民超市、村民服务中心全覆盖，实现了"五通七有、一接近"目标。

四、激发群众内生动力

始终把解决群众思想认识问题摆在第一位，坚持文化为主、攻心为上的策略把脱贫攻坚与教育相结合，全面实施国家通用语言教育全覆盖工程，对疆内大专以上贫困学生给予一次性3000元资助，对疆外大专以上贫困学生给予每年6000元资助，积极开展"阳光助学"活动，动员全社会筹资1370万元，共资助4608名贫困学生，助力贫困户子女顺利完成大学学业，切实阻断贫困代际传递；把脱贫攻坚与技术培训相结合，着力对县域内因缺技术而陷入贫困的人们进行多种技能培训，增强就业能力，提升人民素质；把脱贫攻坚和"去极端化"相结合，通过常态化开展"三结合"、"三新"、"四大"等活动，引导群众正信正行，宗教极端主义和狭隘民族主义市场明显萎缩，强化了"五个认同"，引导各族群众自觉抵制民族分裂主义和宗教极端思想的渗透，开拓现代文明生活的空间和视野，逐步消除"宗教极端思想和分裂主义"这个贫穷的根子。坚持把"四大"活动和发声亮剑活动作为正本清源的有力载体，积极开展"倡导新风尚、树立新气象、建立新秩序"活动，采取宣传党的惠民政策、选树脱贫致富典型、发放"脱贫光荣证"等形式，激发了脱贫致富内生动力。

五、促进民族团结、地区稳定

泽普县在脱贫攻坚中提出文化为主、攻心为上的策略，始终以先进文化传播凝聚人心。做好民族团结工作最管用的是争取人心，而争取人心的根本是增强文化认同。泽普深刻认识到只有坚持以现代文化为引领，尊重差异、包容多样、相互欣赏，"爱国爱疆、团结奉献、勤劳互助、开放进取"的新疆精神才能得以延伸。以双语教育为核心，以文化作品为辅助，增强各族群众对民族大团结和中华文化的认同。

在脱贫攻坚中，大力发展民族特色产业，注重各民族机会的均等性、资源的均衡性和互助的有效性，把发展的成果落实到民生改善、惠及群众、增进团结上。在特色旅游上传承民族文化，帮助引导各族群众在发展以旅游业为龙头的第三产业上下功夫，在民族美食、民族服饰、民族特色手工艺品、民俗观光游览等方面做文章。在经济融合上实现成果共享，大力倡导各族群众共同经营生产模式，各族群众相互扶持、守望相助，互相学习生产技术，形成了一起谋发展的经济融合新模式，各族群众维护稳定的愿望更加强烈，民族团结的基础更为牢固。

在泽普，各族群众像石榴籽一样紧紧抱在一起，像珍惜自己的眼睛一样珍惜民族团结，形成了"嵌入式"发展民族团结"新常态"，结成了一荣俱荣、一损俱损的民族融合共同体。

第二章

双轮驱动促双赢

加快少数民族地区经济社会发展步伐，全面建成小康社会，进而实现中华民族伟大复兴的中国梦，都是民族地区脱贫攻坚和民族团结工作的目标和落脚点，这很好地诠释了"一切为了人民，一切从人民出发，发展成果由人民共享"。泽普县聚焦社会稳定和长治久安总目标，把脱贫攻坚与民族团结工作深度融合，全员参与、精锐出战、精准施策，如期实现了全县整体脱贫摘帽，并持续巩固脱贫成果，全力奔小康。

第一节　双轮驱动的意义

党的十八大以来，以习近平同志为核心的党中央高度重视民族工作和少数民族地区发展问题，作出一系列重大举措和政策部署。习近平总书记对民族地区扶贫开发的目标、实践路径作了系统深刻的论述，逐步形成具有新时代中国特色社会主义的民族地区脱贫攻坚思想。在中国共产党的领导下，民族地区脱贫攻坚思想，对于消除贫困、改善民生、逐步实现共同富裕具有重要的理论和实践指导意义，对于其他多民族国家减缓和消除贫困也具有一定的借鉴价值。喀什地区泽普县历届党政领导都高度重视民族团结工作，把加强民族团结作为考虑一切问题、开展一切工作的前提，切实把民族团结工作当作维护社会稳定和长治久安第一位的大事来抓，在脱贫攻坚的总过程中不断推进民族团结工作，实现双赢。

一、维护社会稳定和长治久安

实现社会稳定和长治久安总目标与脱贫攻坚是相辅相成的整体，也是民族团结工作的总目标，实现脱贫攻坚是维护社会稳定和长治久安的基础，有利于进一步推进民族团结工作，应当将三者作为不能分割也不可分割的整体来看待，有机结合、共同推进。泽普县以社会稳定和长治久安总目标为统领开展脱贫攻坚和民族团结双轮驱动的工作，常态化落实各项维稳措施，用抓稳定工作的劲头抓实各项脱贫攻坚措施，确保维护稳定和脱贫攻坚两手硬、两手抓、两促进、两不误，确保民族团结工作贯穿于脱贫攻坚全过程。

泽普县位于南疆三地州的喀什地区，自古以来，该地区是少数民族聚居地区，是贫困人口高度集中、致贫原因多样、生态环境恶劣、减贫难度极高的片区，是新疆脱贫攻坚战役中最难啃的硬骨头，一直以来便有"新疆一盘棋、南疆是棋眼"的说法，泽普县的脱贫攻坚工作，除了推进少数民族贫困和边境地区经济社会发展以外，还有着维护该地区社会稳定和边境的长治久安目的，既是要富民，更是要安边，是民族团结和脱贫攻坚工作双轮驱动的重点和难点。

由于自然地理劣势，基础设施保障缺位，公共服务成本高、难度大等原因，民族地区与其他地区在经济发展、社会进步等方面都存在着一定差距，党和政府致力于推动各民族平等团结，在政策上倾斜南疆地区，加大东西协作支援力度等，加强各民族之间团结协作，民族团结工作为脱贫攻坚打下坚实的动力基础，成为脱贫攻坚过程中实现富民发展的动力。郡县治，天下安。南疆地区更是如此，地区经济与社会的发展，各族人民共享发展成果，更有利于维护社会稳定，同时也有助于安定边境，提高边疆人民群众的幸福感和获得感。

二、促进贫困地区经济发展

脱贫攻坚事关巩固党的执政基础，事关国家长治久安，事关社会主义现代化大局。推进民族地区脱贫攻坚是坚持以人为本、执政为民的重要体现，是统筹区域发展、保障和改善民生、缩小发展差距、促进全体人民共享改革发展成果的重大举措，是全面建设小康社会、构建社会主义和谐社会的迫切需要，也是推动各民族团结平等的重要举措。

南疆喀什地区，经济发展水平相对偏低，经济结构单一，特色产业和支柱性产业下行压力大，后续发展乏力；社会保障体系不健全，农村基础设施建设亟待完善，就业、教育、人才等问题比较突出，经济发展与民族团结、社会稳定有着密切的关系。实践证明，发展是解决一切问题的基础和关键，加快民族地区发展，最终实现各民族共同富裕，是党的民族政策的重要内容，也是加强民族团结，维护社会稳定和长治久安的前提。促进经济发展，增加各族群众收入，使各族群众切实感受到改革和发展的成果，是促进民族团结、维护社会稳定、引导各族群众远离宗教极端思想渗透的重要抓手。

泽普县坚持把发展经济、改善民生作为脱贫攻坚工作的重要抓手，也是民族团结嵌入式发展的基础和保障，实现发展成果落实到民生改善、惠及群众、增进各民族团结上。在扶贫工作中，秉承"以产业促就业、以就业改善民生、推动民族融合"的工作思路，积极发挥好自治区及工业园区和已建成卫星工厂作用，广泛吸纳各族农村富余劳动力就地就近就业。坚持扶持和优先发展以纺织服装产业、电子组装、民族手工业为代表的劳动密集型产业，提升产业发展质量和效益，带动就业、促进增收。坚持全域旅游发展之路，各族群众在发展以旅游业为龙头的第三产业上比学赶超，在发展民族美食、服饰、特色手工艺品、民俗观光旅游等方面相互学习、相互帮扶、相互嵌入。通过产业扶持、就业扶贫等工作促进地区经济发展、人民增收，推动各族群众相互扶持、守望相助，谋发展思稳定的愿望更加强烈，民族团结的基础更为牢固。

三、推进各民族文化交流交往交融

中华各民族在共同缔造统一的多民族国家的历史发展中，给我们留下了无数的物质财富和精神财富，中国始终以开放的态度对待各民族文化，不断增强民族团结的包容性和宽容心，推进各民族交流交往交融，着力化解民族隔阂、增进各民族相互信任。

泽普县以脱贫攻坚为契机，把脱贫攻坚作为深化民族团结的重要载体，实施文化扶贫、教育扶贫，把扶志和扶智相结合，在脱贫攻坚的过程中引导各族人民相互尊重、理解、信任、包容、关爱、帮助，在推进精准扶贫、精准脱贫的过程中增进民族感情、促进各民族共同富裕。坚持正面引导，持续深入推进"民族团结一家亲"、组合结亲等活动，严格落实宣讲制度，受教育群众全覆盖，广泛开展民族团结教育月活动、"五学"等主题活动，坚持抓典型，充分发挥刘国忠精神的传承作用，全面实施国语教学，以语言融合推动文化嵌入，坚持文化育人，建成县文化教育中心、叶尔羌河民俗文化博物馆等，各族干部群众共享文化教育福祉和团结发展福利，进一步深化各领域、各行业、各社会组织民族团结创建工作，实现民族团结创建基础单元全覆盖，全面营造了人人争当民族团结模范的良好氛围。只有加大各民族文化交流融合，把民族传统文化融入到现代文化中，各族群众在相互影响中求同存异，在生活习惯和模式上相互影响，移风易俗，逐步形成文化共同体，才能不断增强人民抵御民族分裂、非法宗教活动的免疫力。

泽普县在脱贫攻坚的过程中大力弘扬新疆精神，在促进脱贫攻坚与民族团结、实现长治久安上最大限度地凝聚和争取人心。坚持民族团结从娃娃抓起，坚持民族团结从文化活动抓起，坚持民族团结从典型人物抓起，从根本上打牢团结和睦的思想感情基础，有效提升了各族人民的思想观念、文化水准、精神境界，成为民族团结和社会稳定的基石。

第二节 双轮驱动的背景

贫困是实现"两个一百年"奋斗目标的"拦路虎"，是全面建成小康社会的"最后一公里"。解决贫困问题，是当前中国共产党和中国政府工作的重中之重。民族地区一直以来都是贫困"重灾区"，也是以习近平同志为核心的党中央扶贫开发工作的重点和核心区域。习近平总书记在党的十九大报告中指出，脱贫攻坚任务艰巨，打好扶贫攻坚战，民族地区是主战场。脱贫攻坚不仅是少数民族聚居农村的发展问题，而且是整个民族贫困地区的发展问题，更是全体中国人民共同发展的问题。

中国共产党历来重视民族地区贫困问题的解决。中国共产党在领导中国革命和建设的过程中，根据民族地区发展的实际情况，提出了一系列促进民族地区经济与社会发展、思想文化解放、多民族交流融合的理论和政策，为新时代民族地区的脱贫攻坚工作提供了坚实的理论基础。

一、中国共产党解决民族贫困问题的历程

新中国成立后，中国的城市和农村都呈现出"百废待兴"的景象，经济落后、社会发展缓慢、人民群众生活水平低，成了中国共产党迫切要解决的问题。在建国之初的平均分配阶段，由于人们之间的

社会状况差别不大，当时人们的贫困主要体现为绝对贫困。以毛泽东同志为核心的中国共产党第一代中央领导集体，从中国的基本国情出发，结合民族地区发展程度低、经济落后、灾害众多、基本温饱得不到保障等实际情况，从政策、经济上帮扶民族地区改变落后的现状。1949年《共同纲领》中指出，"人民政府应帮助少数民族的人民大众发展其政治、经济、文化、教育的建设事业"。毛泽东也提到，"我们要诚心诚意地经常帮助少数民族发展经济建设和文化建设"。党的八大明确提出："我们必须用更大的努力来帮助各少数民族在经济和文化上的进步，使各少数民族在我国社会主义建设事业中充分地发挥积极作用。"这一时期中国共产党对民族地区的扶贫主要是救济受灾群众、减免税收、经济帮助、发展农业、兴修水利工程等。

改革开放之后，经济迅速发展，资本积累的过程中产生了贫富的分化，相对贫困开始产生，扶贫从一般的促进区域经济发展工作中分离出来。改革开放初期，邓小平同志提出让一部分人先富起来政策，让一部分地区先形成增长极、形成示范效应，才能实现先富带动后富，走共同富裕道路，这也是社会主义的本质要求。从20世纪80年代开始，中共中央就采取国家政策帮扶和地区自力更生相结合的方式开展民族地区的扶贫开发工作。1982年开始的三西地区扶贫开发是中国典型的成功经验，这个创举是有组织、有计划、大规模减贫行动之先河。这个历史上被左宗棠称为"苦瘠甲天下"、改革开放之初被外国专家认为"不具备人类生存基本条件"的地区，经过30多年开发式扶贫，发生了翻天覆地的变化。这一时期，中共中央的扶贫工作和方法主要是通过对口帮扶、发挥地区优势、设立"温饱基金""专项基金""贴息贷款"等帮助民族地区扶贫开发，促进民族地区在外力的协助下，激发内生动力，实现自我发展。

20世纪90年代以来，随着市场经济的深入发展，经济与社会快速发展的同时也带来贫富差距扩大，体现在城乡、区域、不同人群之间的贫富差距明显，绝对贫困问题减少，相对贫困问题增多，贫困的复杂性、多样性开始呈现，人文贫困和精神贫困问题开始受到学界和政界的关注。江泽民指出，"要继续抓紧做好少数民族和民族地区的扶贫工作，争取尽快解决少数民族贫困群众的脱贫致富问题"，将民族地区的经济发展和脱贫致富同国家统一、各民族团结、边疆稳定和社会稳定相统一。进入新世纪，胡锦涛强调，要妥善处理好效率与公平问题，但是社会公平与社会公正比效率更为重要，因此，他提出突出抓好民族地区扶贫开发工作，坚持开发式扶贫。经过几十年的探索，中国共产党与时俱进，摸索出适宜民族地区实际、推动民族地区发展的贫困治理战略。改革开放 40 多年来，中国实现了大规模减贫，也创造了集中连片深度贫困地区、贫困县、贫困村脱贫的成功经验。

在此基础上，习近平总书记通过总结中国共产党民族地区扶贫开发工作的理论和实践经验，遵循共同富裕是社会主义的本质这一根本原则，经过深刻思考民族地区扶贫开发问题，逐步形成了其民族地区脱贫攻坚思想。在习近平总书记新时代扶贫思想的指导下，新疆维吾尔自治区针对南疆三地州不同情况进行不同方向脱贫政策的制定。南疆三地州包括喀什地区、和田地区、克孜勒苏柯尔克孜自治州（简称"克州地区"），是新疆地区贫困面最大、贫困程度最深的区域，三地州所辖 24 个县（市）贫困村占 75%，是中国脱贫攻坚的主战场，贫困发生率高达 55%，自然环境艰苦、经济社会发展缓慢，是典型的少、边、穷地区，根据该地不同地州自然资源、地理位置、人均收入、社会事业发展等情况制定不同的扶贫方向和措施。针对和田地区的贫困发生率最高、社会事业和资源开发制约严重，产业和工业发展缓慢，确定加快地区发展为主要方向；而针对克州地区贫困人口比例高、耕地资源匮乏、人民收入低，同时地处边境等情况确定富民固边主要方向；同时以大喀什市（喀什市、疏勒县、疏附县）为核心，以沿喀—和铁路和 314 国道为两条城镇发展轴，串联、整合南疆三地州主要城镇，形成喀什—阿图什、和田—墨玉—洛浦、莎车三个城镇组群，培育壮大经济增长极，全面提升区域综合竞争力。

近年来，随着中央在资金、政策、项目上都给予新疆维吾尔自治区和南疆最大限度的扶持和倾斜，使自治区和南疆三地州面貌发生了很大变化，扶贫开发已从解决温饱为主要任务，转入巩固温饱成果、加快脱贫致富、改善生态环境、提高发展能力、缩小发展差距的新阶段。

二、新时代民族地区脱贫攻坚思想主要内容

习近平总书记从全面建成小康社会的宏伟目标出发，对民族地区如何摆脱贫困提出了一系列新观点、新举措、新思路，进一步丰富和发展了中国共产党民族地区扶贫开发理论。

（一）引导各族人民实现小康

马克思主义认为，人类的物质文明和精神文明是世界各民族共同创造的，民族不论大小、先进与落后一律平等，在平等的基础上加强团结，最终目的是要实现各民族的共同发展繁荣和进步。全面建成小康社会，更是不能让一个民族掉队，全国各民族要一道进入小康。

2015 年 1 月，习近平总书记提出："全面实现小康，少数民族一个都不能少，一个都不能掉队"。2016 年 7 月，习近平总书记在考察宁夏时进一步强调，2020 年全面建成小康社会，任何一个地区、任何一个民族都不能落下。全面实现小康，少数民族一个都不能少，一个都不能掉队是新时代对国家民族工作提出的新任务和新要求。"全面建成小康社会，一个民族都不能少"是对"共同富裕"思想的阐释和丰富。

（二）找准"穷根"精准施策

民族地区是国家脱贫攻坚的特殊地带，经济底子薄，自然条件差，基础设施薄弱，公共服务水平低，贫困代际传递趋势明显，扶贫

成本高，是脱贫攻坚最难啃的一块"硬骨头"。

习近平总书记在宁德工作期间就曾提出，"我们事业的方方面面，千万不能漠视少数民族事业这一重要方面。这是一个原则，基于这个原则，有必要深刻地思考关于促进少数民族共同繁荣、富裕的几个问题"，并通过理论联系实践，带动宁德畲族人民脱贫致富，从一个"贫困村"蜕变成为"小康村"。2012 年，习近平总书记赴基层考察扶贫开发工作时强调，"三农"工作是重中之重，革命老区、民族地区、边疆地区、贫困地区在"三农"工作中要把扶贫开发作为重中之重，这样才有重点。我们不缺豪言壮语，也不缺运动式的东西，关键是看有没有找对路子，有没有锲而不舍干下去。在 2015 年 11 月召开的中央扶贫开发工作会议上，习近平总书记又一次重申，坚持精准扶贫，"关键要找准路子"，要做到分工明确、责任清晰。民族地区的情况千差万别，打赢脱贫攻坚战，就不能用通用的模式，需要因地制宜、精准施策，真正落实"精准扶贫，贵在精准、重在精准"。

一把钥匙开一把锁，找出贫困"根子"才能"对症下药"，找对扶贫路子才能拔出"穷根子"。实际上，贫穷不是不可改变的宿命。我们常说，没有比人更高的山，没有比脚更长的路。在脱贫攻坚战中，我们不缺豪言壮语，也不缺决心勇气，关键的地方就在于，能否在"在精准施策上出实招、在精准推进上下实功、在精准落地上见实效"，能否以更精准的思路、更精准的措施锲而不舍干下去。

(三)坚持"扶志"和"扶智"相结合

2013 年，习近平总书记在湖南湘西考察时语重心长地说："只要有志气，有信心，就没有迈不过去的坎"，扶贫必扶智，治贫必治愚，民族地区扶贫不仅要解决温饱问题，更重要的是通过激发内生动力，增强自我"造血"的功能，使民族地区在外力的协助下，发挥自身潜能，实现脱贫和发展。

扶贫先扶志。在精准扶贫工作中"输血"重要，"造血"更为重要。习近平强调："弱鸟可望先飞，至贫可能先富，但能否实现'先飞'、'先富'，首先要看我们头脑里有无这种意识"，"贫困地区完全可能依靠自身的努力、政策、长处、优势在特定领域'先飞'，以弥补贫困带来的劣势"。如果扶贫不扶志，扶贫的目的就难以达到，即使一度脱贫，也可能会再度返贫。

扶贫必扶智。教育是扶智的根本，教育也是拔穷根、阻止贫困代际传递的关键方式。习近平总书记指出："扶贫必扶智。让贫困地区的孩子们接受良好教育，是扶贫开发的重要任务，也是阻断贫困代际传递的重要途径。"在 2015 年召开的中央扶贫工作会议上，习近平指出，积极改善民族地区义务教育阶段的办学条件，建立健全双语教学体系，加大教育对口支援力度，积极发展符合民族地区实际的职业教育，加强民族地区师资培训。教育投入要向民族地区、边疆地区倾斜，办好民族地区高等教育等。

习近平总书记关于"扶志"和"扶智"的论述为民族地区实现自我发展能力提供了治本的良方。

民族贫困地区是我国发展不平衡不充分的突出地区，也是脱贫攻坚的主战场。民族地区的贫困治理不仅关乎全面建成小康社会，还关乎中国各民族团结、边疆安定和社会稳定。实施民族平等团结、共同进步、共同发展的民族政策是中国共产党成立以来的基本原则，巩固民族团结与推动民族地区脱贫是两个系统性工程，两者在目标取向、推进格局与工作内容方面均有切合点与共鸣处，找准契合点，促进两者同频共振，对于民族地区人民富裕、民族团结、社会稳定、边疆安宁意义重大、影响深远。

三、打赢民族地区脱贫攻坚战的政策依据

中国共产党在不同的历史时期，为民族地区贫困问题的解决提出

不同的治理方略和政策部署。民族地区的贫困问题具有阶段性、综合性、发展性的特征，随着经济和社会的发展变化，这些特征和变化为民族地区脱贫攻坚提供了基本的现实依据。

1952 年，中共中央出台了《中央关于少数民族地区的五年计划的若干原则性意见》。根据中央文件精神，各民族地区根据经济建设和发展情况制定具体的实施措施。1986 年，中国开始设置专门负责扶贫开发工作的部门，划定了 258 个国家级贫困县，开展了大规模的扶贫开发。为了尽快实现民族地区脱贫，国家相继出台了一系列扶贫政策，诸如易地搬迁扶贫、专项扶贫、产业扶贫、科技扶贫、教育扶贫等，推动民族地区经济与社会的发展，中国民族地区的扶贫开始走上专业化、制度化的道路。

1983 年 1 月，国务院批转了国家计委和国家民委《经济发达省、市同少数民族地区对口支援和经济技术协作工作座谈会纪要》，明确了对口支援工作的原则、重点、任务等问题。1987 年 4 月，中共中央、国务院批转了《关于民族工作几个重要问题的报告》，强调发达地区应当继续做好对少数民族地区的对口支援。1996 年 7 月，国务院办公厅转发国务院扶贫开发领导小组《关于组织经济较发达地区与经济欠发达地区开展扶贫协作的报告》，确定东西扶贫协作的扶贫模式。

经过几十年的努力，少数民族地区贫困问题得到一定程度的缓解，但是贫困问题依然突出。少数民族地区是中国脱贫攻坚的主战场，是脱贫攻坚战的"硬骨头"。国家级贫困县主要集中在西部地区，且大多集中于革命老区、少数民族地区以及边疆地区（通常合称为"老少边穷"）。2012 年 3 月 19 日，国务院扶贫开发领导小组办公室公布了 665 个国家扶贫开发工作重点县名单，西部地区"连片特困"将成主战场。

2011 年，中共中央、国务院出台《中国农村扶贫开发纲要（2011—2020 年）》，进一步重申"中央重点支持连片特困地区"，加大对革命老区、民族地区、边疆地区扶持力度。根据不同地区经济社会发展水平，因地制宜制定扶贫政策，实行有差异的扶持措施，并将西藏、四省藏区、新疆南疆三地州等作为脱贫攻坚的主战场进行政策上的倾斜。

党的十八大以来，中共中央将扶贫开发工作纳入"四个全面"的战略布局，作为实现第一个百年奋斗目标的重点任务。中共中央、国务院发布并实施《中共中央国务院关于打赢脱贫攻坚战的决定》，提出确保在 2020 年我国现行标准下（人均纯收入 2300 元）农村贫困人口实现脱贫，贫困县全部摘帽，解决区域性整体贫困。此外，重点支持革命老区、民族地区、边疆地区、连片特困地区脱贫攻坚；加快推进民族地区重大基础设施项目和民生工程建设，实施少数民族特困地区和特困群体综合扶贫工程，出台人口较少民族整体脱贫的特殊政策措施；改善边疆民族地区义务教育阶段基本办学条件，建立健全双语教学体系，加大教育对口支援力度，积极发展符合民族地区实际的职业教育，加强民族地区师资培训；加强少数民族特色村镇保护与发展；大力推进兴边富民行动，加大边境地区转移支付力度，完善边民补贴机制，充分考虑边境地区特殊需要，集中改善边民生产生活条件，扶持发展边境贸易和特色经济，使边民能够安心生产生活、安心守边固边。

2016 年 11 月 23 日，国务院印发并实施《"十三五"脱贫攻坚规划》，进一步阐明了"十三五"时期国家脱贫攻坚的总体思路、基本目标、主要任务和重大举措。《规划》指出，坚持精准帮扶与区域整体开发有机结合，以革命老区、民族地区、边疆地区和集中连片特困地区为重点。

现阶段，全国各地区在脱贫攻坚方面群策群力，新疆地区的脱贫工作也随之同步开展，并且呈现出有重点、有层次、有导向的扶贫思路。贫困地区是新疆自治区发展的短板，特别是作为贫困人口集中、规模大的南疆四地州，脱贫的成本高且难度大，打赢脱贫攻坚战不仅

是利于地区发展、改革成果惠及各族人民，更是利于促进民族团结和
边疆稳固，遏制极端势力的发展。因此，新疆自治区印发了《新疆
维吾尔自治区〈中国农村扶贫开发纲要〉（2011—2020）实施办法》
和《新疆维吾尔自治区〈中国农村扶贫开发纲要〉（2011—2020）实
施办法重要措施分工方案》，指导全疆的脱贫攻坚工作打好打赢脱贫
攻坚战。新疆出台《自治区党委自治区人民政府关于贯彻落实〈中
共中央国务院关于打赢脱贫攻坚战的决定〉的意见》（新党发
〔2016〕2 号），明确提出到 2020 年 261 万贫困人口全部脱贫并解决
南疆地区区域性整体贫困，确立新疆地区脱贫攻坚战略体系和行动纲
领，设定了各年度、计划性的脱贫退出时间表和路线图，将全疆脱贫
攻坚工作体系化，确定实施特色产业带动、转移就业、易地扶贫搬
迁、生态补偿脱贫、教育扶贫、社会保障兜底、民生改善、突破瓶颈
制约、边境扶贫、现代文化引领等"十大专项行动"，制定财政政
策、金融政策、资产收益政策、用地政策、人才政策、脱贫激励政策
"六大政策"。为明确脱贫攻坚的职责，自治区以《自治区党委自治
区人民政府关于贯彻落实〈中共中央国务院关于打赢脱贫攻坚战的
决定〉的意见》为中心，形成具有新疆特色的"1+N"政策体系，
先后出台了《关于全面推进新疆精准扶贫精准脱贫的实施意见》、
《关于进一步动员社会各方面参与扶贫开发的实施意见》、《自治区扶
贫农民专业合作社扶持办法》、自治区脱贫攻坚重要政策措施分工方
案、"十大专项行动"实施方案、"五大抓手"工作方案、"六大政
策"落实方案、"九大机制"运行方案，形成《自治区贫困退出实施
意见》、《地州市党委和政府（行署）扶贫开发工作成效考核办法》、
《自治区区内协作扶贫工作方案》、《全面下放财政专项扶贫资金项目
审批权限的通知》、《自治区农村无户籍新落户人员贫困识别工作方
案》、《自治区贫困退出验收核查工作方案（试行）》等文件，建设了
一整套完善的精准识别、精准实测、精准考核、精准退出的政策
体系。

南疆特殊片区作为新疆地区脱贫攻坚的难点和重点，以区域重点扶贫推动全面脱贫攻坚工作。新疆以区域发展带动扶贫开发、扶贫开发带动区域发展作为区域性扶贫工作的指导思路，专门部署南疆三地州脱贫攻坚，并享受中央财政专项扶贫资金新增部分重点倾斜。南疆三地州整体贫困问题突出，反分裂斗争激烈，既是脱贫攻坚主战场，也是维护社会稳定和长治久安的要地。新疆维吾尔自治区颁布《南疆三地州片区区域发展与扶贫攻坚规划（2011—2020）》，提出将划分重点城镇化地区、高效节水农业生态发展区、生态环境恢复区和生态环境保护区四个功能区。在加强基础设施建设的同时，大力推动产业化发展，重点发展矿产资源开采加工、特色农产品深加工、纺织工业、建材工业、民族特色食品工业、民族特色手工业、维药产业、进出口加工业、高新技术等产业，形成具有本地特色的产业体系和支柱产业，增强造血功能，确保各族人民增收致富。

第三节　双轮驱动的实践

一、统筹全县力量，打赢脱贫攻坚战

党的十九大报告提出，各民族像石榴籽一样紧紧抱在一起。习近平总书记指出，"民族团结是各族人民生命线"。泽普县深入开展"民族团结一家亲"活动和民族团结联谊活动，引导各族干部群众牢固树立"三个离不开"思想，增强"五个认同"。根据泽普县2018年统计公报的数据，2018年年末人口总户数64934户，总人口22.3623万人，维吾尔族人口18.6011人，占总人口的83.18%，汉族人口3.121万人，占总人口的13.96%，其他民族0.6402万人，占总人口的2.86%，泽普是一个以维吾尔族为主的少数民族聚居地区，民

族工作是党和政府工作的重点。长期以来，泽普县委、县政府始终把民族团结作为维护社会稳定促进经济发展的重要工作常抓不懈，大力促进各民族相互信任、相互理解、相互包容、相互欣赏，在精准扶贫时期，将民族团结创建工作与脱贫攻坚"两个全覆盖工程"相结合，全县每名干部都有自己帮扶对象，在推进精准扶贫、精准脱贫的过程中增进民族感情、促进各民族共同富裕。

（一）激发各族人民脱贫动力

"治贫先治愚，扶贫先扶志"。只有坚持扶贫与扶志、扶智相结合，才能从根本上拔掉穷根、摆脱贫困。我们坚持把脱贫攻坚与民族团结、"去极端化"和激发内生动力工作相结合，不断提振贫困群众的"精气神"，解开贫困群众的思想疙瘩，激发贫困群众的内生动力。泽普县作为少数民族贫困县，精神扶贫、文化扶贫的首要是增进各族人民的文化认同、文化包容，共同发扬"爱国爱疆、团结奉献、勤劳互助、开放进取"的新疆精神。首先，是始终坚持"双语"教育从娃娃抓起，立足"四个毫不动摇"，着力解决双语教师短缺问题，加大对双语教师培养培训和教研、教材的支持力度。近三年新聘双语教师 865 人，占全县事业编制的 13%，目前全县双语教育普及率达到 68.7%，双语教育幼小衔接率达到 100%。少数民族学生中接受双语教育的占 57%，接受汉语教育的占 7.12%。在互学语言中增进感情，通过打造党员干部在线学习平台和农村党员远程教育视频系统，积极创造条件强化少数民族干部学习国家通用语言文字、汉族干部学习少数民族语言。其次，以典型引领增强泽普自信力，精心策划、创作编排以"全国最美村官"刘国忠为题材的歌曲《最美村官》、话剧《真爱》、微电影《暖爱》、电影《飘着金子的河》，反映泽普人文风光的歌曲《胡杨水乡》、《梧桐恋歌》、《胡杨牧歌》等一批深受群众喜爱、简单易学的现代化、世俗化文化作品，增强了各族群众对民族大团结和中华文化的认同。文化基础设施桥梁纽带作用得以延伸，在县城建成了县文体中心、全民健身广场、业余体校等，在农村实施了全民健身广场、文化站、文化室和百姓大舞台"四个全覆盖"，为开展种类文艺文体活动提供了有力的设施保障。精神文化生活丰富，各族人民之间互信、互爱，促进民族团结的同时，也激发人民脱贫的内生动力。

（二）实现民族地区经济发展

经济是一切工作的中心，脱贫攻坚要着力于解决经济发展问题，特别是少数民族贫困地区，一直以来在经济发展上明显缓慢，是全面建成小康社会路上必须要啃的"硬骨头"。产业带动经济发展的引擎，泽普县在产业扶贫过程中注重发展民族特色产业，注重各民族机会的均等性、资源的均衡性和互助的有效性，把发展的成果落实到民生改善、惠及群众、增进团结上。在优化产业结构上实现利益共享，抢抓南疆特殊政策扶持机遇，依托产业孵化园、民生创业园，大力发展就业容量大的劳动密集型产业、小微企业，特别是民族特色产业，广泛吸纳各民族农村富余劳动力，让各族群众自觉用勤劳的双手创造更多的经济效益。在特色旅游上传承民族文化，帮助引导各族群众在发展以旅游业为龙头的第三产业上下功夫，在民族美食、民族服饰、民族特色手工艺品、民俗观光游览等方面做文章。在经济融合上实现成果共享，大力倡导各族群众共同经营生产模式，各族群众相互扶持、守望相助，互相学习生产技术，形成了一起谋发展的经济融合新模式，各族群众维护稳定的愿望更加强烈，民族团结的基础更为牢固。

（三）促进干群结亲助脱贫

泽普各族干部职工按照"民族团结一家亲"工作要求，立足本职工作，做到干部、群众、活动、地域、行业领域"五个全覆盖"，常态化开展"民族团结一家亲"活动、组合结亲工作、"结亲周"活动和民族团结联谊活动，按照《以"民族团结一家亲"和民族团结联谊活动为载体干部住户所有农户有干部住全覆盖形成常态实施方案》文件要求，全县共有 62060 户，其中需入住 32233 户，不需入住 29827 户，7222 名干部职工结对认亲 18165 户，其中与 10004 户贫困户结对认亲，10444 户重点户结亲，累计走访结亲户 8.59 万（户）、办实事好事 3879 件，开展联谊活动 854 场（次），累计帮扶 286.95 万元。

在脱贫攻坚过程中，各族干部职工积极主动走访结亲户，以解民难、排民忧、化民怨为重点，教育引导各族干部职工自觉践行党的群众路线，竭力帮助结对亲戚解决生产生活、就学就医等方面的实际困难和问题，让各族群众感受到党和政府的温暖，感受到干部作风转变带来的变化。以"四同四送"、"结亲周"活动为契机，与亲戚同吃同住同学习同劳动，帮助亲戚干农活、解决生产生活中的实际困难，建设房屋、疏通管道、为群众办实事好事；帮助结对亲戚制定《脱贫致富方案》，开展科技培训，与亲戚共同生产助力脱贫攻坚；示范引领亲戚养成良好卫生习惯，用垃圾筒、用新案板，生熟食分开，倡导文明新风尚，重塑村民新风貌；播放爱国电影，举办联谊会、体育比赛、文艺演出，活跃结亲户业余生活，拉近与结亲户的感情，累计解决就医 267 件，就学 513 件，就业 726 件。

泽普县各级干部加强组织领导，落实工作责任，强化脱贫攻坚与民族团结双轮驱动的工作意识，在脱贫攻坚的全过程中，嵌入民族团结工作，争取民心、凝聚人心，构筑起反恐维稳的铜墙铁壁，也为脱贫攻坚和经济社会发展提供安定的社会环境。

二、推进闵行援疆，深度协作促脱贫

民族地区与东部沿海地区的深度协作，有利于民族区域经济与社会的长足发展进步。借用东部省市的现代力量，催生民族乡村脱贫振兴的内生能量，民族贫困地区的脱贫攻坚要强调该民族地区是主体力量，东部沿海地区是可以发挥积极推助力的现代力量。深度贫困民族地区的经济基础薄弱，财政资金、建设力量、资源优势等自我发展能力严重不足。在 2017 年中办、国办《关于支持深度贫困地区脱贫攻坚的实施意见》中，提出的"三区三州"深度贫困地区都是民族贫困地区。民族地区贫困面大、贫困度深，脱贫攻坚任务艰巨，只有通过借助民族区域之外的物质力量和精神力量，催生民族乡村的内生发展力，才能早日实现脱贫振兴。

2018 年，在喀什地委地区行署、上海援疆前方指挥部和泽普县委县政府的正确领导下，上海对口援疆泽普县工作认真贯彻落实习近平新时代中国特色社会主义思想和党的十九大、十九届二中、三中全会精神，贯彻落实习近平总书记关于新疆工作的重要讲话和重要指示精神，贯彻落实以习近平同志为核心的党中央治疆方略、特别是社会稳定和长治久安总目标，贯彻落实沪疆两地党委政府的决策部署，以"1+3+3+改革开放"为指引，以脱贫攻坚统领经济发展为主线，认真做好助力泽普县脱贫攻坚工作。2015—2018 年，泽普县共实施援疆项目 83 个，安排援建资金 98807 万元，其中 2015 年项目 21 个资金 22487 万元，2016 年项目 25 个资金 23644 万元，2017 年项目 22 个资金 25376 万元，2018 年项目 15 个资金 27300 万元，援疆资金到位率 100%。除 2015 年安排的内地就读大学生补助项目（投资 1743 万元）因上级层面未出台相关政策而没有实施，2016 年调整用于教育方面的双语幼儿园建设外，其他项目均实现了"项目当年完工、资金当年使用"的工作目标。具体情况如下。

上海援疆泽普指挥部专门成立助力脱贫攻坚小组，助力泽普县在喀什地区 12 个县市中率先脱贫摘帽。根据 2018 年泽普县国民经济和社会发展统计公报，全年地方财政收入 2.8664 亿元，而上海 2018 年的援疆资金就达到了 2.73 亿元，其中安排用于脱贫攻坚资金 2.08 亿元，占援疆资金总量的 76.33%，闵行与泽普的东西协作扶贫，大力激发了泽普的脱贫攻坚动力。

（一）多措并举促进产业发展

积极搭建农副产品销售平台，通过牵线销售市场、借力电商平台、对接工会组织、发动社会力量等方式，推动泽普优质农产品走出去，先后开展"泽普三宝"展销活动、"新春年货团购"干果销售活动、"自然的馈赠"、"品味新疆"主题特色农产品推介会等活动，活动现场认购价值 1 亿元的泽普优质农产品，达成意向采购协议近5000 万元。截至目前，已助力泽普农产品销售 3720 吨，泽普 8 家农副产品加工企业、合作社走向内地更大的市场。帮助闽龙达干果引进FD 冻干生产线，积极培育农产品深加工项目，扶持 14 个贫困村打造畜牧专业村，1954 户贫困户通过发展养殖产业实现脱贫。

大力支持旅游产业发展，景区基础配套功能进一步提升，成功引入上海启德通用航空公司在泽普县投资建设直升机低空旅游项目。推进"送客入喀"工作，用好旅游专列、包（专）机资金补贴有关政策，扩大全县游客数量，带动旅游业发展，累计开行旅游援疆包机21 架次，送客 2600 余人，旅游业成为拉动经济增长、促进群众增收就业的朝阳产业。努力做好卫星工厂。通过宣传引导、政策驱动、服务带动，新疆伊蔓服饰在教转中心、乡村设立 10 余座卫星工厂，遍九洲服饰、启成手套分别设立 2—3 座卫星工厂，提高了卫星工厂的入驻率和使用率。目前，已建成的 45 座卫星工厂已有 42 座入驻企业，入驻率达 97.3%。正常生产经营 29 座，解决就业 990 余人，其中，建档立卡贫困户 482 人。积极做好职业技术学校改扩建和教育培训中心厂房建设，围绕学校做好招商引资、培训、企业服务等工作。

（二）系统谋划深化教育援疆

泽普五中作为新疆"组团式"援疆试点学校，在新一轮 10 位援疆教师的共同努力下，形成了以学校三年规划为切入口，统一各方思想、达成各方共识的组团式援疆新模式，利用自身优势，发挥引领作用，打出了一套"学科建设、课堂教学、师资培训"组合拳，协同促进教学质量提升，抓住学校发展的重要问题，形成课题，以教育科研的方式解决问题，打造一支带不走的优质教师队伍，从而推动学校发展，加强课程建设，同时构建各方协同推进的援助格局。10位援疆教师围绕目标，从学校管理、学科建设、课程设置、教师成长等多方面助推学校发展，初步实现了由"输血"到"造血"的转变。

根据教育部等四部门关于印发《援藏援疆万名教师支教计划实施方案》的通知精神，闵行选派的45名支教教师于8月20日来到新疆开展支教工作，上海援疆泽普分指挥部会同县政府全力做好后勤保障工作，协同各方力量克服困难在资金未到位之前确保教师吃住行等各项保障工作到位；严管厚爱，在严明纪律的同时做好暖心工作和支教团队建设，创造条件让各位教师以较短的时间融入环境和熟悉工作，目前支教教师团队各项工作开展顺利。

为全面提升学校精细化管理水平，提升泽普教育自给能力和教育均衡发展水平。在第九轮援疆开始后，分指挥部着力顶层设计，统筹各方资源签订前后方全面结对共建协议，依据协议目前已经结对的学校达到13所。参与共建的单位有上海市教委、华师大、上师大、上海教科院、闵行区教育局、闵行区中小学、幼儿园。2018年，闵行区完成泽普24所中小学和6所县直属幼儿园的全面结对工作。

（三）积极推进卫生援疆

泽普—闵行基层医疗机构互助医联体项目建设基本完成，提高了基层医疗机构硬件水平，结合"全民健康体检"的需求，投入400万援疆资金开展泽普县"三降一提高"公共卫生服务项目、卫生信息化项目按照"三降一提高"的工作要求，制定相应业务工作的督导考核标准，召开专题培训，提高工作质量；引进内地医疗行业信息化服务公司，在泽普县探索尝试，形成了一条全新的落实"三降一提高"的县乡村标准化、智能数字化解决方案。

泽普县 12 个乡镇卫生院和闵行区 12 个社区卫生服务中心间建立起一对一的结对共建关系，真正做到"强基层"与"广覆盖"，为泽普基层医疗机构配备了一支"带不走的医疗队"。泽普—闵行基层医疗机构互助医联体项目建设基本完成，提高了基层医疗机构硬件水平，结合"全民健康体检"的需求，投入 400 万援疆资金开展泽普县"三降一提高"公共卫生服务项目。充分发挥援疆医生的带动作用，3 位援疆医生直接指导各专科的查房、门诊、手术、急救等日常诊疗工作，每位援疆医生以"一带二"的形式带教当地青年医生，通过理论讲解、实地教学，手把手地传授手术技巧、临床诊治经验以及科研心得，提升当地医务人员业务水平。

泽普县助力脱贫攻坚小组在援疆指挥部的领导下，积极推进产业扶贫、项目扶贫、教育扶贫、卫生扶贫、安居富民房、四结对等工作，多举措、广思路、群策力，认真梳理、研究、解决对口援疆工作中面临的矛盾和问题，着力帮助解决群众急难愁盼问题，增强受援地群众获得感、幸福感，着力提升上海援疆工作综合效益。随着安居富民房、卫星工厂、工业园区标准厂房、贫困大学生补助、全民健康体检设备购置、职业教育培训学校建设等一大批援疆项目的实施，泽普乡村面貌显著改观，产业就业能力稳步提升，基层基础不断巩固，群众生产生活、就医就学条件显著改善，有力促进了当地经济发展和社会稳定，使援疆成果更好的服务社会稳定大局，更多的惠及各族贫困群众。

三、落实生态扶贫，建设和谐多民族聚居家园

民族团结工作不仅是推进少数民族地区文化认同、各族人民共同富裕，更要考虑少数民族地区和人民长远的发展。生态环境和生态资源是少数民族和民族地区发展的后劲支撑，打赢打好脱贫攻坚战并且

为今后的长远发展奠定基础更是在保护和维护良好的生态资源,建设更好发展的生态环境。因此,在脱贫攻坚的推进下,促进少数民族和民族地区发展,需要切实生态文明思想,为少数民族和民族地区的后发赶超创造良好的优势条件。

自然生态环境是民族地区人民群众生存与发展的客观基础,是脱贫攻坚工作推进的现实依据之一,也是各族人民赖以生产生活的物质基础。因此在生态扶贫的过程中,既要遵循少数民族的特色文化和生产规律,健康、绿色发展经济和民族特色产业,也要着力于打造少数民族地区的人居环境,致力于保障和改善民生。

(一) 发挥区位优势,推进生态立县

荒漠戈壁是南疆最常见的景观,但在南疆边城泽普县的景观却与荒漠戈壁截然不同,这里孕育了一片神奇的绿洲,如同一颗晶莹碧翠的明珠,镶嵌在塔里木盆地西缘的叶尔羌河与提孜那甫河冲积扇上。近年来,泽普县利用独特的区位优势,始终坚持"绿水青山"就是"金山银山"的生态理念,大力实施生态立县战略,脱贫攻坚过程中依然把生态文明建设摆在突出位置,以绿色发展理念为引领,持续加快推进生态建设,逐步构建宜居环境,使人居环境明显改善,让各族群众的幸福感明显增强。泽普县获得 2013 年"国家园林县城"称号,这是南疆地区唯一一个获此殊荣的县市。

泽普县坚持环保优先、生态立县,尊重自然规律、经济规律、生态规律,不断加大资源节约、环境保护、生态效益指标在经济社会发展评价中的权重。深入推进重点生态防护林建设"80"工程,集中连片大规模造林绿化工程,按照整体规划、分步实施的原则,高标准推进环城、环镇、环村绿化,抓好重点区域 315 国道、县城街道、机关单位、社区和庭院的绿化工作,让全社会树立生态文明的理念,让青山绿水常在、美丽与发展共赢。

南疆地区一直是人们观念中的荒漠,而泽普是荒漠中的明珠,生

态立县不仅是保护这颗明珠，更是让泽普焕发生机，增进各族人民对泽普的认同，为当地经济社会发展提供良好的环境。

（二）设计绿色蓝图，打造宜居环境

"最普惠的民生福祉"是习近平生态文明思想的重要宗旨，是生态文明建设的"本质论"，体现出深厚的民生情怀和强烈的责任担当。习近平总书记始终强调，"小康全不全面，生态环境质量是关键"。在2018年4月2日中央财经委员会第一次会议上，他指出："环境问题是全社会关注的焦点，也是全面建成小康社会能否得到人民认可的一个关键，要坚决打好打胜这场攻坚战。"

泽普县按照"城中有园、园中有城"的现代绿色田园城市发展理念，通过重点实施了中央公园、水景街、梧桐生态公园等工程建设。通过规划建绿、拆墙透绿、建景增绿、建路扩绿、见缝插绿等多种途径，形成了公园、广场、单位、社区和城市防护林等在内的点、线、面绿化格局。全县绿洲面积达86.3%，森林覆盖率37.59%，城区绿化覆盖率47.58%，绿地率37.91%，城乡环境整洁靓丽，俨然成为全疆县域一体休闲度假胜地和最美县城。

在自治区和喀什地区的指导下，落实十大扶贫工程，推进"庭院经济"在脱贫攻坚过程中的作用，将贫困户的小庭院打造成"生态家园"，按照县级建设规划和生态布局，打造民族聚居的和谐村落。泽普县在脱贫攻坚的过程中，针对农村村民庭院杂乱无序、利用率低的问题，进行庭院整治工程，发展庭院经济作为改善人居环境、促进增收的重要抓手，动员鼓励群众拆除危旧土坯房复垦土地，采取林下套种蔬菜的模式，发展庭院经济，在"方寸之地"做文章，坚持农户主导与奖励补助相结合，按照地区庭院经济建设实施方案，落实边缘户、一般户和其他户补助资金，引导贫困户宜林则林、宜畜则畜、宜禽则禽、宜菜则菜发展庭院经济，切实提升庭院利用率，让庭院经济成为贫困群众增加收入，迈向小康生活的新途径，将小庭院建

成了"增收园"。同时，大力开展"三新"创建、"最美庭院"示范户创建活动，做到睡有床、坐有沙发、吃饭学习有座椅，全村"三新"、改厨改厕完成率达到100%。从根本上改变了群众陋习，对冲了宗教极端思想，激发了群众内生动力。

（三）遵守自然规律，倡导绿色生产和生活

泽普县通过设置生态保护工作的公益岗位，推动一些贫困农牧民身份的转变，从传统农牧业的生产经营者转化为拥有工资收入的生态保护职工，从根本解决他们的贫困问题。其次，大力发展特色产业，因地制宜壮大林果经济。对自然生态独特、自然风光优美、自然景色迷人、具有独特少数民族文化的民族村落，通过非农牧业产业项目脱贫，打造旅游村镇，形成一二三产业融合发展，通过生态保护实现脱贫，通过绿色开发实现振兴，使贫困民族地区最终实现自然生态保护与绿色生态开发的有机衔接。

再次，以建设美丽乡村为导向，以垃圾污水处理、厕所革命、村容村貌提升为主要内容，以乡村生态振兴推动乡村全面振兴。要按照万村整治、千村示范、深化提升三个档次，打造宜居宜游宜业的农民幸福家园。第一要开展环境卫生整治，充分认清环境卫生大整治不是简单打扫卫生，而是要落实农民群众门前三包，动员群众把房前屋后、道路两侧、渠沟林带、庭院内外的垃圾、柴草、木头等彻底清理，引导农民树牢"美丽家园、自己建造"和"辛苦一阵子、幸福一辈子"的理念。要利用今冬明春有利时机，抓好植树造林，努力实现群众生产生活区裸地绿化全覆盖。第二要推进农村垃圾和污水处理。要发挥好每村2名清洁员作用，加快生活污水、沟渠污水治理，做好农村垃圾清运处理。要引导企业和农民积极开展农作物秸秆、畜禽粪便、农膜等废弃物资源化利用，全力整治土壤"白色污染"。第三要加快推进改厨改厕工作。厕所革命、厨房革命是当前乡村亟待解决的问题，也是走上文明生活的必要选择，乡村要下大力气推进，鼓

励具备条件的建设水冲式环保厕所，无条件的建旱厕，实现卫生厕所全覆盖。第四要推进村容村貌提升。深化"三新"活动，持续开展"文明村"、"十星级文明户"创建活动，引导群众拆土炕，添置木床、饭桌、课桌椅等生活用品，加快实现"坐有沙发、睡有木床、吃饭有饭桌、学习有课桌"。

民族贫困地区要善于发现、遵守、利用自然生态环境的变化规律，通过遵守自然生态环境变化规律，生态扶贫不仅要尊重少数民族人民的生产生活习惯，改善有利于汉民共居的人居环境，还要及时转变各族人民生态理念，倡导绿色生产，健康生活，增进对现代文化认同，改变陋习和极端思想观念。

第四节　民族团结与脱贫攻坚的深度衔接

由于各民族生存、生活于不同的自然生态环境之下，也就逐渐形成了不同的民族文化个性以及经济发展差异。南疆作为少数民族、边疆的连片特困地区，在脱贫攻坚的过程中，应将民族团结工作嵌入其中，实现两者双轮驱动，深度联结，互相推进。民族地区的贫困问题根源之一，是民族文化结构不够完善，在极端思想的影响下，深深阻碍人民的内生发展。要通过民族文化与现代文化的深度衔接，完善深度贫困民族地区文化构成，激发民族地区脱贫攻坚的内生动力。

一、把民族文化特性转化为脱贫的内生动力

民族文化个性是民族差异的具体体现。不同的民族有自己的文化特性和文化个性，要充分尊重少数民族地区的文化个性，并引导其克服文化消极因素，转化为优势因素发展民族地区的潜能。推动民族地

区脱贫攻坚工作，要准确把握民族文化个性，促进各民族团结互助，处理好脱贫攻坚与民族团结的关系是激发内生动力的有效方式。

泽普位于南疆地区，由于少数民族人口占多数，农牧区人口也占据绝对多数，民族宗教文化和农牧传统文化的流行，就有了相应的社会基础，现代文化、城市文化很难迅速融入，也难以使民族乡村的文化构成发生较大变化。传统的民族文化仍然把大多数农牧民束缚在土地上，使他们难以从传统生产方式中解放出来，传统民族文化仍然束缚着大多数农牧民的思想和行为，使他们较少主动地接触、接受现代科学文化知识，无法提升自身素质和发展能力，传统民族文化仍然束缚着大多数农牧民的思维方式、生活行为，传统民族语言文字造成的交流障碍，使他们难以走出家乡获得更多的发展机会和更高的收入。

泽普县在群众思想教育上，大力开展"去极端化"教育，教育引导贫困群众树立正信、破除宗教极端对脱贫攻坚的扶贫影响，加强指导教育，树立"幸福生活都是奋斗出来的，不是胡达给的"理念，让广大困难群众感恩党和政府的关怀，切实将"去极端化"与脱贫攻坚紧密结合。利用周一"三结合活动"、周四大宣讲、四同四送、农民夜校、冬季攻势等活动加大宣传力度，加强科学文化知识学习，转变群众思想。截至2019年，开展"两会"精神宣讲3587场次，受教育人员达5.6万余人次，《勤劳致富，用双手创造美好未来》、《"等靠要"实现不了小康》等主题宣讲83场，受教育群众1.2万余人，同时县委宣讲团在各村开展"劳动创造美好未来·脱贫致富光荣"主题巡回宣讲，并以小品表演、话剧表演、红歌比赛等形式提升宣讲效果，截至目前开展巡回宣讲284场次，受教育群众达2.1万余人，督促各村（社区）宣讲系列扶贫政策，激励贫困户增强主动脱贫意识，目前各村宣讲脱贫攻坚相关内容共3257场次。县委宣讲团开展脱贫攻坚专题宣讲两轮，覆盖全县各行政村，受教育群众5万余人。各单位干部职工利用"四同四送"活动时机，给贫困户宣讲各级各类扶贫政策，宣传脱贫致富典型事例，鼓励贫困户自力更生、主动脱贫。因此，民族团结工作中强调化解传统民族文化对农牧民内生发展力的束缚，以及民族文化对现代文化的不适，积极把民族文化个性转化为激发贫困地区和人民致富的内生动力。

二、统筹全局形成脱贫攻坚合力

少数民族地区在打赢打好脱贫攻坚战的同时，要践行民族团结工作，调动一切可以调动的力量，形成脱贫攻坚的合力，坚持全区一盘棋，科学、合理调度区内区外扶贫资源。

新疆自治区为更好打赢脱贫攻坚战，响应国家扶贫开发号召，逐步形成专项扶贫、行业扶贫、社会扶贫、援疆扶贫"四位一体"的扶贫格局，统筹自治区内外部资源，整合力量推进扶贫工作，各民族大团结是有效推进南疆地区脱贫发展的动力。泽普县把扶贫工作作为一项系统工程来抓，"全县一盘棋、全民总动员"，以脱贫攻坚统揽经济社会发展全局，坚持围绕脱贫抓发展、抓民族团结，注重加强项目资金的衔接配套、帮扶力量的有效整合、职能部门的协同作战，鼓励引导各种资源、各种力量参与到精准扶贫主战场上来，推动精准扶贫与各项建设深度融合、良性互动，形成"大扶贫"格局。

泽普县统筹区内扶贫资源和援疆扶贫资源。自治区 6 个单位、地区 5 个单位和县直 115 个单位包联 133 个村，县乡两级 7222 名干部包联 10257 户困难群众，主要通过项目建设、技术帮扶、思想引导等形式，共投入帮扶资金 6778.3 万元，直接投入项目 93 个，协调引进项目 139 个，有效发挥行业扶贫作用。突出发挥上海援疆作用，投入 17.8 亿元，实施 169 个项目，并采取"组团式"援疆和"一对一"结对共建的形式进行扶贫帮困，为泽普实现脱贫摘帽目标奠定了坚实的基础。推进区内协作扶贫，克拉玛依白碱滩区投入援建资金 270 万元，转移贫困人口就业 85 人，有效发挥了援助共建作用。各民族之间的团结互助为泽普脱贫注入造血力量，推动泽普各族人民实现脱贫和发展。民族团结工作是凝聚各族人民的人心，共同致力于推进少数民族贫困地区的发展，人心齐，泰山移，泽普的脱贫攻坚离不开各族人民的守望相助。

三、依靠政策助力脱贫攻坚

泽普县紧紧围绕社会稳定和长治久安总目标，始终按照党中央提出的"精准扶贫、精准脱贫"基本方略，以"六个精准"为主线，坚定坚决落实自治区党委和地委确定的"七个一批、三个加大力度、十大工程、五项增收措施"决策部署，有效发挥政策优势作用。新中国成立以来，党和政府对少数民族地区特别是南疆地区在政策、资金安排上有力倾斜，同时在东西协作扶贫过程中，依靠政策带动优势，更好打赢脱贫攻坚战，各民族团结互助是推进各族人民共同繁荣、实现全面小康的引擎。

在教育扶贫上，依据中央政策优势，实现泽普县幼儿园至高中全免费的优惠政策。小学生免学杂费每生每年 600 元、免教材费每生每年 90 元，取暖费补助 120 元，享受营养餐补助每生每年 800 元，寄宿生享受生活补助每生每年 1250 元；初中生免学杂费每生每年 800 元、免教材费每生每年 180 元，取暖费补助 120 元，享受营养餐补助每生每年 800 元，享受寄宿生生活补助每生每年 1500 元；自 2012 年实行"阳光助学"工程以来，社会各界及爱心人士累计捐款 1864.3 万余元，资助贫困大学生 7155 名。2016 年至 2019 年累计发放上海援疆助学金 1116 万元，资助贫困大学生 1860 名。同时，不断改善办学条件。近 5 年来，累计投入 15 亿多元，完成义务教育学校标准化建设和教育均衡发展，建成泽普教育园区，于 2013 年完成了"县办中学、乡办中心小学、中心村办幼儿园"和教学点合院的教育布局大调整，全县实现了义务教育学校建设标准化、教育装备现代化、运动场地塑胶化、校园信息网络化、校舍供热地暖化、食堂宿舍配套化的

"六化"目标，受益师生近 7 万人。

　　少数民族地区一直是中国贫困地区的主要集中地，是脱贫攻坚的主战场，民族团结不仅是实现各族人民平等，也是引导先富带动后富，在少数民族地区实行政策优惠，将发展成果惠及当地人民，助力当地脱贫。

第三章

党建扶贫壮筋骨

2012 年 12 月，在河北省阜平县考察扶贫开发工作时，习近平总书记指出，"抓好党建促扶贫，是贫困地区脱贫致富的重要经验"，2017 年 10 月 19 日参加党的十九大贵州省代表团讨论时他再次强调，"党的根基在基层，一定要抓好基层党建，在农村始终坚持党的领导"，2020 年 3 月在浙江考察时更是提出"要在推动乡村全面振兴上下更大功夫，推动乡村经济、乡村法治、乡村文化、乡村治理、乡村生态、乡村党建全面强起来"①，习近平总书记关于党建的多次论述都明确强调了党建工作对于脱贫攻坚的重要性。党建扶贫是贫困地区脱贫致富的重要经验，是指将党建与扶贫、党的政治优势和发展优势、加强党的建设和推进中国特色社会主义伟大事业有机结合起来，动员全党全国全社会的力量，齐心协力打赢脱贫攻坚战。抓党建促脱贫在贫困治理和村庄社会治理中发挥作用的机理，在于将服务型党组织建设与贫困治理、社会治理嵌构一体，使党建扶贫在其中发挥主心骨作用。② 可以说，党建扶贫工作不仅关系到扶贫开发的成效问题，还关乎如何夯实党的执政基础的问题，更关乎如何通过党建扶贫，创新农村社会治理，真正实现乡村振兴，构建社会主义和谐社会。

---

① 《习近平论"三农"工作和乡村振兴战略（2020 年）》。
② 孙兆霞：《以党建促脱贫：一项政治社会学视角的中国减贫经验研究》，《中国农业大学学报》（社会科学版）2017 年第 5 期。

第一节 党建扶贫重大意义

"基础不牢地动山摇"，做好基层党建工作是确保党的路线方针政策和决策部署得以贯彻落实的基础，具有重要的现实意义。

一、增强资源配置的合理性

党建扶贫能够整合扶贫资源，集中力量办大事，有利于增强资源配置的合理性。让贫困人口和贫困地区同全国一道进入全面小康社会，是我们党的庄严承诺，党建扶贫能够充分发挥党组织的政治优势和组织优势，通过东西协作、对口帮扶，整合多方力量，凝聚强大合力，为全面打赢脱贫攻坚战提供强有力的组织保证。泽普县深入推进实施"两个全覆盖工程"，做到"帮困不漏户、帮扶不缺人"，并积极推进上海援疆对口帮扶工作，深化"组团式"援疆，推进上海闵行区多个街道和泽普县多个乡镇"一对一"帮扶共建工作，使多项扶贫资源和项目踏实落地，为促进产业发展、带动贫困户就近就地就业提供了全方位的支持和保障。

二、体现社会主义制度的优越性

党建扶贫能够解决"最后一公里"的落地问题，体现社会主义制度的优越性。精准扶贫的关键在于"精准"二字，但如何做到精准，党建工作具有至关重要的作用。现阶段，部分党员干部责任意识缺乏、作风不良，党组织凝聚力弱、班子队伍涣散、党员组织观念淡薄等各类党建问题层出不穷，这些都是导致贫困地区长期难以脱贫的重要原因，而党建扶贫则是根治这些"顽疾"的一剂良药。党建扶贫能够抽调精兵强将前往脱贫攻坚一线，充分发挥基层党组织战斗堡垒作用和党员先锋模范作用，最大限度推动扶贫政策落地见效，打通政策落实的"最后一公里"。泽普县驻村工作队和村两委扎实开展工作，带领贫困户通过产业扶贫、就业扶贫、教育扶贫、发展庭院经济等有效举措增收致富，真正做到了让群众看得见、摸得着，切实感受到脱贫攻坚带来的新气象，逐渐消除贫困，实现共同富裕，让人民群众共享改革发展成果，这些都是我国社会主义制度优越性的集中体现。

三、增强政治信任和政治认同感

党建扶贫能够夯实基层基础，密切党群干群关系，有利于增强政治信任和政治认同感。党建扶贫是新时代党的建设的重要内容。要想打赢脱贫攻坚战，各级党组织必须以提升政治领导力为统领、以提升组织覆盖力为前提、以提升群众凝聚力为基础、以提升发展推动力为目标，坚持加强党的领导、夯实基层基础，把党的政治优势、组织优势和群众工作优势转化为脱贫攻坚的发展优势。[①] 在基层服务型党组织的建设中，扶贫干部能够及时了解群众意见，排查矛盾纠纷，真正从群众的诉求出发，以心换心，以情动情，直面各种群众工作的矛盾和纠纷，拉近党员与群众之间的距离，极大地密切了党群干群关系。泽普县驻村工作队和村两委带领群众利用闲置空地发展庭院经济，既改善村居环境、解决了群众的粮食问题，又切实增加了家庭收入，为脱贫致富奠定基础，老百姓纷纷感谢驻村工作队，感谢党和政府的惠民政策，政治信任和政治认同感明显提升。

---

① 《抓党建促脱贫攻坚的重要意义》，2018 年 10 月 9 日，见 http://tougao.12371.cn/gaojian.php？tid＝1711929。

第二节　党建扶贫政策安排

改革开放初期，我国的扶贫政策主要为救济式扶贫，以"输血式"扶贫为主，以解决温饱为主要目标，通过临时救济和定期救济对贫困人群加以帮扶。20 世纪 80 年代中期开始，我国的扶贫开发政策实现了从救济式扶贫向开发式扶贫转变。"八七"扶贫攻坚计划期间，新疆扶贫开发政策以县为单位确立国家扶持的重点，动员政府机构与社会各界对扶贫开发的广泛参与成为这一阶段的主要特点之一。[①] 随着"八七"攻坚计划的如期实现，新疆地区人口温饱问题基本得到解决。从 2001 年开始，新疆扶贫开发工作同全国一道进入了为全面建设小康创造条件的新阶段。2011 年以来，新时期新疆的扶贫开发工作以南疆三地州、边境地区、贫困山区为主战场，提高片区整体水平。在这一阶段，南疆三地州动员全社会参与扶贫攻坚，主要是以中央、自治区、地（州）、县（市）四级定点帮扶为主体，实行包村帮扶，通过深入帮扶村调研，有重点地为整村推进争取帮扶项目和资金，促进贫困村的发展。

一、省级部署

2017 年 6 月，习近平总书记在深度贫困地区脱贫攻坚座谈会上强调指出：深度贫困地区脱贫攻坚，尤其要加强工作第一线的组织领导，要把夯实农村基层党组织同脱贫攻坚有机结合起来，选好一把

[①]　新疆维吾尔自治区党委政策研究室课题组：《新疆贫困状况及扶贫开发》，新疆人民出版社 2010 年版。

手、配强领导班子，特别是要下决心解决软弱涣散基层班子的问题，发挥好村党组织在脱贫攻坚中的战斗堡垒作用。① 这一论述明确强调了抓党建促脱贫攻坚的政治意义，为抓好党建促脱贫攻坚提供了根本遵循。随后，新疆维吾尔自治区发布《自治区党委办公厅关于抓党建促脱贫攻坚的实施意见》（新党厅字〔2017〕46 号）、《自治区党委办公厅、自治区人民政府办公厅关于自治区"访惠聚"驻村工作队包村联户推进脱贫攻坚的通知》（新党厅字〔2017〕54 号），以南疆四地州为重点，强调把加强基层党组织建设同脱贫攻坚有机结合起来，充分利用"访惠聚"驻村工作和"民族团结一家亲"活动等有效载体，充分利用援疆省市的资源，充分发挥党的政治优势、组织优势、密切联系群众优势，充分发挥党组织的战斗堡垒作用和共产党员的先锋模范作用，把精准扶贫、精准脱贫攻坚决策部署转化为各级领导班子、各级党组织、广大党员干部奋发有为的实际行动。

二、地方安排

根据自治区文件部署，泽普县聚焦"围绕扶贫抓党建，抓好党建促扶贫"这一主线，出台了一系列有关抓党建促脱贫的政策文件，推进基层党建工作与脱贫攻坚深度融合，为党建扶贫各项政策的落地实施提供了坚强的制度保障。

2018 年，根据自治区扶贫开发领导小组《关于印发〈自治区脱贫攻坚"冬季攻势"实施方案〉的通知》（新扶贫领传〔2018〕10 号）精神，按照喀什地区扶贫开发领导小组《地区脱贫攻坚"冬季攻势"实施方案》要求，泽普县扶贫开发领导小组开展脱贫攻坚"冬季攻势"，出台《关于发动冬季攻势开展精准扶贫培训的方案》（泽扶贫领办字〔2018〕95 号），计划在 2018 年 12 月至 2019 年 3 月

---

① 中共中央党史和文献研究院：《习近平扶贫论述摘编》，中央文献出版社 2018 年版。

期间，分层次、分批次开展冬季攻势培训，针对领导干部、行业干部、帮扶干部、村干部、贫困群众进行培训，以实现扶贫领域干部作风明显好转、基层干部攻坚能力明显提升、贫困群众内生动力明显增强、扶贫项目资金使用效益明显提高的目标。

2018 年，泽普县还结合实际制定了《县委组织部打赢脱贫攻坚战 2018 年—2020 年行动方案》和 2018 年度工作推进计划，明确抓党建促脱贫攻坚的总体要求、具体措施、责任部门和完成时限。同年 5 月，制发《关于进一步做好基层组织建设工作规范的通知》和《泽普县基层组织建设工作细则》，从抓实"三会一课"、"四议两公开"、"三务公开"等村级组织运转机制着手，努力从源头上杜绝扶贫项目落实不到位、扶贫资金发放不公等问题。同时，对照自治区下发的《软弱涣散基层党组织整顿 10 条》要求，制定《泽普县软弱涣散基层党组织整顿工作规范》，梳理软弱涣散基层党组织整顿工作规范 47 条，进一步明确了整顿工作方向，规范组织运行。

可以看出，近年来，泽普县深入推进抓党建促脱贫攻坚工作，将党的宗旨融入贫困治理之中，切实把党建优势转化为扶贫优势，将组织活力转化为扶贫动力，汇聚起万众一心抓脱贫的强大动能。

第三节　党建扶贫实践举措

泽普县始终聚焦聚力社会稳定和长治久安总目标，紧盯党中央提出的"精准扶贫、精准脱贫"基本方略，坚持以党建为引领，在脱贫攻坚中全面加强党的领导、全过程体现党的领导，发挥党的政治优势、组织优势和密切联系群众优势，加强干部队伍建设、基层组织建设、村级阵地建设和群众精神文化建设，为顺利实现脱贫摘帽目标提供坚强的组织保证。

一、干部队伍建设：精准扶贫，关键在人

（一）精准选配，一线干部有活力

干部干部，干字当头，打造一支懂扶贫、会帮扶、作风硬的扶贫干部队伍极为关键。泽普县按照自治区党委和地委要求，尽锐出战，坚定不移地将好人好马配置到脱贫攻坚"一线指挥部"。

一是压实责任，充实一线力量。在组织领导方面，县、乡两级分别成立脱贫攻坚工作领导小组，实行党政一把手"双组长"负责制，分管领导"一岗双责"责任制，确定了一名县委副书记、一名常委、一名政府副县长和一名副县级领导专职抓扶贫工作。在工作机制方面，持续落实县委直接抓村工作机制，建立"县领导包贫困村、乡领导包一般村"包联帮扶制度，为各个深度贫困村均安排了一名包联县领导，形成了逐级负责、分级落实的责任体系。在具体实施方面，首先，按照干部精准帮扶任务"4321"全覆盖工程要求，每名县处级干部帮扶 3 户、乡科级干部帮扶 2 户、一般干部帮扶 1 户，7222 名干部与 10257 户贫困户结对认亲，通过学理论、作指导、算细账，引导各族人民抵制极端、告别愚昧、勤劳致富，将各项帮扶措施精准落实到户到人。其次，搭建结对共建平台，统筹力量向基层一线倾斜，组织全县 115 个行政企事业单位与 133 个村结对包联，大力开展送政策项目、送科学技术、送医疗卫生、送教育文化、送支农物资、送就业机会等一系列利民活动，将组织优势转化为发展优势。第三，完善早派工、晚汇总工作制度。在第一书记统筹下，把脱贫攻坚的政策、措施、分工和具体任务落实有机结合起来，明确"干什么、怎么干、谁来干、何时完成"，将脱贫攻坚任务细化到每一天、每一个人，坚持每日早派工、晚汇总，一个问题一个问题解决、一个环节一个环节抓牢、一件事一件事办好，推进精准化落实。

二是精准选配，激发干事活力。泽普县按照自治区党委、地委"派最能打仗的人"的要求，通过招录内地高校毕业生、优秀退役军人、选调生和"天池计划"选聘人员等充实乡村力量，有计划地选派优秀年轻干部特别是后备干部到贫困村任第一书记，确保工作有序推进。同时，严格落实上级安排部署，配齐配强县、乡、村扶贫工作人员，保障县扶贫办干部达到 35 人、乡镇扶贫工作中心干部 10 人以上，配备县、乡扶贫专干 155 人（县 35 人、乡镇 120 人），并在 133 个行政村组建扶贫工作站、群众工作站、综治维稳中心"两站一中心"，把 703 名工作队员、乡村干部纳入村级扶贫工作站，确保每个工作站不少于 5 人，推进工作顺利开展。与此同时，注重发挥乡镇党委"龙头"作用，从政治素质高、工作能力强的干部中选拔乡镇党政"一把手"，不断调优乡镇党政班子结构，为扶贫工作的开展打下坚实基础。

（二）聚焦聚力，优良作风作保障

干部作风建设是党的队伍建设的重要方面，扶贫干部队伍的作风是否良好事关脱贫攻坚事业能否顺利推进。习近平总书记强调要加强作风建设，"对发现的作风问题，要举一反三，完善政策措施，加强制度建设，扎紧制度笼子"①。泽普县始终坚持问题导向，加强精准扶贫脱贫攻坚队伍的作风建设，以优良作风作保障，促进脱贫谋发展。

一是狠抓思想认识。泽普县把学习习近平总书记系列讲话特别是扶贫工作讲话作为政治要务，持续推进"两学一做"学习教育常态化、制度化，组织党员干部利用"三会一课"、党团活动日等活动读原著、学原文、悟真理，树牢"四个意识"，坚持做到向党中央看齐，向习近平总书记看齐，坚定坚决做到"两个维护"。同时，把

---

① 中共中央党史和文献研究院：《习近平扶贫论述摘编》，中央文献出版社 2018 年版。

习近平总书记关于脱贫攻坚重要论述作为开展干部培训的必修课，组织各级党员干部反复学、细致学，确保吃透弄懂，真正把工作重点聚焦聚力在实现总目标、打赢脱贫攻坚战上，使党的政治优势、组织优势、密切联系群众优势得到充分发挥，确保党中央的决策和自治区党委的工作部署转化成为各级领导班子、各级党组织、广大党员干部奋发有为的行动。

二是推进党风廉政建设。泽普县组织部严格履行县委全面从严治党和党风廉政建设主体责任，坚持一手抓反分裂斗争、一手抓党风廉政建设和反腐败斗争，扎实做好巡察工作，实现了对所有行使公权力的公职人员监察全覆盖。同时，重点强化扶贫领域执纪问责，全面整治"四风四气"，坚持严管就是厚爱，运用"四种形态"，查处了一批不聚焦总目标、作风不实的干部，截至 2018 年 10 月，立案 524 件，结案 524 件，给予党纪政务处分 524 人（乡科级 35 人、一般干部 84 人，其他人员 405 人），正风肃纪成效明显，干部作风明显好转。

（三）关怀激励，干部干事有动力

"为政之要，惟在得人"，选人用人是风向标，也是激励干部作为的指挥棒。泽普县突出好干部标准，加大在扶贫攻坚一线选拔任用干部力度。完善干部考核考评机制，考准考实干部脱贫工作实绩，把脱贫攻坚任务完成情况作为评价使用干部的重要参考，对发挥作用充分、实绩突出、表现优秀的干部，予以提拔重用；对工作不力、作风不实、未完成脱贫攻坚任务或弄虚作假的领导干部，果断予以调整，用鲜明的用人导向激励广大干部在脱贫攻坚一线主动作为、大显身手。表 1 为 2016 年以来泽普县委选拔重用长期在脱贫攻坚一线、实绩突出的干部数量统计表，可以看出，2016 年以来，县市提拔重用的干部数量呈增长趋势，泽普县坚持把扶贫领域作为培养锻炼干部的主阵地，以正向激励提振扶贫干部"士气"，进一步激发了基层干部干事创业的热情。

表 1 　2016 年以来泽普县委选拔重用长期在脱贫攻坚一线、
实绩突出的干部数量统计表

序号	县市	提拔正科数量	提拔副科数量	备注
1	2016 年	6	13	
2	2017 年	11	24	
3	2018 年	11	33	
4	2019 年	11	26	
泽普县合计		39	96	

二、基层组织建设：农村富不富，关键看支部

基层组织是所辖地方经济社会发展的设计者、组织者、推动者，也是扶贫开发工作的最终落实者。基层组织战斗力、凝聚力、号召力的强弱，班子成员带领群众致富能力的强弱，对所辖人民群众能否早日脱贫致富有着最直接、最现实的影响。习近平总书记强调，"要把扶贫开发同基层组织建设有机结合起来，抓好以村党组织为核心的村级组织配套建设，把基层党组织建设成为带领乡亲们脱贫致富、维护农村稳定的坚强领导核心"[①]，这为新时代打赢脱贫攻坚战提供了一条具体思路。

在"政党—国家互嵌结构"的语境里，党组织拥有强大的动员能力和资源调配能力，再加上德才兼备的农村党员通常拥有良好的社会声望，因而能够发挥社会动员能力和资源整合能力，组织并带领贫困群体完成精准扶贫的工作任务。[②] 因此，必须坚持把加强基层组织建设作为巩固脱贫攻坚成效的关键，把握大局大势，强化政治定力，

---

① 中共中央党史和文献研究院：《习近平扶贫论述摘编》，中央文献出版社 2018 年版。

② 张露露：《新时代农村基层党建与精准扶贫的互动及协同推进析论》，《理论导刊》2019年第 6 期。

聚焦主责主业，主动担当作为，充分发挥基层党组织的战斗堡垒作用和党员的先锋模范作用，为抓党建巩固脱贫攻坚成效提供坚实的组织基础。

（一）选优配强基层党组织

基层党组织是党的全部工作和战斗力的基础，扶贫开发政策需要一家一户宣传，贫困户建档立卡需要登门入户去落实，发展特色产业、引导劳务输出、创办龙头企业等均需要基层组织负责，这些都对基层党组织建设提出了更高的要求。

村看村，户看户，群众看党员和干部。党员干部作为基层党组织的主体力量，理应在脱贫攻坚中起到模范作用，在打赢脱贫攻坚战中当先锋、作贡献。泽普县多个贫困村按照党员队伍结构和梯次需要把有发展潜力的优秀"80后"、"90后"青年纳入入党积极分子，使党员队伍年龄结构合理化，最大限度发挥党员在脱贫攻坚中中流砥柱的作用。

与此同时，泽普县建立传帮带机制，选优配强基层党组织和贫困村带头人，发挥其在宣传群众、教育群众、组织群众、引导群众方面的能力，让脱贫速度快起来、脱贫成果稳下来。

"一人红、红一点，大家红、红一片"这一口号在泽普县被广为传颂，"传帮带"既是方式和方法，更是氛围和风气。泽普县各贫困村利用驻村工作队知识面广、工作经验丰富等优势，开展结对帮扶，提升村干部业务水平。同时，落实帮带培养机制，即每名工作队员至少帮带1名村级骨干，由885名工作队员与1226名村级骨干结成帮带对子，在学中帮、在干中带，不断强化保稳定促脱贫工作本领，目前已有105名村级后备干部进入"两委"班子，打造"永不走的工作队"。

除此之外，充分发挥"访惠聚"驻村工作队等基层干部传帮带作用，按照"支部引路、党员带路、产业铺路"的思路，深入实施农村党员"三培养工程",着力把致富能手培养成党员、把党员培养成致富带头人、把优秀党员和致富带头人培养成村干部。邀请专业技术人员、乡土人才等与贫困党员开展"一对一"帮扶活动,为贫困党员提供技术咨询和市场营销等培训机会,以有一技之长的党员群众为主体,通过领办、创办、协办示范基地、示范项目,引导广大党员争做致富带富帮扶先锋。同时,全面推行"支部+农民专业合作社+农户"模式,带动规模小的专业大户和缺技术、缺信息的农户做大产业,实现了每个有劳动力的党员都有脱贫致富目标,每个贫困村都有党员致富带头人。

A+案例:波斯喀木乡代尔亚博依村——致富"金果"挂满园,村民采收心里甜

为确保如期打赢脱贫攻坚战,泽普县供销社驻波斯喀木乡代尔亚博依村"访惠聚"工作队在经过大量的市场调研及分析,征求广大党员群众意见后,制定了庭院发展计划,利用闲置的空地引导群众种植西红柿、辣椒、黄瓜、茄子、胡萝卜等蔬菜,并在房前院后种植万寿菊和果树等经济作物。

为消除群众种植蔬菜存在害怕种不好、销售不出去的顾虑,"访惠聚"驻村工作队和村两委多次召开动员大会,通过入户走访、宣讲,针对农民群众疑虑逐一进行解答,并发挥党员模范带头作用,带动贫困户积极参与。工作队积极申请项目资金为64户贫困户修建大棚,发放菜苗32000株。蔬菜成长期,工作队多次邀请技术人员指导党员群众如何种植和管理蔬菜,使得种出来的蔬菜口感好、品质佳。在销售期,工作队积极联系销售商,集中统一收购,以保底价的方式保证贫困户利益。面对每天接连不断的订单,种植户脸上乐开了花。①

---

① 资料来源:《数说泽普脱贫攻坚之三》。

（二）整顿软弱涣散基层党组织

泽普县连续三年按照不低于 10% 的比例倒排软弱涣散基层党组织，2018 年倒排确定 16 个软弱涣散村（社区），"一村一策"建档整顿，特别是深度贫困村，做到贫困不摘帽、后进不销号。同时，报请县委同意，安排 13 名县领导联系指导整顿工作，定期下发《泽普县软弱涣散基层党组织整顿工作提示》，不断压实整顿责任，补齐"短板"、筑牢"地基"。并对照自治区下发的《软弱涣散基层党组织整顿 10 条》要求，梳理下发软弱涣散基层党组织整顿工作规范两大类 47 条，进一步明确了整顿工作方向，推动基层党组织全面提升、全面过硬。

（三）规范基层党组织有序运行

为规范基层党组织合理有序运行，泽普县制定下发了《关于做好基层组织建设工作规范的通知》和《泽普县基层组织建设工作细则》，从抓实"三会一课"、"四议两公开"、"三务公开"等村级组织运转机制着手，努力从源头上杜绝扶贫项目落实不到位、扶贫资金发放不公等问题，并通过规范设置村务监督委员会，强化《新型村规民约》执行，把村规民约的制定和实施过程变成发扬民主、自我约束、自我管理的过程，维护村集体利益和村民利益，提升群众参与村级各项事务的积极性。村规民约的制定是传统规范与现代治理模式结合的产物，村规民约凝聚着村民的共同价值观，是村民自治的重要手段，随着社会的发展与进步，符合社会主义核心价值观的村规民约更有利于基层治理，使村民在潜移默化的熏陶中增强行为自觉，推动乡村移风易俗。

泽普县各村的村规民约按照"四议两公开"，即村党支部会提议、"两委"会商议、党员大会审议、村民代表会议决议四步制定，成为了基层党组织同群众之间的"约定"，约束力来自群众，在这种约定的"规约"下，涉及公共利益的村级事务按照规范行事，确保公共事务的处理有章可循，起到息诉罢争、调解村民关系、降低治理成本的作用。同时，各村推选公道正派、坚持原则、敢于担当、热心为村民服务的老党员、群众代表成立村务监督委员会，村规民约的运行在村务监督委员会的组织下实施。一些不文明的行为，村务监督委员会均要搬出"村规民约"来套一套、量一量、管一管，以规管村的理念被树立起来，乡村治理中的一些"疑难杂症"问题也迎刃而解，村规民约成为村居社区的"小宪法"。①

坚持以现代文化为引领，广泛开展"三新"活动，引导农民把摒弃"等靠要"思想、实现稳定就业、推广现代生活方式纳入"村规民约"内容，使脱贫攻坚各项工作措施有效融入群众生产生活的点点滴滴，坚决把群众从被宗教极端思想渗透的社会风气中解脱出来。截至 2018 年年底，共鼓励和引导群众改造庭院 9981 户、家具进屋 2.19 万户。

案例：护好路日子更红火

每天早上起床，和大多数人家一样，泽普县赛力乡荒地村村民帕夏汗·艾麦尔第一件事是拿起笤帚，把家门口的马路打扫干净，她高兴地说："以前门前都是土路，出门都不方便，是党和政府给我们修通了漂亮的柏油路，我们每个人都要爱护好路，不让它受到破坏。"这是泽普县采取村路村养的一项有效措施，各村把道路管护纳入村规民约，要求村民护好门前路，提高群众爱路护路意识，养路护路已成为村民的自觉行动。②

（四）加大基层经费保障

泽普县保障村级组织运转经费和服务群众工作经费，建立村干部

---

① 资料来源：《数说泽普脱贫攻坚之四》。
② 资料来源：《数说泽普脱贫攻坚之二》。

报酬正常增长机制和村干部绩效考核制度，增强了基层党组织有钱办事能力。严格落实"大村 15 万元、中村 10 万元、小村 5 万元"服务群众专项经费制度，截至 2018 年年底，共拨付资金 825 万元，为群众办实事好事 1.8 万件；落实村"第一书记"工作经费 129 万元、工作队员每月 1800 元生活补助，慰问帮扶贫困群众 3.9 万人次；及时划拨 604 万元基层运转经费，帮助基层缓解压力，极大调动基层工作的积极性。

案例：布依鲁克村——抓班子，强堡垒，
为脱贫攻坚奠定坚实的组织基础

布依鲁克村是以塔吉克民族为主的一个村落，全村辖 5 个村民小组，371 户 1294 人，其中建档立卡贫困户人口 100 户 371 人，属深度贫困村。

2018 年以前，布依鲁克村的工作在全乡是垫底的，自驻村工作队驻村以来，以队长为村党总支书记，总支把建强村党支部作为脱贫攻坚的重中之重。总支在推进脱贫攻坚工作中，发现村党支部原书记和村委会原第一副主任工作敷衍塞责、作风简单粗暴，在扶贫工作中存在涉及侵占群众利益等问题，反映到乡党委后，两人先后受到党纪处分并免职。随后，乡党委新调整充实了村"两委"班子成员，选派了政治立场坚定，工作能力突出，服务群众意识强的新任村党支书记。新"两委"班子成员普遍国语水平较强，知识、年龄等结构更加合理，年富力强、充满活力，能够发挥"领头羊"作用。总支安排工作队员与村干部结对子，一同开展"四同四送"，互帮互学，交流工作方法和思路，村干部维护稳定、引领发展、服务群众的能力明显提升，赢得了群众的真心拥护和爱戴。

在制度上，总支指导"两委"班子结合实际，健全完善了《村党支部工作制度》、《村"两委"议事会议制度》、《村级事务"四议、两公开、一监督"》等制度，明确了村干部工作职

责，推行村干部承诺、履职、绩效考核管理制度，成立村务监督委员会。2019 年年初，村党总支细化完善了《布依鲁克村规民约》，并通过"四议两公开"的形式得到全体村民的支持。

在思想上，总支引导村党支部成员带头加强学习领会十九大精神、习近平新时代中国特色社会主义思想等，村总支书记和村支书亲自授课，通过一次次的党课，不断提高广大党员的思想觉悟，加强党性修养，使党员干部时刻做到心中有党、心中有民、心中有戒、心中有畏。全村 53 名党员在脱贫攻坚中发挥了先锋模范作用，做到"带头致富、带领致富"，得到广大村民普遍认可，已成为打赢脱贫攻坚战的主力军。

布依鲁克村党总支始终牢记打赢脱贫攻坚战的总要求，坚持抓党建、促脱贫，扶贫先扶志扶智，牢牢抓住产业扶贫、转移就业扶贫这个根本，综合施策，目前，已有 98 户 363 人实现脱贫，贫困发生率降到了 0.69%，圆满完成了全村 2018 年整村退出、贫困户脱贫目标。

小康不小康，关键看老乡；农村富不富，关键看支部。可以说，农村基层党建的组织基础以及基层党员的先锋模范带头作用，为精准扶贫工作的有效开展提供了强而有效的支撑力和带动力。而精准扶贫政策带来的资源外溢和密切联系群众的机会也进一步提升了农村基层党组织的公共权威和治理绩效。因此，党建扶贫的实质是实现了"党建"与"扶贫"二者的"双向再生产"，既各自提升，又相互补充，协同推进，发挥出了双向的良好外部性，这种"捆绑式"的发展模式凝聚了农村社会的强大治理合力。

三、村级阵地建设：办公有场所，活动有阵地

村级阵地作为村党支部和村委会议事、办公、宣传和实施村级管

理活动的根据地，在基层党建和组织建设中具有不可替代的作用。村级阵地是农村基层组织建设的重要物质基础，是促进村级规范化建设、提升村级工作水平的前提，是增强村级组织战斗力、凝聚力的重要载体。[①]

泽普县按照自治区党委抓好村级组织阵地建设要求，近年来先后投入2.6亿元完善村级阵地和活动场所，目前全县136个村级阵地平均建设面积680平方米以上，办公场所、村民服务中心、会议室、图书室、卫生室、警务站、远程教育学习场地等服务群众场所全部严格按照标准配备到位，并协调督促做好阵地维修、维护工作，切实将村级阵地打造成为了巩固脱贫攻坚成效的"一线指挥部"。

同时，强化村级阵地常态化使用，坚持"一室多用"，发挥维稳指挥、办公议事、党员活动、教育培训、便民服务、文体娱乐等综合服务功能，经常性开展农民夜校、远程教育培训、"四大"活动、"四项"活动和群众性文体活动，使村级阵地真正成为宣传党的路线、方针、政策的窗口，集中学习、开展培训的课堂，普及科学技术的阵地和文化学习、公共服务中心的场所，切实增强基层组织的凝聚力和向心力。

案例：农民夜校助力脱贫攻坚稳步推进

夜幕降临，华灯初上，古勒巴格乡喀拉尤勒滚村村委会大院传出朗朗的读书声，农民夜校准点开课了。

工作队在入户走访中了解到村民在发展经济、改善生活水平方面愿望急切，希望通过培训掌握到农村实用技术、科学小常识等方面的知识，同时也非常迫切地希望能够提高自身普通话水平。工作队充分考虑农民群众的现实需要，结合村情实际全力办

---

① 《加强村级阵地建设提升为民服务能力》，2018年6月30日，见 http://www.sohu.com/a/238632294_100101617。

好农民夜校，坚持"缺什么学什么，需什么教什么"，为群众量身定制教学内容，课程内容丰富，有法律讲座、政策解读、农业管理技术、畜牧养殖技术等课程，但最受群众欢迎的还是普通话课程。对于村民来说，学好普通话是实现脱贫致富的基础条件。经过工作队和村民的一同努力，2017年已经有28名学员走出夜校，考取了原油押运工上岗证，走上了工作岗位。[①]

四、群众精神文化建设：扶志又扶智，人人拔穷根

习近平总书记多次强调扶贫先扶志，"脱贫致富贵在立志，只要有志气、有信心，就没有迈不过去的坎"[②]。精准扶贫脱贫攻坚，只要一家一户动起来，一村一地干起来，一点一滴向前进，在脱贫之路上就会一步一个脚印向着全面小康迈进。让贫困群众脱离背靠大树好乘凉的观念，改变"等靠要"的思想，由"一方主动"变为"两头都热"，攥指成拳才更有力量。泽普县在脱贫攻坚中，注重扶贫同扶志、扶智相结合，引导贫困户从内心深处摆脱依赖感，激发内生动力，不等不靠，精准脱贫之路越走越宽。

泽普县加大群众精神文化建设力度，坚持"扶志扶智"助力脱贫攻坚。一是大力选树致富典型、编辑《数说泽普》，树立致富、创业、就业、帮扶等方面的典型模范，宣传教育引导广大群众向身边的脱贫致富典型学习，切实发挥先进典型的示范引领作用。二是以农牧民夜校为抓手，每月挑选一批村干部、党员致富带头人逐村宣讲，大力宣传党的十九大精神和"七个一批、三个加大力度、十大工程、五项增收措施"等，形成常态化教育机制。三是健全新型村规民约，从民主理财管住钱、民主评议管住人、民主决策管住事三方面入手，

---

① 资料来源：《数说泽普脱贫攻坚之三》。
② 中共中央党史和文献研究院：《习近平扶贫论述摘编》，中央文献出版社2018年版。

突出群众主体地位，激发村党组织领导群众脱贫致富的内在动力。

除此之外，泽普县各个驻村工作队抓产业促就业、抓教育拔穷根，让贫困群众认识到可以通过自己的双手勤劳致富，认识到教育能够阻断贫困的代际传递，实现从"要我脱贫"到"我要脱贫"思想观念的转变。在具体举措方面，泽普县采取"龙头企业+乡镇产业园+乡村扶贫生产车间+合作社+农村生产基地"的模式，依托工业园区企业、乡村生产车间等就业载体，实现了"一户一就业和一户多人就业"的目标。同时通过发展教育，实行十五年义务教育的地区特惠政策，改善薄弱学校办学条件，增强了群众的获得感和幸福感。

案例：尤库日喀勒格热克村——"小乐器"奏起脱贫"致富曲"

2017年5月份，在一次村里的文艺汇演，泽普县人民检察院驻波斯喀木乡尤库日喀勒格热克村工作队第一书记、工作队队长董成看到大家自发带着家里的乐器汇集到村委会，与工作队员一起欢庆节日。闲聊中，得知村民买买提明·阿布都卡迪尔先后跟着喀什制作乐器师傅学了多年的技艺，但由于家庭原因，本来是可以吃饭的手艺就这样荒废了，看到围坐在身边兴趣很浓的几个小伙子，一个大胆的想法浮现在脑海。经过商议，工作队决定把制作民族乐器作为本村脱贫道路一个途径，筹资3万元购买了机器设备，协调在县城租了一间20平方米的门面房。主要制作弹布尔、都塔尔、手鼓、热瓦普等十几种维吾尔族乐器，还有青年人喜欢的吉他，店里的生意越来越好。"没有工作队的帮助就没有这么好的收入，我要将制作乐器的技艺传递给更多的贫困户，让他们树立励志脱贫的信心，掌握一门致富的手艺，达到共同富裕奔小康的目标"，买买提明·阿布都卡迪尔说。

致富以后的买买提明·阿布都卡迪尔为了将维吾尔乐器制作手工艺做大做强，他将手艺教给同是贫困户的弟弟和侄子，并收了贫困青年为徒弟，鼓励他们通过自己的双手勤劳致富。通过不断努力，买买提明·阿布都卡迪尔的维吾尔乐器手工艺制作团队人员不断壮大，目前，已带动本村5户贫困户16人脱贫，在莎车县、叶城县开设了两家门店，年收入达到10万元。

第四节　党建扶贫经验总结

新时代的党建扶贫是对党的群众路线的继承和发展。泽普县已经形成了以党建促扶贫，以扶贫促党建的良性循环机制，走出了一条可复制、可推广的党建扶贫之路，为跨越"梅佐乔诺陷阱"，实现乡村扶贫治理的高效运行与良性变迁提供了良好的示范。

一、基层党组织建设与干部选拔有机结合

农村基层党组织建设中关键在于党员队伍建设，而党员队伍建设和扶贫干部选拔工作实现有机结合的关键在于吸纳人才资源，扩大人才队伍。习近平总书记指出，"打好脱贫攻坚战，关键在人，在人的观念、能力、干劲"①。因此如何选派好人好马上前线，如何发挥农村基层党组织的战斗堡垒与模范先锋作用是扶贫开发工作的关键所在，泽普县关于人才选拔的多项举措为我们提供了经验与借鉴。

一是把农村党员标准和扶贫干部选拔标准整合起来，严把质量关，把真正德才兼备、懂国语的人才选拔出来担任党支部和精准扶贫工作的关键职务，发挥"带头人"作用。二是注重挖掘致富能力强、威信好的村庄能人，将其吸纳进党员队伍和扶贫队伍中来，改善当前

① 中共中央党史和文献研究院：《习近平扶贫论述摘编》，中央文献出版社2018年版。

农村管理队伍的年龄结构不合理、知识技能结构失衡的状况。三是把扶贫脱贫工作作为检验并提升农村党员和扶贫工作人员各项能力和素质的训练场，强化责任担当，通过提升他们的组织、宣传、凝聚和服务群众能力来发挥党员干部的标杆功能。四是建立不合格党员和扶贫干部的淘汰制和"传帮带"培养机制，在学中帮、在干中带，目前已有百位村级后备干部进入"两委"班子，同时激发农村党员、干部队伍的工作能力，缩短人才培养周期，从而为农村党员队伍和扶贫干部队伍提供有力的智力支持。[1]

将农村基层党组织建设与扶贫干部选拔工作有机结合，既可回应当下村庄社会基础坍塌的治理危机，又可通过自上而下与自下而上资源整合平台在村庄的构建，恢复和提升村庄治理的能力，为扶贫开发工作打下坚实基础。

二、干部作风建设与群众精神脱贫有机结合

带头是有力的动员，行动是最好的示范。农村党员干部作风建设与贫困群众精神脱贫相结合的重点在于治理"精神贫困"问题。在脱贫工作中，农村基层党组织软弱涣散是农村致贫原因之一，农村党员干部的精神贫困主要表现为理想信念缺乏、内心世界空虚、思想迷茫懈怠、工作不思进取、对人民群众态度冷漠等。而群众内生动力不足也是重要的致贫原因，主要表现在贫困户"坐在门口晒太阳，等着政府送小康"的精神贫困上，如"等靠要"思想严重、受极端思想毒害较深等，缺乏脱贫积极性和主动性。

针对精神贫困问题，一方面需强化农村党员干部的作风建设，发挥在贫困群众脱贫致富中的精神引领作用。习近平总书记强调，领导

---

[1] 张露露：《新时代农村基层党建与精准扶贫的互动及协同推进析论》，《理论导刊》2019年第6期。

干部要努力成为全社会的道德楷模，带头践行社会主义核心价值观，讲党性、重品行、作表率，带头注重家庭、家教、家风①，由此以家风促党风，以党风带民风，使贫困群众展现出勤劳致富、积极向上、爱党爱国的良好精神面貌。泽普县的农村党员干部与扶贫干部一道，积极营造公平正义的文化氛围，建立规范的乡规民约，加强政策宣传，发挥自身模范带头作用，引导贫困户树立良好新风。

另一方面，通过激发贫困群众的精神脱贫动力来推动农村基层党组织的党风廉政建设。例如，泽普县农村党员与扶贫干部通过文化惠民，利用周一"三结合"、农民夜校、巡回宣讲时机开展"两会"精神宣讲、脱贫致富大宣传等活动，同时辅以小品表演、话剧表演、红歌比赛等形式提升宣讲效果，并抓产业促就业，让贫困户感受到脱贫致富的幸福感，为贫困户筑牢信仰之基、补足精神之钙、把稳思想之舵，从而引导贫困群众端正思想，变"要我脱贫"到"我要脱贫"，形成了积极向上的良好风貌，创造出了党群互动促脱贫的良好社会局面。以民风促党风，也进一步优化了农村基层党组织的政治生态，进而为农村基层党组织和精准扶贫的协同共进营造良好的社会风气。

三、集体经济发展与群众利益保障有机结合

治政之要在于安民，安民之道在于察其疾苦。只有摸清吃透村情民意，才能找准病根、对症下药。扶贫开发工作中，繁荣农村经济是核心，发展壮大村级集体经济、增加农村群众收入是关键。基于此，泽普县以党建为引领，把加快培育和壮大能够带动一方群众致富的区域性主导产业，作为提高农民收入的关键举措，组建林果业服务队对林果提质增效、建设保鲜库、发展农村合作社，同时利用政府托底收

---

① 《以"三家"支部工作法全面落实从严治党》，2017 年 7 月 20 日，见 http://dangjian. people.com.cn/n1/2017/0720/c412885-29417471.html。

购和农副产品赠送扶贫"大礼包"等措施，解决贫困户林果销售难问题，并建设农村电商，使村集体发展强村富民产业的活力得到彻底释放。另外，泽普县实施土地清理再分配扶贫工程，并按照《泽普县建档立卡贫困户土地清理再分配七项资金使用管理办法》，通过宣传引导，鼓励贫困户到卫星工厂、保鲜库、工业园区等企业就业，发放土地清理就业奖补资金，使大量贫困户从中受益。这既保障了村级阵地的正常运转，为贫困村脱贫摘帽打牢基础，也增强了贫困户的自我发展能力，实现了党建引领村级集体经济发展壮大与贫困群众利益保障有机结合。

四、党建扶贫与乡村振兴战略有机结合

党的十九大报告提出实施乡村振兴战略，这是新时代"三农"工作的总抓手。2018 年 2 月，《中共中央、国务院关于实施乡村振兴战略的意见》正式提出"做好实施乡村振兴战略与打好精准脱贫攻坚战有机衔接"的工作。2018 年 8 月，《中共中央、国务院关于打赢脱贫攻坚战三年行动的指导意见》再次提出"统筹衔接脱贫攻坚与乡村振兴"的要求。2018 年 9 月，《乡村振兴战略规划（2018—2022 年)》进一步提出"推动脱贫攻坚与乡村振兴有机结合相互促进"的要求，可见，乡村振兴与脱贫攻坚有机衔接问题在政策的顶层设计层面越来越趋于明晰化。[1] 泽普县严格按照中央部署，通过采取"抓基层、抓党建、抓载体"举措，大力增强村级党组织凝聚力和战斗力，有效发挥基层党组织的战斗堡垒作用、基层党员的先锋模范作用和骨干带头作用，以党建引领乡村振兴，形成了精准脱贫攻坚和乡村振兴战略相互支撑、相互配合、有机衔接的良性互动格局，精心描绘出一幅产业兴

---

[1] 豆书龙、叶敬忠：《乡村振兴与脱贫攻坚的有机衔接及其机制构建》，《改革》2019 年第 1 期。

旺、生态宜居、乡风文明、治理有效、生活富裕的农村新图景。

习近平总书记在海南等地考察时多次强调"乡村振兴，关键是产业要振兴"，可以说，"产业兴旺"是脱贫攻坚与乡村振兴的重点，是实现农民增收、农业发展和农村繁荣的基础。泽普县坚持做优种植业，通过特色种植推动产业结构调整，发展马铃薯、万寿菊、露地蔬菜等特色种植，同时坚持做强畜牧业、林果业，坚持在产中服务管理和产后销售上下功夫。在生态环境建设方面，泽普县按照"试验示范、典型引领"原则，在每个乡镇建设一个乡村振兴和一个人居环境整治示范点，积极稳妥推进人居环境整治工作，为乡村振兴奠定坚实的基础。泽普县也坚持扶志与扶智，推进乡风文明建设，引导群众改变陈规陋习、破除封建迷信、回归世俗化生活，开拓了现代文明生活的空间和视野，逐步消除了"宗教极端思想和分裂主义"这个贫穷的根子，精神面貌得以提振。如今的泽普，贫困群众再也不愁吃、不愁穿，到处是"住上好房子、过上好日子、养成好习惯、形成好风气"的喜人景象。

乡村振兴中如何保障农民的主体性也是一个极为重要的问题，这更是乡村能否实现振兴的关键所在。乡村振兴是为了农民，为其创造良好的生活环境，乡村振兴也要依靠农民，由农民做主，而不是相反，否则会破坏乡村振兴的宗旨，也会损害乡村振兴的社会基础。因此，一方面应夯实基层自治基础，将乡村社会治理权交由村民自身，充分实现乡村自治要求。另一方面为农民赋能，提升农民群众的科学文化水平与思想道德素质，提供享受多种多样文化的公共空间和平台，增强其获得感、安全感和幸福感，让农民真正成为农村经济、政治、文化的主体，让每个人切实享受经济社会发展的成果。

第四章

产业扶贫致兴旺

在打赢脱贫攻坚战、实施精准扶贫方略的背景下，产业扶贫作为发展贫困地区经济、提高贫困群众自身能力的重要措施，是实现由"输血式"扶贫向"造血式"扶贫转变的关键。对于泽普等少数民族贫困县来说要实现民族经济的发展就必须要进行产业扶贫，但是也要保证社会的稳定；在脱贫攻坚的过程中，既然注重各民族人民生活水平的提高，也要促进各民族团结友爱。民族团结和民族经济的发展有着紧密的联系，民族团结和稳定有利于民族经济的发展，是民族经济发展的基础之一，而民族经济的发展反过来能够促进各民族的团结和繁荣。产业扶贫作为脱贫的重要内容，能够直接推动民族经济的发展，并且间接促进民族团结、社会稳定，是泽普县扶贫工作的重中之重。

泽普县始终将产业扶贫作为扶贫工作的重点，把产业扶贫始终放在突出位置，在上级党组织和政府的指导下为产业扶贫的发展制定了切实可行的政策。在产业扶贫的过程中，泽普县根据县域情况将林果业作为强大支柱，将特色种植业和畜牧业作为有力支撑，并将电商和合作社作为坚实基础。经过几年的努力，产业扶贫帮助泽普县实现了经济收入的持续增长，实现了产业结构的优化升级，并带来了产业服务水平的升级换代。泽普县产业扶贫取得的巨大成效离不开各级党组织和政府的正确指导和支持，也离不开泽普全县人民的共同努力；同时，也是泽普县因地制宜，根据实际情况发展具有地方特色产业的结果；除此之外，具有良好的品牌意识，打造出具有市场竞争力的产品也是泽普县产业扶贫取得成效的原因之一。

第一节 产业扶贫的背景与意义

产业扶贫是打赢脱贫攻坚战的关键举措，各级政府都将产业扶贫作为精准扶贫、精准脱贫的重要方式给予高度重视。泽普县是一个典型的少数民族聚集县，全县共有 34 个民族，少数民族人口占 79%，汉族占 21%。因此，泽普县的经济和社会文化都有其独特性，基于当地社会实际情况的整体政策谋划是产业扶贫和民族经济发展的重要基础。另一方面来说，大力推动民族经济发展是泽普县实现脱贫最直接最有效的办法，不仅能够在一定程度上避免返贫，实现可持续性脱贫；同时，还能够增加贫困村的集体经济收入，夯实党组织在基层的执政基础，促进民族团结；除此之外，还能够优化贫困地区的产业结构，增强民族经济的市场竞争能力。

一、产业扶贫的社会背景

我国是一个多民族的社会主义国家，虽然大多数少数民族聚集在中西部地区，但是各个民族之间交流频繁、互相扶持，党和国家也高度重视少数民族地区的发展。新中国成立以后，党和国家对发展、扶持、帮助少数民族和民族地区发展经济制定和实施了一系列特殊的优惠政策，其根本目的是加快发展少数民族和民族地区的经济建设，改变民族地区普遍存在的贫困落后状态，提高各民族人民的实际生活水平，促进各民族共同繁荣进步。改革开放以来，随着全国社会经济整体的发展，党和国家进一步加大了对少数民族地区的扶持力度，实施西部大开发战略，把东部沿海地区的剩余经济发展能力，用以提高西部地区的经济和社会发展水平、巩固国防。但是，由于历史、自然和社会等方面的原因，民族地区的经济发展在当前和今后一定时期内还面临着一些特殊困难和问题，相对于东部发达地区来说，少数民族地区总体经济水平还不高，经济实力不强；民族地区的基础设施也相对薄弱，财政困难突出，还存在大量的贫困人口。如何在多年来民族地区创造的良好条件和基础上，加速促进民族地区的经济发展，赶上全国的经济发展步伐，这是摆在各族人民面前的重大责任。

党的十八大报告明确提出了在 2020 年全面建成小康社会的宏伟目标，贫困是实现全面建成小康社会的主要阻碍之一。因此，实施精准扶贫方略，消除贫困成了时代赋予国家和社会的重要任务。经济发展是民族团结的重要前提，泽普县作为少数民族聚集县，面临着要赢得脱贫攻坚战和维持各民族稳定、促进民族团结的双重任务。在开展精准识别建档立卡工作以前，泽普县产业发展面临的主要问题是产业发展落后，产业带动能力不足。2014 年，全县三次产业结构比例为 35∶24∶41；主要问题集中在以下几个方面：一产不优，产业结构调整任务重，畜牧业发展仍处于初级阶段，农业科技含量低，农产品加工能力不足，产业化、市场化程度不高，经济效益较低；二产不大，传统产业升级改造难度大，新兴产业缺乏相关要素支持，纺织服装等劳动密集型产业仍处于起步阶段，就业拉动能力有限；三产不强，旅游业和商贸物流业发展态势良好，但由于基础体量有限，短期内仍难以成为主导产业。除了产业发展问题之外，泽普县的反恐形势也比较严峻，导致产业扶贫难度加大，民族团结影响着民族经济的发展。泽普县地处南疆边陲、叶河流域，莎车、叶城两个维稳重点县之间，是反分裂斗争、打击"三股势力"前沿阵地和主战场，宗教极端思想流毒深远，意识形态领域反分裂反渗透形势严峻，长期受"三股势力"影响，贫困群众"乐安天命"、"等靠要"的思想严重，缺乏脱贫致富的内生动力，扶志工作难度大。暴恐活动的潜在威胁，直接阻碍了经济发展，严重冲击了招商引资、劳务输出和项目建设，一定程度上加剧了扶贫开发的难度。为了促进民族经济发展和民族团结，从实际情况出发，因地制宜进行产业扶贫是泽普县脱贫攻坚的必经之路。

二、产业扶贫的政策背景

发展特色产业脱贫是打赢脱贫攻坚战、实施精准扶贫方略的重要措施，产业扶贫也是脱贫攻坚工作中的重中之重。要利用产业扶贫激发贫困地区的内生动力，促进少数民族地区的经济发展和民族团结，就需要具有指导意义且切实可行的政策支持。中央对产业扶贫极为重视，在出台了具有代表性的纲领性文件的同时还颁布了许多关于产业扶贫的具体政策。新疆维吾尔自治区积极响应中央打赢脱贫攻坚战的号召，以农林种植和畜牧养殖为基础，发展纺织等劳动密集型产业，并加大金融扶贫力度，大力发展电商和旅游业，逐渐形成了良好的产业扶贫格局。泽普县在中央和新疆维吾尔自治区的正确领导下，根据实际情况因地制宜进行产业扶贫和产业结构调整，逐渐形成了以林果业为支柱、以种植业和养殖业为支撑、以电商和合作社为基础的产业扶贫模式。

进入 21 世纪以来，我国的扶贫开发工作取得了历史性进展，贫困状况也逐渐由整体性、绝对贫困转变为区域性、相对贫困。但是由于人口基数大，在中西部农村地区仍然有大量贫困人口的存在，为确保 2020 年全面建成小康社会，不让一个人掉队，中共中央、国务院于 2015 年 11 月 29 日颁布《中共中央国务院关于打赢脱贫攻坚战的决定》，明确提出实施精准扶贫方略。作为指导脱贫攻坚的纲要性文件，《中共中央国务院关于打赢脱贫攻坚战的决定》提出实施精准扶贫方略，加快贫困人口精准脱贫。并明确提出将发展特色产业脱贫作为精准扶贫的重要方略，要制定贫困地区特色产业发展规划，出台专项政策，统筹使用涉农资金，重点支持贫困村、贫困户因地制宜发展种养业和传统手工业等。2016 年 11 月 23 日，国务院发布《关于"十三五"脱贫攻坚规划的通知》。《通知》第二章明确指出，农林产业扶贫、电商扶贫、资产收益扶贫、科技扶贫是产业发展脱贫的重要内容。2016 年 11 月，国家林业局印发《林业科技扶贫行动方案》，旨在充分发挥林业科技优势和作用，大力推进林业精准扶贫，加快实现贫困地区精准脱贫。2018 年 2 月 28 日，国家旅游局发布《关于进一步做好当前旅游扶贫工作的通知》，进一步细化分工责任、精准脱贫机制、创新帮扶举措、加强政策衔接、着力推进贫困地区旅游产业发展。这些纲领性文件和具体的产业扶贫政策对少数民族贫困地区的扶贫工作具有重要的指导意义，是推动民族经济发展和民族团结的重要支撑。

确保如期打赢脱贫攻坚战，发展产业帮助贫困人口加快脱贫，实现新疆与全国同步进入小康，是时代赋予新疆的使命。近年来，新疆各地立足资源优势，因地制宜培养特色产业，有效地带动了农民的脱贫。逐渐形成了以特色农产品、设施农业、庭院经济、农产品加工、林果业、纺织等为基础产业扶贫规模，并取得了明显成效。新疆的产业扶贫以农林种养殖为基础，如叶城县将核桃产业作为其支柱产业，通过建立"卫星工厂"、重点引进核桃精深加工企业、建立以核桃青皮为原料的化工厂，一条龙式地发展核桃产业，初步形成了"公司+合作社（卫星工厂）+农户"的经营模式，并实施核桃最低保护价收购政策。发展纺织等劳动密集型产业，采用"总部+卫星工厂"、"总部+家庭广场"等形式带动贫困户就业，实现增收。同时，加大金融扶贫的力度，新疆出台了《新疆银行业支持南疆四地州深度贫困地区脱贫攻坚工作实施意见》等文件，解决贫困地区企业及贫困户贷款难的问题。此外，还大力发展旅游扶贫和电商扶贫，通过发展旅游业，带动贫困人口增收，还印发了《关于深入推进农村电子商务工作的指导意见》，大力推进全区电子商务示范体系建设，目前新疆 22 个国家级扶贫开发重点县被列入国家级电子商务进农村综合示范县。① 在中央和新疆维吾尔自治区的正确指导下，泽普县对产业结

---

① 王伟：《新疆产业扶贫的现状及对策思考》，《北方经济》2018 年第 11 期。

构进行优化升级，不断提升全县各个产业的市场竞争能力，确保如期打赢脱贫攻坚战。为此，泽普县从实际情况出发，因地制宜进行产业结构调整，大力发展林果业，优化种植业和养殖业，搭建农村电商平台和合作社，逐渐形成了以林果业为支柱、以种植业和养殖业为支撑、以电商和合作社为基础的产业扶贫模式。

三、产业扶贫的重要意义

2018 年 10 月 23 日，习近平总书记在广东清远考察时指出：产业扶贫是最直接、最有效的办法，也是增强贫困地区造血功能、帮助群众就地就业的长远之计。产业扶贫是解决贫困人口生存和发展的根本手段，是打赢脱贫攻坚战的重要"工具"，"工具"用得好不好，关系到 2020 年农村贫困人口是否能全部如期脱贫，全面建成小康社会。对于泽普县来说，产业扶贫具有双重意义：一方面能够直接推动民族经济发展，直接提升贫困人口的生活水平；另一方面能够促进各民族团结一致，在稳定中求发展。产业扶贫这个脱贫攻坚路上的重要"工具"不仅能够帮助泽普县的扶贫工作实现由"输血式"扶贫向"造血式"扶贫的转变，而且能够加快脱贫步伐，增加贫困人口的收入，并帮助他们实现脱贫致富奔小康；同时能够增加贫困村的集体资产，夯实基层党组织的执政基础，促进民族团结和民族繁荣；并且优化当地的产业结构，提高民族经济的市场竞争力。

（一）增加贫困人口收入，实现持续有效脱贫

产业扶贫是最直接有效帮助贫困人口增加收入的方式之一，而且能够激发贫困人口的内生动力，让贫困人口通过自己的力量实现脱贫，摆脱"输血式"扶贫的困境。产业扶贫不同于以往的资金扶持、物质扶贫等扶贫方式，更不是通过给贫困户捐钱捐物等方式来解决贫困问题，而是通过因地制宜，充分结合贫困地区的自然条件、要素禀

赋以及经济水平等现实因素，有效利用本地资源、人才优势，培养地域内部的主导产业，形成产业发展与精准扶贫的深度融合，通过产业带动地方经济发展，解决就业问题帮助贫困地区人口获得稳定的经济收入，实现长期有效脱贫。泽普县地处叶尔羌河中游冲积扇，是典型的绿洲农业，产业扶贫最主要的方式就是发展林果业。从短期来看，产业扶贫能够直接增加贫困人口的经济收入，帮助贫困人口摆脱贫苦。自实施精准扶贫方略以来，泽普县通过大力发展以核桃、红枣为主的林果业以及庭院经济等形式帮助当地贫困居民增加经济收入，并且对产业进行提档升级，实现产业的稳定增长，避免贫困户再度返贫。从长远来看，如果泽普县通过产业扶贫能够形成可持续发展的民族经济模式，那么贫困户就能获得持续稳定的收入来源，这样就能防止外在力量撤出之后贫困户再次返贫的情况出现，帮助贫困户实现可持续脱贫。

（二）增加村集体经济收入，促进民族团结稳定

脱贫致富的关键在于当地经济和产业的发展，作为少数民族聚集县，泽普县的资源和市场有限，当地的大多数贫困农民不通汉语且与内地接触较少，很难直接与广阔的内地市场对接。而当地经济的增长必须要依托产业的优化和发展，通过组建合作社以集体抱团的形式发展当地产业，不仅能够有效规避市场风险，而且能够促进泽普县民族经济的发展。截至 2021 年 3 月，泽普县建成农村电商平台 14 个，发展合作社 122 个，为产业扶贫促进群众增收奠定了坚实基础。合作社作为产业发展的依托，既能方便当地村民对自己的牲畜进行托管并从合作社分红，又能够直接增加村集体经济收入，增强基层党组织在少数民族地区的影响力和号召力。进一步来说，合作社增加了各民族人民之间的交流与合作的机会，促进了民族团结和民族繁荣。农村基层党组织是党团结带领广大贫困农民脱贫致富、全面实现小康社会的战斗堡垒，是带领贫困村发展当地产业、进行集体产业化经营的中坚力

量。泽普县民族产业的发展离不开各级党组织的正确领导，以发展集体产业的方式进行扶贫，不仅可以直接帮助少数民族地区贫困户脱贫致富，而且能够增加村集体经济收入，夯实村级组织的物质基础；同时，能够巩固基层党组织的执政基础，维持各民族的团结稳定；从更大层面来说，也体现了基层党组织能够发挥集体组织集中力量办大事的优越性，体现社会主义制度的优越性。

（三）优化产业结构，增强民族经济竞争力

直接来看，产业扶贫能够增加泽普县贫困户和村集体的经济收入；间接来看，产业扶贫其实能够帮助泽普县优化产业结构，对当地产业进行提档升级，提高特色农产品的质量，增强民族经济的市场竞争能力。泽普县的产业发展相对落后，存在"一产不优、二产不大、三产不强"等问题，民族经济在市场中缺乏竞争力。但是随着产业扶贫工作力度不断加大，泽普县的农业不断优化升级，当地农牧产品的质量不断提高，并且逐渐实现由原来的初级产品加工向更加注重产品的深加工转变，延长了农牧产品的加工链条，优化林果业品质，打造林果业品牌，促使产品高端化、品牌化。为发挥产业扶贫功效，泽普县积极吸引外面的资金进入，为第二产业的发展提供可能，在当地建立卫星工厂对核桃进行加工，解决部分贫困群体的就业问题。产业扶贫带动了泽普县旅游业的发展，并利用电子商务开拓市场，进行开发旅游产业，形成产业集群布局。产业生产与旅游相结合，形成以生产、销售、观光、服务为主线的"旅游——产业"扶贫路径，能够带动其他产业链条的延伸与拓展，增加生产性服务岗位，直接推动了贫困地区产业结构的调整。[①] 通过产业扶贫，帮助泽普县的产业进行升级换代，形成品牌效应，能够明显增强民族经济的市场竞争能力。

---

① 莫光辉：《精准扶贫视域下的产业扶贫实践与路径优化》，《云南大学学报》（社会科学版）2017 年第 1 期。

第二节　产业扶贫的具体措施

为深入贯彻落实党的十九大精神和习近平总书记精准扶贫、精准脱贫战略思想，围绕总目标，紧扣"两不愁三保障"[①]、"一高于、一接近、一扭转"[②]，泽普县以"抓重点、补短板、强弱项"为主要方向，把打赢脱贫攻坚战作为最大的政治责任，把带领贫困群众脱贫致富作为最大的民生工程，按照"一、二、三产融合发展"的农业产业化发展思路，坚持把林果业作为支柱、把种植业和畜牧业作为支撑、把电商和合作社作为基础，集中力量把产业做优做强。

一、坚持以林果业为强大支柱

林果业是泽普县的农业基础，坚持以做强林果业为重点，积极发挥林果产业优势，是当地产业扶贫工作的重中之重。泽普县坚持以增产模式向提质增效模式转变，在林果业上注重产前谋划，坚持在产中服务管理和产后销售上下功夫。多年来，通过宣传引导，在尊重农民意愿的基础上，推动大面积种植以红枣、核桃、苹果等为主的林果业。突出产中服务，2018 年投入 2144 万元，提质增效 6.8 万亩，组建 450 人的林果业服务队，实施低产园改造 14 万亩；按照"示范试验、典型带动"的原则，在 10 个乡确定林果科技示范园 98 个 1.66 万亩，推进了由扩张种植规模向提质增效的转变。强化产后销售，积极引入一批农副产品深加工企业，采取"企业+合作社+农户"的模

[①]　"两不愁三保障"：扶贫对象不愁吃、不愁穿，义务教育、基本医疗和住房有保障。

[②]　"一高于、一接近、一扭转"：贫困地区农民人均纯收入增长幅度高于全国平均水平，基本公共服务主要领域指标接近全国平均水平，扭转发展差距扩大趋势。

式，并采取政府托底收购的方式，进一步激发了市场活力，解决了农产品销售难问题，有效保障了果农利益。引进 11 个农副产品加工企业，解决林果销售问题。抓好技术培训，积极聘请自治区林科院专家做好林果培训；充分利用"农民夜校"、"科技之冬"免费发放各类果树管理技术手册等形式，力争使户均有一个林果业综合管理明白人。核桃和红枣作为泽普产业扶贫的主导产业，是贫困户脱贫致富的两样法宝。

（一）打造有机红枣品牌

泽普县坚持把发展特色林果业作为促进农村经济发展、加快农民持续增收的战略举措，通过不断改进技术服务和引导，使红枣产量逐年增加和品质逐年提升，农民种植积极性也年年增高，钱袋子也逐渐鼓了起来，居住环境和条件也得到了稳步改善。泽普有"华夏梧桐第一县"和"中国有机红枣种植面积最大县"两项上海大世界基尼斯纪录，"泽普骏枣"品牌更是享誉世界。2019 年，泽普县 10 万亩红枣升级晋档，从去年的"有机转换产品"变成了有机产品，成为全疆名副其实的有机红枣认证面积最大的县。泽普县拥有得天独厚的骏枣种植环境，所处的位置，便是世界水果专家公认的世界最著名的"水果优生区带"，这些内地鲜有的自然环境和独特气候，使得果树鲜有病虫害发生，因此不需要对枣树喷洒任何农药，这确保了泽普骏枣的高品质。为充分利用地理位置优势和种植基础，泽普将红枣作为重要的扶贫产业，从种植、技术、销售等各个环节入手，推动红枣产业的发展。为进一步落实枣业富民战略，泽普县组织县、乡两级林果技术员深入田间地头为农民进行技术指导，做好枣树的修剪、花期管理、水肥调控、病虫害防治等工作，使全县各乡镇红枣产量明显增加。在提高红枣产量的同时，泽普县还注重培养红枣精品示范园建设，发挥产业优势和区位优势，大力发展红枣产业，按照无公害、绿色、有机食品生产要求，积极打造精品园，全面提升红枣产业的核心竞争力和综合效益。

泽普县阿克塔木乡是泽普县有名的"红枣之乡"，种植红枣的历史悠久，但是多年来红枣的品质一直没有提升，农民的种植积极性不高。随着红枣的品牌效应逐渐凸显，阿克塔木乡在原有的基础上大力发展红枣产业，坚持围绕产业增收做文章，以提质增效为抓手，加大肥料等农资投入力度，发挥好林果业服务队作用，强化产中服务，严格按照精品园科学化管理规程，确保每个环节管理到位；探索田间套种苹果，多元化发展；与项目相结合，每村设立 1 个电商销售点，多渠道拓宽农产品销路；积极发挥乡村生产车间作用，探索产品精深加工，形成产加销一条龙体系。在各族干部群众的不懈努力下，阿克塔木乡用辛劳和汗水，谱写了雄壮激越的奋斗之歌，如今的面貌日新月异，人民群众的生活水平不断提高，现在阿克塔木乡的村民们日子比红枣还要红火。

（二）建立核桃丰产园

泽普县属大陆性暖温带干旱气候，光照充足，热量丰富，气候干燥，风沙多，无霜期长，气温日、夜温差大，年、日变化大，处于叶尔羌河中游冲积扇，沙质土壤，是公认的优质核桃生长地。亘古无污染的辽阔沙质土壤，是泽普核桃纯天然的保证；日均长达 15 个小时的充足日照，使核桃树光合作用更充分；昼夜近 20 度的温差，使核桃的营养成分存储更多；全年长达 220 余天的无霜期，使核桃的成熟时间更加充裕；万年昆仑山冰洁雪水的浇灌，使核桃的矿物质含量更丰富。泽普根据自己的地理位置优势以及种植基础，将核桃作为主导产业之一，在全县范围内建立核桃丰产园，对核桃产业提质增效，推动县域核桃产业的发展。种核桃、卖核桃并不难，要将核桃产业价值最大化，形成多产业链并行，是提升泽普核桃价值的关键。在发展产业方面，泽普县发展乡村扶贫工厂，通过为贫困户提供农资资金，以及核桃修剪、嫁接、病虫害防治、施肥等技术管理措施，促进核桃品质提升、产量提高，并由乡村扶贫工厂收购贫困户核桃，有效增加了农民收入。在促进就业方面，乡村扶贫工厂主要从事核桃去青皮、清洗、烘干、分级、破壳、取仁等初加工，需要大量劳动力，吸引了贫困户在家门口就近就业，通过延伸核桃产业链，帮助贫困户进一步增加收入。围绕当地核桃种植产业，泽普县已引进 2 家林果加工企业，通过"党支部+公司+合作社+基地+农户"发展模式，就近解决 828 人就业，其中贫困户 185 人，全年收购当地农产品 1.2 万吨。

泽普县团委派驻的阿依库勒乡阿依丁库勒村，人均耕地 1.5 亩，村民的收入主要来源于林果种植，由于管理粗放，增收十分有限。驻村工作队进驻之后与村"两委"共同研究，根据当地特殊的地形和气候条件，因地制宜推进"核桃为主、红枣为辅"的特色林果种植业作为优化全村林果产业的切入点和农民增收的突破口，以科技为支撑，建立核桃精品示范丰产园，将老党员吾拉木·塔依尔等核桃种植户作为示范户，重点指导。同时，采取定期邀请专家授课、互相交流观摩等方式，推广先进实用技术，提高林果业种植管理科技含量。村民阿普赛麦提·麦麦提种植核桃已有六七年了，工作队邀请林果技术专家手把手指导种植，他家 18 亩核桃实现亩产 300 公斤，亩均收入达到 4500 元。①

二、坚持以种植业和畜牧业为增收渠道

在坚持把林果业作为产业扶贫支柱的基础上，泽普县进一步优化产业结构，带领全县人民一起发展特色种植业和养殖业，实现了经济

① 资料来源：http://www.xjkunlun.cn/fmqhmsjmxzt/fhjzx/36916.htm。

收入的快速增长。在种植业方面，泽普县从实际情况出发，抢占市场先机，大力推广马铃薯、万寿菊等特色种植；在养殖业方面，以畜牧养殖为主，同时发展林下特色养殖；除此之外，还在全县范围内发展庭院经济，采取多种渠道帮助贫困户增加收入。

（一）培育特色种植和养殖业

泽普县稳步提升粮食综合生产能力，在确保粮食安全的前提下，积极优化种植结构，发展以马铃薯和万寿菊为主的特色种植业。2018年，全县 21 万亩小麦收获，种植马铃薯 1.89 万亩，完成 0.5 万亩万寿菊采收；大力发展设施农业，投资 79.58 万元为贫困户新建拱棚 376 座，确保了种植业助力农民增收。2019 年，泽普县进一步优化种植业结构，抓好波斯喀木乡和阿依库勒乡 1.2 万亩马铃薯示范基地规划建设；新建 3000 座大拱棚、发展 3.18 万亩露地蔬菜，0.8 万亩万寿菊，种植新西兰小南瓜 13.7 万粒，实现增收致富。围绕马铃薯、陆地蔬菜种植，泽普县抓特色、推进农业标准化生产，以农业产业化龙头企业，农民专业合作社为载体，大力推进无公害农产品标准化生产示范基地，优势农产品出口基地建设。以特色马铃薯种植为例，泽普县在波斯喀木乡、阿依库勒乡建立了马铃薯标准化生产基地 2 万亩，编制了马铃薯栽培技术规程 15000 份。在管理上，一是抓"三个早"，早起垄铺膜、早催芽、早播种，抢占市场；二是抓"种子体系"，建立马铃薯原种扩繁体系，年繁育马铃薯原种（微型薯）50 万粒；三是抓"一个标准"，抓好 2 万亩马铃薯标准化生产（GAP）基地建设。除了种植马铃薯之外，为了更好地调整农村产业结构，提升土地价值，引领农民脱贫致富，布依鲁克塔吉克民族乡积极鼓励农民发展万寿菊种植产业，并协调联系企业，采取"公司+基地+农户"的订单式产销，交售当天就能拿到售花款，通过实实在在的好处，让农民尝到甜头，提高各族群众的种植积极性。在发展特色种植业的同时，泽普县还引导群众发展土鸡、乌鸡、仙凤草鸡、鸭、鹅等林下特色养殖 341 户、21 万余只（羽），探索增收新途径。

（二）改良畜牧业

泽普县畜牧业工作紧紧围绕"社会稳定和长治久安"总目标，认真贯彻落实中央经济工作会议、扶贫工作会议及自治区、地区畜牧业工作会议精神，认真学习习近平同志系列讲话和陈全国书记讲话精神，按照县委、县政府的总体部署，在做好"访惠聚"包户住户、重点做好良繁中心建设、全县畜牧业各项工作的同时，加强与克拉玛依市白碱滩区政府的交流与合作，做好"畜牧云"项目及畜牧云实用技术培训工作。整体来看，泽普县通过畜牧业进行产业扶贫的工作重要体现在三个方面。一是杂交繁育，确保品种优良。利用萨福克产肉性能好和湖羊产羔多的特性与多浪羊母羊开展杂交繁育，萨福克与多浪羊杂交羔羊出生体重平均提高 1 公斤以上，在同等饲养条件下羔羊断奶体重平均提高 3 公斤，出栏时间缩短了 10—15 天，杂交优势充分突显。从"萨多"、"湖多"羔羊中选留一部分生长发育良好的母羊进一步进行杂交培育，还将尝试用不同品种的种公羊和小尾寒羊母羊进行杂交繁育，对未怀胎的母羊及时育肥淘汰，补充购进湖羊生产母羊，确保母羊群体基数不减少。二是智能管理，确保工作高效。采用"畜牧云"信息平台，通过将良种繁育的工作业务流程与云计算技术、移动互联网技术和物联网技术相结合，为畜牧良种繁育中心提供生产经营的信息化、智能化管理手段。三是规范经营，确保收益稳定。采取"政府扶贫投资+企业生产运营+业务部门监管+贫困户收益分红"的运营模式，金湖杨土地扶贫开发有限责任公司畜禽良种繁育分公司负责具体经营管理，县畜牧兽医局负责监管和技术服务，纪委、审计、扶贫办等部门跟踪监督，实现贫困户分红稳定。

（三）创新庭院经济

为进一步增加贫困户创收的渠道，解决贫困户吃菜难的问题，泽普县充分利用房前屋后庭院资源，按照"前院、中园、后圈"的模式，发展以"一畦菜、一片园、一架葡萄、一个棚圈"为主的庭院经济，完成所有贫困户庭院建设和改造全覆盖。同时，免费为贫困户和农民提供蔬菜良种和菜苗，发展庭院经济，解决农民吃菜难的问题，并增加贫困户经济收入。积极发展新西兰小南瓜产业，在新建庭院葡萄还小或者还未种植葡萄的贫困户家中种植新西兰小南瓜，与上海援疆项目对接对达标南瓜进行回收，形成订单农业，为农民增收提供保障。2018年上半年，泽普县农业局充分利用智能温室培育西红柿及辣椒苗110万株，重点针对全县40个贫困村免费发放，其他各乡镇也全覆盖发放到位，蔬菜苗供应实现全部自给，为设施农业发展奠定基础。利用小南瓜新品种引进种植项目，引导农民在新定植的葡萄架下种植新西兰小南瓜，辐射133个村的农民庭院种植小南瓜。同时，在赛力乡10村建设小南瓜示范田500亩，主要建设内容为租用农民耕地、建设滴灌系统、温室育苗、田间管理等。2019年，泽普县通过智能温室和乡镇集中繁育西红柿、辣椒等蔬菜苗230万株，在波斯喀木乡、依玛乡、古勒巴格乡、阿依库勒乡分别培育西红柿、辣椒等蔬菜苗100万株，全部免费发放给农民，按照"前院、中园、后圈"的要求，推行"庭院+拱棚蔬菜+果园+养殖"模式，发展庭院经济33819户，种植葡萄8.3万株，通过在房前屋后院内种植庭园蔬菜0.69万亩，其中庭园拱棚蔬菜2000座，用于支持农户开展庭院经济建设，既实现了庭院美化绿化，又促进了农民增收。

泽普县委办公室驻古勒巴格乡阿其玛村的工作队为大力发展庭院种植，利用自身优势，从育苗移栽、肥水管理、开花去顶、病虫防治等方面细心呵护全村6个村民小组的180余座蔬菜大棚，确保5万株移栽的西红柿、辣椒、茄子等菜苗结出丰硕的果实。为实现户均拥有3分地用来种菜增收的目标，工作队合理规划群众闲置土地，平整出房前屋后土地90余亩。有了种植的土地，选好了种植的品种，工作队还坚持定目标、定措施、定责任，重宣传、抓典型、做示范，讲给农民听、做给农民看、带着农民干。尤其是在庭院改造过程中，驻村干部、结亲干部、乡村干部结合"民族团结一家亲"联谊活动进村入户宣讲、指导服务，采取"亲戚帮、邻居帮、十联户帮、志愿服务帮"的方式，引导农民发展庭院种植。"工作队坚持规划先行、合理布局，以现有庭院建设为主，整治、改造、修缮、添置为辅，科学搭配庭院种植区、养殖区、生活区及如何科学种植养殖等内容进行宣传发动，提高了土地利用率。目前，群众种植的西红柿、辣椒等蔬菜全面成熟，群众可增收 500 到 1000 元，拓宽了群众致富的途径。"村第一书记、工作队队长宫向利说。[①]

三、坚持以电商和合作社为坚实基础

泽普县位于新疆的西南部，昆仑山北麓，塔里木盆地西缘，离乌鲁木齐有上千公里的距离，与内地的经济和文化交流也受到地域的限制。但是随着互联网技术和电子商务的发展，地域的限制逐渐被打破，泽普与内地和国外的交流越来越频繁，泽普的优质产品慢慢走向全中国甚至全世界。即使是在互联网时代，民族经济的发展也离不开合作，组建合作社成为产业扶贫的重要内容。泽普县因势利导发展电子商务平台和合作社，将分散的农民组织起来，通过现代互联网和微电脑技术与广阔的市场相连接，为泽普县的产业扶贫打下了坚实基础。

（一）打造电子商务平台

依托"一带一路"重大战略构想，贯彻精准扶贫方略，按照

---

① 资料来源：https://www.sohu.com/a/323840629_697224。

"政府引导、统筹规划、高位推进、协调发展、示范带动"的发展思路，泽普县将开展电商扶贫作为脱贫攻坚、促进农村发展的重要抓手之一。为加快商贸物流园区建设，2019年泽普县投资建设具备现代物流功能的县火车站仓储物流中心、县电商物流园，进一步完善电子商务进农村示范县物流体系建设。通过地缘及资源优势，提高商业集聚程度，提升商业设施品位，提高新型业态比重，完善服务功能，增强现代气息，打造现代物流业集聚地。为有利于销售农产品、发展商贸物流、互联网及大数据产业，助力扶贫攻坚和经济发展，提高泽普综合经济水平，启动县火车站仓储物流中心、县电商物流园等两个社会投资类项目。新疆慧泽连通供应链管理有限公司将以泽普县为核心业务区域，以农业技术培训为支撑，以县域庭院经济为抓手带动一产、二产以及三产的互动融合、依托慧尔股份品牌培育平台，优化本地区供应链资源配置，切实解决本地区农作物种植、庭院经济、生鲜电商、农副产品以及种植结构调整中的痛点问题。打造信息共享平台，为大力发展庭院经济、农副产品深加工等商贸流通企业，提供完整、高效的采购+仓配共享服务，以简单可依赖、稳定服务和更低成本，用2—3年的时间打造地区供应链业务优质的服务网络；泽普电商物流园计划投资约8000万元，规划总面积6.6258万平方米，集物流园（冷库4700平方米、仓储5400平方米、物流、冷链）、电商物流的推广及应用和农产品交易、快递、日用商品、铁艺加工、汽贸汽修、市场于一身。这两个项目的启动建设可以畅通工业品下乡，农产品进城通道，有利于打通农村物流配送最后一公里的问题。①

（二）扶持合作社

围绕"生产标准化、经营品牌化、管理规范化、社员技能化、产品安全化"的目标，泽普县坚持数量与质量、发展与规范、示范

---

① 数据来源：《关于进一步推进泽普县电商扶贫的工作方案》。

与创新并重，依托本地主导产业和特色产品，鼓励农业企业、农村基层组织、农技推广人员、种养大户、农村能人和创业大学生创办农民专业合作社，目前，各类专业合作社成效显著。泽普县积极争取农产品产地初加工补助项目，坚持政府主导，农民（合作社）参与的形式，鼓励农户和农民专业合作社出资出劳，建设热风烘干房、组装式冷藏库设施。通过"农民+合作社"的生产模式，大力实施"规模化、标准化"养殖合作社建设项目，带动帮扶广大群众转变生产方式，提高自我发展能力，促进全县畜牧业发展、加快农民增收和脱贫致富步伐。在原有120个合作社基础上，2018年在22个贫困村新建、新成立各类合作社22个；为推进农民专业合作社带动贫困户脱贫和规范化建设，投资100万元，通过筛查评选出20个管理规范、经营效果好、带动贫困户好的合作社及带头人给予奖励5万元。2019年泽普县新发展合作社20个以上，力争标准化生产率达到80%左右；加强合作社人才培养，力争实现每个合作社有1—2个懂经济、会管理的明白人；立足产业实际，做好合作社前期规范建设，帮助各类合作社建立和完善各项内部管理制度，加快推进合作社的扶持发展力度。

第三节　产业扶贫的成效

在各级县委、县政府的正确领导下，泽普县紧紧围绕"社会稳定和长治久安"总目标及"两不愁三保障"脱贫标准，持续加大脱贫摘帽成果巩固提升工作力度，着力在提升产业发展水平上下功夫，坚持"稳粮、优棉、增菜、促经、兴果、强牧"的农村经济发展思路，从数量扩张向提质增效转变，在确保粮食安全的基础上，持续优化种植结构，大力发展特色种植业，为全年农业增效、农民增收奠定坚实基础。截至2021年3月，泽普县全县林果面积共有54万亩（其中红枣 20 万亩、核桃 26 万亩、苹果 3 万亩，其他 5 万亩），各类拱棚建设 1980 座，电商平台 14 个，合作社数量 122 个（其中林果合作社 60 个），农资企业 272 个，农资供销超市 8 个。通过产业扶贫，泽普县林果业年总产量 23.257 万吨，总产值 17.534 亿元，其中核桃 4.748 万吨，产值 5.935 亿元；红枣 10 万吨，产值 8.02 亿元；苹果 6.946 万吨，产值 2.778 亿元。民族经济实现了飞跃式的发展，民族团结翻开了新的篇章。

一、经济收入持续增长

2019 年和 2020 年是全面建成小康社会的关键时期，是打赢脱贫攻坚战和实施乡村振兴战略的历史交汇期。产业扶贫作为精准扶贫的根基和关键举措，作为打赢脱贫攻坚战的重要支撑，不仅在带动贫困群众致富方面发挥出生力军的作用，也为一些乡村的振兴发展提供了思路、打开了局面。在泽普县顺利脱贫之后，中共泽普县委、县政府又带领全县人民稳步实施乡村振兴战略。按照"稳粮、优果、强牧、扩菜、兴特色"的思路，积极发挥林果业优势，狠抓林果业提质增效，开展各类林果业技术培训，新建立 2400 亩林果科技示范园，林果业人均收入预计达到 6207.7 元；全县种植小麦 21.6 万亩、棉花 14.98 万亩，特色作物种植 6.08 万亩，种植业人均收入预计达到 2668.43 元；充分发挥良种繁育中心作用，全面推进"四良一规范"[①] 养殖模式，年内出栏 35 万头只，畜牧业人均收入预计达到 1538.06 元。泽普县通过改造低效益果园、组建林果技术服务队、打造"泽普骏枣"品牌、兴建保鲜库、引进农副产品加工企业等，实现了以林果业收入为半壁江山的稳增收格局。发展特色林果新型产业种植，以土地清理为契机，利用清理出来的白地种植杏李 3500 亩、

---

① 四良一规范：良种、良舍、良料、良法和规范化防疫综合配套措施。

桃 1000 亩。2018 年，泽普县林果产量 21.7 万吨，产值 16.1 亿元，人均收入达 5400 元，2019 年林果业人均纯收入达到 5800 元，占据人均收入的一半以上。

泽普县农业农村经济稳步增长，不仅增加了县级财政收入，更实实在在增加了贫困人口的收入，提前实现了脱贫摘帽目标。2016 年种植业实现总产值 68504.36 万元，纯收入 30712.18 万元，实现人均纯收入 2399.39 元，较 2015 年增加 262.59 元。2018 年 1—10 月，泽普县实现生产总值 38.18 亿元，同比增长 2.9%。完成地方公共财政预算收入 2.55 亿元，同比增长 6.74%。全社会固定资产投资 17.78 亿元，同比下降 11.2%。社会消费品零售总额 6.91 亿元，同比增长 4.2%。2018 年全年实现生产总值 48.2 亿元，同比增长 4.2%；公共财政一般预算收入 2.58 亿元，同比增长 5%；全社会固定资产投资 18 亿元，下降 10%；社会消费品零售总额 8.52 亿元，增长 6.5%；城镇居民人均可支配收入 25471 元，增加 1882 元，增长 8%；农村居民人均可支配收入 10640 元，增加 840 元，增长 8.6%。①

大力开展产业扶贫以来，泽普县各乡镇不断调整产业结构，合理布局产业发展思路，通过"公司+基地+农户"的订单种植模式，引导农民探索种植万寿菊、豇豆等特色经济作物，有效增加了村民经济收入。为帮助农民群众找到一条致富好路子，图呼其乡以发展特色种植作为增收主导产业，探索引进一批成熟稳定的产业作为脱贫支撑项目，采用思想帮扶、政策帮扶、资金帮扶、技术帮扶、劳力帮扶、产销帮扶"六大帮扶"理念，教育引导农民群众通过种植特色经济作物增收致富，持续推动群众巩固脱贫成效。万寿菊成熟期间，图呼其乡召开万寿菊采摘、销售现场会，现场为村民讲解万寿菊采摘、销售过程的注意事项，并

---

① 数据来源：《泽普县 2018 年工作总结和 2019 年工作计划》。

在乡政府技术人员的指导下，村民对自家地里的万寿菊开始统一采摘。当地的阿布都肉苏里·萨吾在 2018 年试种了万寿菊，感觉经济效益不错，2019 年，他又继续扩大种植面积，依靠三亩地万寿菊就可以增收接近一万元。

二、产业结构优化升级

实施产业扶贫以来，泽普县不断优化产业结构，提高农产品综合生产能力和竞争力，林果业提质增效工作作用明显。2019 年，泽普县全县林果面积 53 万亩，其中，红枣 18 万亩、核桃 25 万亩、苹果 3 万亩，其他 7 万亩，基本形成了"东核西枣"（县域东部片区种植核桃，县域西部片区种植红枣）的林果业发展格局。依托援疆资金对过密的 4.74 万亩 117.96 万株红枣进行重剪；对 2 万亩 22.54 万株核桃进行疏密，加大有机肥投入量，减少核桃的空壳率，提高红枣饱满度，改善果品品质。2019 年在每个乡镇（场）建立 30—50 人的村级林果技术服务队；2019 年全面完成退耕还林造林面积 4600 亩，确保造林质量；2019 年底完成核桃疏密 1.5 万亩，确保林果产业健康发展。①

依托良好的生态优势，泽普县突出抓第一产业和以服务业为主的第三产业，为贫困户增收致富提供有力支撑，也实现了产业结构优化升级。依托农产品资源优势，以标准化基地建设，促进农企联结机制，加大政策、资金扶持力度，全县自治区级龙头企业 4 家，地区级龙头企业 5 家，地区著名商标一个，新疆农业名牌一个，全县农产品加工企业 110 余家，农业龙头企业带动产业结构的调整，促进了农业增效、农民增收。以泽普县 5A 级国家森林公园为依托，形成了金湖

---

① 数据来源：《合力攻坚促脱贫上下一心抓振兴——在喀什地区乡村振兴战略座谈会发言材料》。

杨景区长寿民俗文化村、桃花湾水上垂钓、湿地公园等休闲观光农业
成为农村经济新的增长点。近几年来，泽普县先后成功创建自治区级
"休闲农业示范县" 和国家级 "休闲农业示范县"，建成自治区级
"休闲农业示范点" 3 个。围绕棉花有效供给战略，把调减棉花面积
作为供给侧结构性改革的重点，把红枣间作棉花地块退出，把边角
地、产量低、不适宜种植棉花的地块全部退出，发展特色作物和饲草
料种植。泽普县充分发挥泽普胡杨、法桐、湿地等优质生态旅游资源
优势，先后开发建设了国家 5A 级金湖杨景区、2 个 3A 级景区（古勒
巴格景区、布依鲁克塔吉克风情小镇）、自治区级生态旅游示范区叶
尔羌河国家湿地公园和梧桐生态公园，通过完善 "吃、住、行、游、
购、娱" 配套服务，积极鼓励引导当地群众从事旅游服务行业，实
现了旅游增收。截至目前，旅游业带动就业 1.2 万余人，其中贫困户
4000 余人。

　　布依鲁克塔吉克族乡距泽普县城 28 公里，位于塔西南石油
基地南 5 公里处，共有布依鲁克村、依斯其格村、图呼其村、园
林村四个村。从泽普县一条金湖杨景区的道路恰好经过布依鲁克
村，利用这个契机和布依鲁克乡结合塔吉克族人口占全乡人口
40%的特点，泽普县将布依鲁克村打造成塔吉克族特色旅游小
镇，农牧民可以按照统一规划盖安居富民房，参与旅游经营。目
前，布依鲁克村 107 栋小别墅中，有 3 家经营家庭旅馆，为了让
这些家庭旅馆打出品牌，切实让村民增收，布依鲁克乡在推进旅
游产业富民中精做文章：游客到此可以欣赏一场塔吉克族舞蹈、
开展一次塔吉克族家访、品尝一顿塔吉克族美食、购买一件塔吉
克族特色工艺品。吐鲁洪和妻子没存多少钱，离建造雕梁画栋的
两层小别墅相去甚远，而一项项惠民政策让他下了开家庭旅馆的
决心。政府补助一部分，对口援疆资金补助一部分，贴息贷款可
享受 5 万元，夫妻俩做梦都没想到敢盖造价为十多万元的房子。

家庭旅馆特色十足又经济实惠，一个房间住一晚才100元，饭菜也低于一般酒店餐馆。吐鲁洪的梦想是，尽快还清贷款，把家庭旅馆布置得再舒适一些。吐鲁洪的梦想像是插上了翅膀，旅游旺季时，吐鲁洪的家庭旅馆每天可以赚三四百元，有时一天可以赚上千元。忙不过来时，他的妻子喊来妹妹帮忙，他的想法越来越丰富：明年饭菜准备增加馕烤肉、馕包肉、烤包子等，客厅和走廊里挂上刺绣等旅游纪念品，满足游客住家庭旅馆的多种需求。

三、产业服务升级换代

随着产业结构的优化升级和产业规模的不断扩大，泽普县的产业服务业跟着升级换代。在农业专业合作社快速发展，农产品储藏保鲜能力不断增强，冷藏保鲜库能力达到1.36万吨的同时，泽普县还加强商贸、供销、邮政等系统物流服务网络和设施建设，推动农村电子商务与供销网点深度融合。截至2019年，泽普县在9个乡镇建设农资供销超市12个，进一步完善农资服务网络体系，服务广大农民群众，并积极探索农产品销售服务体系，在10个乡32个村建设"互联网+农业"服务网点32个，探索互联网在农业产前市场分析、产中技术指导、产后网上销售的作用，做好产前、产中、产后全程化服务。建设农贸市场，最终达到便民、利民繁荣农村市场经济，促进群众依托市场达到增收致富的目的。直到2019年，泽普县14个乡镇（场）共有集中建设的大型农贸市场7个，为进一步促进农产品交易和供应，在此基础上，2019年泽普县计划投资2000万元、新建县级农贸市场1个；投资300万元、新建乡级农贸市场1个；投资100万元、改扩建乡级农贸市场1个。①

---

① 数据来源：《合力攻坚促脱贫上下一心抓振兴——在喀什地区乡村振兴战略座谈会发言材料》。

　　泽普县于 2018 年获批为国家级电子商务进农村综合示范县，县级建立电商服务中心，乡镇设立电商服务站，村级设立电商服务点。开展快递物流、日常生活物品到村，村级电商服务站点提供手机、固定电话充值，网络代购、快递件代收代取、银行卡提现等服务，方便群众网购和网销地产农副产品。截至 2018 年底，全县电子商务销售额达到 1000 万元以上；培育了 3 家左右电子商务示范主体；开展电子商务的企业（网商）数年均增长 30% 以上；红枣、核桃、苹果、樱桃等特色农产品的电子商务渗透率较高，是泽普县电子商务的主打产品。为进一步完善村级市场体系，泽普县利用扶贫资金 1850 万元，于 2019 年启动了 36 个村"十小工程"项目，使全县行政村"十小工程"、"五小工程"覆盖率达到 98%。2019 年，泽普县已在古勒巴格乡、依肯苏乡、图呼其乡、奎依巴格乡、阿依库勒乡等 5 个乡镇建成乡级电子商务服务站，投资 256 万元，在全县 32 个扶贫重点村建成村级电商平台，企业自筹资金在 14 个村建立服务站，使全县村级服务站达到 46 个，解决贫困户就业 80 人，村级电子商务服务站建成率达到 40%，促进了全县各类农产品销售，推进贫困户精准脱贫。同时，泽普县还选好配强服务站站长，充实服务站服务项目，把服务站变成带动脱贫攻坚、去极端化、工业品下乡、农产品上行的重要窗口。①

　　据统计，泽普县电商培训 3578 人次，其中贫困户 587 人次，培养 286 名本土电商创业就业人员，为县域电商品牌发展打造良好基础。为充实服务站服务项目，采取"服务中心+服务站+贫困户"模式，村级服务站点不仅仅具备网上农副产品推介，同时还具备网上代购、充值话费、代办违章处置、代缴电费等功能，另伍创电商团队为 80 个站点对接金融、商品配送、办理保险、销售农资等便民服务，做到了"全心全意为百姓，一心一意做服务"的初衷。

---

① 数据来源：《关于进一步推进泽普县电商扶贫的工作方案》。

奎依巴格乡玉吉米勒克村阿卜杜艾尼·吐尔荪学习电商知识后，开设了电商平台，代理泽普农特产品，2018 年通过线上电商平台把自家和邻居家的红枣、核桃卖到上海，短短一个月纯收入 2 万余元。据奎依巴格乡玉吉米勒克村电商服务站站长阿不都赛买提·吐尔洪介绍，年前开展的"精准持贫网货直通车"活动效果不错，已在该村采购苹果近 20 吨。阿卜杜艾尼·吐尔荪、阿不都赛买提·吐尔洪等是该县通过培训，培养出的第一批电商"淘金者"之一。① 通过"互联网＋"农村电商模式，泽普县切实帮助各界青年电商积极参与到脱贫攻坚中来，着力解决销路窄、销量小等问题，提高贫困人口的收入水平获得了显著成效。

第四节　产业扶贫的经验与启示

在各级党组织和政府的正确领导以及泽普全县人民的共同努力下，泽普县成为喀什地区最早脱贫的一批贫困县，光荣地实现了"扶贫一个都不能少，脱贫一个都不掉队"的目标。泽普县民族经济的发展离不开产业扶贫的功劳，产业扶贫作为一种内生机制，根植于民族经济发展的基因，能够激活发展少数民族贫困地区的内生动力，阻断贫困发生的动因。在打赢脱贫攻坚战、实施精准扶贫方略的过程中，泽普县始终将"发展生产一批"放在重要位置，积累了独具特色的县域产业扶贫的经验：一是在各级党组织和政府的正确领导下，形成了具有良好指导作用的产业扶贫政策；二是因地制宜，发展了具有当地特色的产业；三是树立了品牌意识，打造出了具有市场竞争力的产品。

---

① 资料来源：https://caijing.chinadaily.com.cn/a/202002/18/WS5e4ba8c5a3107bb6b57a08cb.html。

一、制定具有指导作用的政策

泽普县产业扶贫取得如此丰硕的成果，离不开各级党组织和政府的正确领导，农村基层党组织是打赢脱贫攻坚战的战斗堡垒，是带领贫困户脱贫致富的领路人。对标中央和省市产业扶贫的相关政策文件，泽普县从长处着眼，从小处着手，创建可持续脱贫致富机制，根据产业扶贫的具体问题形成了具有针对性的政策文件，为产业扶贫明确了发展方向，提供了切实可行的指导意见。有了正确的领导和切实可行的指导文件，离打赢脱贫攻坚战、实现全面建成小康社会的目标也就更近一步。这些举措不仅促进了泽普县各项产业的协调发展，而且增加了贫困户的收入，帮助他们加快了脱贫致富的脚步。2018 年是泽普县脱贫攻坚的关键年，为进一步贯彻落实《中共中央办公厅、国务院办公厅〈关于支持深度贫困地区脱贫攻坚的实施意见〉的通知》、《喀什地区脱贫攻坚行动方案（2018—2020 年)》和《地委办公室、行署办公室关于进一步加强喀什地区深度贫困脱贫攻坚专项行动的通知》文件精神，坚决打赢脱贫攻坚战，经县委研究，泽普县印发了《泽普县脱贫摘帽专项行动落实方案》，决定成立泽普县脱贫摘帽专项行动落实工作领导小组，下设 23 个专项行动组。

针对持续高温干旱和红枣管理措施落实不到位，导致大部分红枣坐果率低等问题，2019 年 7 月，泽普县自然资源局发布了《关于做好红枣提质增效生产管理重点工作的通知》，促进红枣提质增效，助力农民增收和脱贫成果巩固奠定坚实的基础。积极组织乡镇（场）林业站、林果技术服务队全面落实红枣示范园追肥浇水、叶面肥喷施、病虫害防治工作，通过以点带面、示范引领带动群众做好一般红枣园保花保果、抹芽摘心等提质增效措施的落实。这只是泽普县所有产业扶贫政策中最具代表性的之一，正是有了各级党组织和政府的正确领导，以及实行的各种可行有效的产业扶贫政策，泽普县的各项扶贫产业才能蓬勃发展。

除此之外，泽普县还出台了众多具有指导作用的产业扶贫政策，成立了农业结构调整专项行动组、"四个一工程"专项行动组、美丽庭院建设专项行动组，大力推进林果业提质增效和现代畜牧业发展。产业扶贫直接带动了泽普县的经济增长，帮助绝大多数的贫困户实现了脱贫致富。从泽普县的经验可以看出，要想通过产业扶贫来激发贫困地区的内生动力，保证当地产业的可持续发展，就必须要出台切实可行的政策来指导产业扶贫的发展，将正确的领导和具有指导作用的政策作为产业扶贫的重要支撑。

二、发展独具特色的产业

产业扶贫的关键就是从当地资源禀赋和优势出发，因地制宜，形成具有当地特色的产业，而不是随波逐流看到其他地区发展什么产业就盲目从众。从泽普县的经验来看，不管是发展以第一产业为主导的特色林果业、畜牧业和庭院经济，还是发展以金湖杨景区为依托的旅游业，泽普县都是根据实际情况出发才形成了良好效应。为什么泽普县会大力发展农林畜牧等第一产业为主导的产业结构呢？这与泽普县的地理位置、气候条件、土地资源、经济基础等基本条件息息相关。从土地面积来看，泽普县土地总面积 1394.79 万公顷，占新疆土地总面积的 1/15，得天独厚的土地资源，具备种植业发展所需的基本土地需求。泽普县位于新疆西南部，昆仑山北麓，喀喇昆仑山东侧，塔克拉玛干沙漠的西缘，是典型的沙漠绿洲地形，地形平坦，叶尔羌河、提孜那甫河流经全境，有利于发展现代农业。泽普县属暖温带大陆性干旱气候，昼夜温差大，特别适合林果业的生长和采摘。除了林果业之外，泽普县针对当地人种植、养殖和居住的生活习惯，以及市场对瓜果蔬菜的需求，看准时机，大力发展庭院经济。以红枣、核桃以及庭院瓜果蔬菜等泽普独具特色的产业，带领着泽普的经济继续向前发展。

以最具特色的庭院经济为例，通过人居环境改造，原来三区分离不清晰的庭院变成了"前有小庭院，中有林果园，后有养殖圈"环境优美且能增加经济收入的新型庭院，将昔日无人问津的自产果蔬发展成为脱贫致富的重要组成部分。庭院经济不仅可以满足贫困户一日三餐所需的瓜果蔬菜，还能将剩余的售卖，通过棚圈的整理，也能养殖更多的牛羊，实现经济收入的增长，利用庭院经济帮助贫困户实现脱贫致富奔小康，是泽普县根据实际情况因地制宜发展产业扶贫的典范，也是泽普县脱贫攻坚路上的一个巨大的亮点。

不管是主导产业的发展，还是庭院经济这个产业扶贫中的亮点，都是由于根据实际情况出发，因地制宜形成的扶贫产业。选对产业是实现可持续脱贫的关键，也是实施乡村振兴战略的重要内容，泽普县通过因地制宜发展独具特色的产业，不仅实现了产业扶贫的可持续性，而且在市场上形成了竞争优势，是泽普县脱贫攻坚路上的重要经验。

三、打造高知名度的品牌

泽普县将第一产业作为产业扶贫的主导产业，对于农林畜牧产品来说质量始终是打开产品销路的重中之重，提前规划，树立品牌意识，打造具有地方特色和知名度的农副产品，形成良好的品牌效应。始终将提质增效作为林果业后续发展的关键，是泽普县产业发展做大做强的重要途径。截至 2021 年 3 月，泽普县的红枣有机认证和核桃

GAP 认证面积均达到 10 万亩，早熟马铃薯也成为泽普县农产品的重要名片。针对农副产品产量大、保鲜期短、县内市场有限等问题，泽普就地成立合作社，积极发展电商平台，拓展产品销路，打开国内甚至国际的广阔市场。

种植时间久、产量大的红枣产业是泽普最重要的名片之一，泽普骏枣在国内外都具有良好的市场，是泽普高知名度的产业品牌。泽普对 10 万亩有机红枣丰产园进行认证，产品质量获得一致好评，2015 年泽普红枣曾获得优质农产品国家金奖。农产品的核心在于产品本身，只有产品的质量过硬才能打造出受人欢迎的品牌。于是，泽普县从源头抓起，掐准最好的时节进行收割采摘，在最佳的产地种出了最好的红枣，营造最好的环境进行加工，由此才产生了"中华第一骏枣"。[①] 泽普骏枣，作为喀什地区"一县一品"，相对于同类产品，其果形大、皮薄、肉厚、口感甘甜醇厚，其维生素 C、蛋白质、矿物质含量均高于同类产品，广受人们的欢迎。

除了泽普的骏枣之外，泽普的早熟马铃薯和金湖杨旅游景区也具有广泛的知名度，深受市场青睐。目前，泽普县马铃薯种植面积年均稳定在 4 至 5 万亩左右，已成为喀什地区马铃薯主产区之一。每年一到了四五月份，泽普县第一茬早熟马铃薯陆续上市，农民就有了第一份收入，现在每亩地马铃薯产量在 1000 公斤到 1200 公斤，批发价是每公斤 2 块钱左右。由于采取了单膜种植技术，马铃薯不仅长势好，比露地马铃薯早上市近 20 天，而且马铃薯在口感和营养方面也更胜一筹。充分发挥泽普胡杨、法桐、湿地等优质生态旅游资源优势，先

---

① 资料来源：《中华第一枣——泽普骏枣》；《在最佳产地寻找最佳产品助力扶贫致富》，见 http://sh.people.com.cn/n2/2019/0702/c369653-33100016.html。

后开发建设了国家 5A 级金湖杨景区、2 个 3A 级景区（古勒巴格景区、布依鲁克塔吉克风情小镇）、自治区级生态旅游示范区叶尔羌河国家湿地公园和梧桐生态公园，打出了属于泽普的旅游品牌。这一个个独具特色的品牌既是扶贫的成果也是扶贫的名片，这一张张名牌是将泽普产品销往全世界的关键，也是贫困户们脱贫致富的法宝。

第五章

就业扶贫促转型

就业扶贫是帮助贫困群众通过就业获得收入来改善家庭经济情况、消除家庭贫困状况的重要扶贫举措。就业扶贫的目标就是通过针对性的就业技能培训，使贫困户具备匹配岗位需求的素质和能力，从事一份较为稳定的工作，从而获得工资性收入以实现脱贫，其方式就是要最大化地开发本地工作岗位，最大程度地吸纳贫困劳动力，让他们从就业中直接受益。就业扶贫是一种可持续的、稳定的、长期的帮助贫困群众增收的有效途径，这种方式不仅改善了贫困群众个体及其家庭的经济状况和精神面貌，阻断了贫困代际传递机制的生成和延续，也推动着基层社区的治理转型，增强了县域经济社会发展的动力。泽普县就业扶贫工作从解决青壮年劳动力的后顾之忧出发，按照"两托一转"的工作方式，将劳动力从家庭照顾和土地经营等事务上解脱出来，实现就近就业或劳务输出。同时，泽普县也加强对劳动力的技能培训，以"五个精准"来全方位提升贫困群众的劳动技能，确保贫困群众"掌握一门技能、干好一份工作"。泽普县充分挖掘本地资源优势，制定优惠政策，大力开展招商引资工作，将扩大就业需求、拓展就业市场、增加就业岗位、吸纳群众就业作为就业扶贫的工作重心，实施多项就业扶贫举措，真正实现了以就业保增收、以就业促脱贫的工作目标和政策要求，有效提升了贫困群众的获得感和认同感。

第一节　就业扶贫的背景与意义

泽普县就业扶贫的政策设计与扶贫实践有着相应的政治经济背景和社会文化背景，也有着特定的社会意义和文化内涵，在脱贫攻坚的关键时期发挥着不可替代的减贫效用。

一、就业扶贫的背景

（一）政治经济背景

精准扶贫战略实施前，泽普县长期处于贫困状态，贫困发生率高，且贫困人口多，脱贫难度大。部分群众受到宗教极端思想、恐怖主义的渗透和侵袭，从而失去了理智思考和独立判断的能力，做出一些破坏社会秩序、危害群众生命安全的事情，影响了社会稳定和长治久安，影响了群众的日常生活，使得群众无法安居乐业、摆脱贫困、增收致富。泽普县经济作物和粮食作物的品种单一，传统畜牧业的养殖技术水平低，产量和质量都难以满足市场消费需求，农业经济收益低下，处于高成本投入、低效益回报的落后状态，限制了农民收入的增长。泽普县第二、三产业发展后劲不足，制造业的发展层次低、准入门槛低，缺乏经营规模较大、能够提供大量就业岗位、具有较强市场竞争力的公司或企业，第三产业的发展面临需求不足、支持不力、方向不明等短板，导致经济发展滞缓、经济拉力不足，制约了经济结构和产业结构的优化升级。泽普县将就业扶贫置于整个贫困治理体系的重要位置，明确就业扶贫的指导思想、作用意义、目标规划及实践措施，形成具有特色的就业扶贫新思路和新路径。

（二）社会文化背景

泽普县少数民族人口占总人口的比例为 79%，特定的民族背景、社会状况、文化环境深刻影响着少数民族群众的家庭经济情况，导致贫困群众家庭增收困难。一是少数民族群众传统化的生活方式和劳动方式的影响。长久以来，少数民族群众以养殖畜牧为生，多是个体农户的小规模养殖而难以形成稳定的经济效益，单一化的收入来源渠道和形式使其处于较低的生活水平，一些家庭因病致贫、因房致贫，逐渐掉入贫困陷阱里面。二是贫困群众自身就业能力的限制。贫困群众缺乏专业化的职业技能和长远性的职业规划，劳动力素质普遍偏低，缺乏主动学习、提升自我、发展技能的意识，不愿外出就业。三是贫困群众心理层面的长期影响。一些少数民族群众认为传统的生活方式是最适合自己的，而不愿作出改变，也担忧自己无力应对到外面工作的困难与风险，内心还是比较保守的，对于新环境的心理适应能力不强。从整体上看，全县农村人口就业率低、就业质量差、就业收入不高，但是有劳动能力的待就业人口数量规模较大，这也是泽普县积极推进就业工作的着力点。如何促进贫困群众就业、如何开发就业岗位、如何培训就业技能、如何提高就业收入，成为泽普县精准扶贫过程中必须解决的重要问题。

二、就业扶贫的意义

2016 年 7 月 20 日，习近平总书记在银川主持召开东西部扶贫协作座谈会时强调："一人就业，全家脱贫，增加就业是最有效最直接的脱贫方式。长期坚持还可以有效解决贫困代际传递问题。"[1] 就业

---

[1] 《习近平谈扶贫开发工作：引导社会扶贫重心下沉》，见 http://cpc.people.com.cn/xuexi/n1/2018/0921/c385476-30306848.html。

扶贫本身具有精确性、系统性和发展型等特点。就业扶贫是构成泽普县精准扶贫政策体系的重要内容，也是贫困治理体系的重要组成部分，它与产业扶贫、易地扶贫搬迁等战略举措互为补充，是如期打赢脱贫攻坚战的必要手段和重要方法。从实践层面来看，第一，就业扶贫是树立政治威信、赢得政治认同、完成政治任务的必要抉择，有利于进一步增强党和群众的感情，密切党和群众的关系，巩固党的执政基础。第二，就业扶贫可以创造大量的工作岗位，吸纳许多优质的企业和公司，盘活地区发展的经济资源，增强贫困群众个人及家庭的经济发展能力，强化县域经济发展的可持续动力，推动县域经济的产业结构转型。第三，就业扶贫有助于提高贫困群众的收入，促进社会稳定和社会团结，有效阻断家庭代际贫困的传递。第四，就业扶贫是改善贫困群众生活方式的重要举措，能够促进不同民族、不同地区、不同性别、不同年龄群体之间的互动交流，消除极端化的宗教思想和传统生活陋习，营造健康、文明、积极的社会环境和文化氛围，增强群众的凝聚力和向心力，从而促进贫困群众生活的现代化转型。

第二节　就业扶贫的政策安排与实践举措

泽普县将就业扶贫作为贫困群众增收脱贫的重要方式，出台了一系列的地方政策文件，制定了精准性的就业扶贫举措，采取差异化的就业扶贫手段，通过搭建就业平台、开展职业技能培训、实施扶贫车间就业、开发公益性岗位等方式，为贫困群众提供一份灵活、稳定且有保障的工作，帮助贫困群众增加经济收入、摆脱贫困状态。

一、就业平台促就业

泽普县按照喀什地区要求，结合县域实际情况，成立了1个县级劳务派遣办公室、15个乡级劳务派遣服务站（专职71人、兼职22人）和131个村级劳务派遣工作组（专职262人）。同时，成立了泽普县民生人力资源服务有限公司及各乡镇场经营部。从职能上形成了行政机构健全、人员配备到位、相互服务支撑的城乡劳动力就业服务体系，有力地促进了城乡劳动力转移就业。泽普县为群众就业搭建了就业服务平台，开通就业绿色通道，及时公布市场就业需求和岗位数量，方便贫困群众寻找合适的工作单位，实现了贫困群众就业管理规范化和组织科学化，通过就业平台与工作单位签订劳动合同，既保障了贫困群众的基本经济收入，也有效维护了他们的合法权益。

截至2021年3月，全县共有劳务经纪人、建筑队、林果服务队以及建工维修队共1262人，其中生态护林员1006人。泽普县劳务派遣办公室向各乡镇场劳务派遣服务站推送1949个固定资产投资项目就业岗位，共有1949名贫困户家庭成员就业；推送212个"煤改电"项目就业岗位，就业212人；向湖南长沙劳务派遣135人；以"春风行动"等活动为载体，先后举办了四场大专院校毕业生招聘洽谈会，达成就业意向的有265人，实际就业的有213人，其中有38名贫困户毕业生就业。泽普县为贫困群众搭建就业服务平台，满足他们的不同就业需求。2019年通过"腾、挪、挖"，开发保洁、保绿、护林员等公益专岗，帮助贫困群众就地就近就业。截至2021年3月，全县有550人在公益性岗位上就业，腾退了22个公益性岗位，让无法转移就业的372人上岗工作，这些公益性岗位均是为建档立卡贫困户人员提供就业机会。

二、职业技能培训促就业

为提高职业技能培训质量，提升劳动力综合就业能力，增强贫困群众的就业信心和决心，提高个人及家庭的"造血"能力，泽普县在职业技能培训内容上，增设了国语学习、感恩教育、勤劳致富、劳动纪律等课目，既要"富口袋"更要"富脑袋"，唱响勤劳致富主旋律，凝聚内生动力精气神。在培训方式上，泽普县根据企业用工需求和劳动者意愿，利用"冬季攻势"和农闲时间，开设砌筑、钢筋、厨师、缝纫、美容美发、电工、焊工、木工等中长期技能培训课程；在培训教材上严格按照人社部门要求，及时更新教材内容和相关信息，做到与时俱进。在培训机构管理上，一是引进社会培训机构。2019年新引入了喀什金桥、喀什丝路、喀什苏碧等三家专业化培训学校参与全县职业技能培训工作。二是对培训机构实行公开挂网招投标管理。三是对培训机构的培训现场、学员考勤方面实行实时监管。在每一个培训点都安装了摄像头和考勤打卡机，将培训点的培训情况上传到监控平台，做到了声音图像同步监管，全方位保证技能培训课程的效果。

2018年4月17日，在依玛乡依玛村新建成投入使用的古丽孜坝服装有限公司的加工车间内，30余名妇女正在学习裁缝、刺绣等布艺类制品制作技术。45岁的加乃提古丽·吾守尔正在缝纫机前，认真练习衣服裁剪和缝纫，在技术人员的认真指导下，经过近15天的岗前培训，加乃提古丽·吾守尔已经初步掌握了缝纫技术。加乃提古丽·吾守尔说："我家里出门五分钟就能到公司里了，在这里我们学习了布艺类制品、床上用品、窗帘、服装、刺绣等各类技术，我一定要好好学习技术，努力挣钱改善家庭生活条件，感谢党和政府给我们提供这么好的就业机会。"阿丽米汗·依提因家里有老人和小孩需要照顾，无法外出务工，一家人全靠丈夫做木工活来维持生计。听说村上建了卫星工厂，阿丽米汗·依提高兴地和姐妹们一起来到这里学习缝纫和刺绣技术，这让她对今后的日子充满了信心和期盼。[①]

而且，泽普县根据喀什地区职业技能提升行动实施方案的要求，利用泽普县技工学校和职业高中对全县就业重点和困难群体开展职业技能提升培训、转岗转业培训、创新创业培训等贫困劳动力技能扶贫工作。截至 2021 年 3 月，全县开展农村富余劳动力技能培训、基础素质培训、纺织服装企业培训、劳动密集型企业岗前培训等职业技能培训共计 373 期，受惠群众达 14873 人，其中有 3518 人为建档立卡贫困户，约占培训总人数的 24%。

三、通过转移就业促脱贫

泽普县将富余劳动力转移就业作为脱贫攻坚、增加收入的重要渠道，积极落实就业优惠政策，加大贫困户富余劳动力转移力度，以初级班、中级班、高级班为依托，建立常态化的培训机制，增强培训的针对性和有效性，积极搭建就业平台，拓宽就业渠道，把就业作为脱贫退出最直接的措施，解决贫困群众就业难题。同时，县发改委、经信委、人事局、社保局、劳动力转移办充分发挥政府引导、服务和推动作用，抓好重点要素保障，推广"总部+卫星工厂+农贸市场+电商"的家门口就业模式和"强化国语+技能培训"的外出务工模式，力争向援疆省市输送一批、本地企业吸纳一批、疆内转移一批、政府购买服务扶持一批、引导工程建设项目参与一批，实现"一户一人"

---

① 资料来源：《数说泽普脱贫攻坚之二》。

就业，增加收入、稳定脱贫。①

　　泽普县将劳动力转移就业作为就业扶贫的重中之重，以专业化的技能培训和规范化的务工人员管理模式，着力打造"泽普劳务"品牌。2017 年 5 月 16 日，泽普县印发了《泽普县城乡富余劳动力有组织转移就业三年规划（2017—2019）》的通知，提出了转移就业的总体目标，在 2017—2019 年，以乡（镇）、村（社区）为单位，对 18—45 岁、有转移就业意愿的城乡富余劳动力，经人社部门统一招聘、全部培训后，有组织、多渠道转移到北疆东疆、巴州、兵团、援疆省市、本地的公益性岗位、企业、建设项目等就业。通过"五个一批"，实现三年转移就业 10720 人。其中，2017 年 3050 人，2018 年 4250 人，2019 年 3420 人。以农村富余劳动力为重点转移对象，优先转移建档立卡的农村贫困家庭劳动力、具有一定国家通用语言能力和基础技能的劳动力，解决当年计划脱贫的农村贫困家庭实现一人就业，帮助重点人员家庭劳动力在本地企业就业，鼓励夫妻同时转移就业。以一年以上稳定就业为目标，每年年底进行评估，确保转移就业人员在就业地稳定就业率达到 90% 以上。

　　2017—2019 年泽普县通过各种方式转移就业也有具体的行动目标。一是自治区协调岗位转移就业 3400 人。其中，2017 年 900 人，2018 年 1200 人，2019 年 1300 人。二是本地重点产业、企业、非公企业转移就业 2100 人。每年向纺织服装、短平快项目等劳动密集型企业、非公企业转移就业 500 人（不包括自治区协调岗位在喀什转移就业人数）。三是固定资产投资项目（农林、水利、铁路、公路、机场、能源、社会事业、援疆、房地产业、建筑业等领域建设项目）转移就业 3600 人。2017 年转移就业 900 人，2018 年转移就业 1800 人，2019 年转移就业 900 人（不包括自治区协调岗位在喀什转移就业人数）。四是财政购买服务转移就业 870 人。喀什地区开发环卫、

---

① 《泽普县委书记刘四宏在泽普县脱贫攻坚现场推进会上的讲话》，2017 年 7 月 13 日。

保洁、园林等公益性岗位转移就业，2017 年转移就业 300 人，2018 年转移就业 300 人，2019 年转移就业 270 人。五是对口援疆省市有组织整建制转移就业 750 人。2017 年转移就业 250 人，2018 年转移就业 250 人，2019 年转移就业 250 人。重点转移就业的对象是应届职业学校、普通高中、未就业大中专毕业生及复转军人，以及就业意愿强、素质较高的城乡劳动力。

截至 2018 年 12 月底，泽普县加快贫困户劳动力转移就业步伐，对全县建档立卡贫困户劳动力和就业情况进行摸底并分类造册，通过政府购买服务、园区企业就业、有组织转移就业、99 座卫星工厂就业、参与本地建筑业就业、自主创业，以及从事一产、三产就业等多种形式，2016 年以来建档立卡贫困户累计转移就业 24983 人，其中，疆外转移就业 564 人，疆内就业 24419 人。

四、扶贫车间促就业

泽普县快速推进以乡镇为中心的 6 个产业园建设工作，整村推进贫困村中卫星工厂建设工作，在巩固提升"一户一就业"成果基础上，力争实现"一户多就业"，帮助更多贫困人口长期就业、稳定脱贫。泽普县重视发挥好卫星工厂党支部的作用，要让企业愿意留、留得住、有钱赚，要让就业人员有钱赚、有盼头、有奔头。泽普县通过县级产业园、乡级产业园和村卫星工厂实现了"以产业促就业，以就业促稳定"的就业格局，各种类型的工作场所为贫困群众提供了可选择的就业机会，将贫困群众吸纳到不同的扶贫车间里，实现规范化管理和标准化就业。截至 2021 年 3 月，全县各产业园就业 7300 余人，82 个村卫星工厂就业 2345 人，其中贫困户有 654 人；农村富余劳动力到县域企业就业 2523 人；贫困劳动力一产就业 283 户 407 人，二产就业 2724 户 3628 人，三产服务业就业 1093 户 1700 人；政府购买服务提供就业 441 户 657 人，自主创业 1132 户 1561 人，体制内就业 281 户 352 人，生态补偿 253 户 321 人；农村富余劳动力转移就业 30198 人次，劳务创收 19463.88 万元；2019 年秋季拾棉花、收核桃、收红枣等季节性务工 10000 人次，劳务创收 5000 万元。

古丽孜坝服装有限公司是位于依玛乡依玛村的卫星工场，是以经营纺织品、鞋帽、电脑刺绣、工装加工、床上用品、刺绣、服装、挂毯等制作和销售为一体的公司，2018 年 4 月正式注册成立，采取"总部+卫星工厂+农民"的生产模式，企业通过岗前技术培训，为农民按合同支付底薪加计件工资，这让无法外出务工的村民，实现了在家门口就业的梦想。①

扶贫车间在带动贫困群众就近就业、增收脱贫方面发挥着基础性作用。截至 2019 年 9 月底，全县城镇新增就业 4828 人，完成全年目标任务 5300 人的 90%，其中城镇就业困难人员就业 325 人，完成全年目标任务 310 人的 104.8%；城镇登记失业率控制在 4% 以内；城镇零就业家庭 24 小时动态清零 8 户安置 8 人；建档立卡贫困户实现就业 7218 户 9898 人（其中 2019 年以前稳定就业 4926 户 6576 人，2019 年新增就业 2292 户 3322 人）；旅游产业促进就业 361 人，完成目标任务 544 人的 66%。

五、固定资产投资促就业

固定资产投资项目是巩固提升脱贫成效的重要载体，整个项目的建设实施过程，以及后期的使用维护等环节都会提供相应的就业岗位，需要一定数量的劳动力来推进项目实施和完成。泽普县的固定资产投资项目主要包括农林、水利、铁路、公路、机场、能源、社会事

---

① 资料来源：《数说泽普脱贫攻坚之二》。

业、援疆、房地产业、建筑业等领域建设项目，都是围绕经济发展、基础建设、社会服务等社会进步目标，采取项目制的方式加强泽普县的硬件和软件建设，全方位、立体化综合提升县域经济社会的发展水平，为巩固提升脱贫成效奠定经济物质基础、提高社会服务水平。在项目实施过程中，泽普县要求各个职能部门要落实好监管责任，对项目实施进度定期不定期进行监督检查、确保及时掌握了解情况、及时解决存在问题困难，并要求乡村发挥好监管作用，及时与项目实施单位进行沟通，确保项目如期推进。

随着农村公路的畅通，布依鲁克塔吉克民族乡开始打造塔吉克民族特色风情小镇，大力发展旅游业。"发展旅游交通是关键。以前我们这里交通不方便，游客数量少。"布依鲁克塔吉克民族乡党委书记玛丽艳·木沙说。

2016年5月，一条16公里长的专用线修通，将布依鲁克塔吉克民族乡和县里的金湖杨景区连了起来。至此，布依鲁克塔吉克民族乡交通实现"三级跳"，游客明显多了起来。游客增多，也带动了当地旅游业发展。最近几年，塔吉克民族特色风情小镇的农家乐生意一年比一年好。便捷的交通也吸引了企业选择在乡村开办工厂，这为村民在家门口就业提供了机会①，也为农民脱贫致富奠定了基础。

泽普县始终坚持"固定资产投资建设项目一般普工岗位吸纳当地劳动力就业比例原则上不少于90%"的规定，在很大程度上成为解决本地劳动力就业的主要途径，实现贫困群众就近就地就业，工资收入也能及时发放，帮助贫困群众增收脱贫。泽普县在2019年总共规划开发了74个固定投资项目，投资额约10.46亿元。截至2019年

---

① 资料来源：《数说泽普脱贫攻坚之二》。

9月底，泽普县固定资产投资项目共开工 49 个，吸纳就业 1949 人，给贫困群众提供了发展机会，拓宽了增收渠道。

六、落实资金促就业

资金是保障扶贫过程和脱贫效果的重要抓手和关键要素，也是发放补贴、支付工资、发放奖励的主要来源。泽普县持续开展"就业政策落实年"活动，认真落实就业扶贫政策，高效整合各类可配置的资金来源，严格各项资金使用规范，强化资金使用的过程管理和效果管理，落实好资金国库集中支付、授权支付和项目公告公示制度，发挥好每个乡镇 2 名专职会计作用，确保项目优质、资金安全、干部廉洁，从而规避资金错置、资金浪费和资金挪用等现象，真正将各项就业扶贫资金用到实处，将各类就业补贴发到实处，确保全县就业扶贫稳步推进。泽普县的就业扶贫资金主要包括就业专项资金、上级拨付资金、失业保障金、就业奖补金等多种类型，这些资金的来源渠道、资金数额和使用方式各不相同，每项资金都有着专门化的功能和用途，总体上构成了完整的就业扶贫资金支持体系和资金使用系统，既为就业扶贫全过程保驾护航，又为就业扶贫成果巩固奠定坚实基础。

泽普县古勒巴格乡艾格日铁热克村村民阿卜杜凯尤木·托合提玉苏普，2004 年至 2017 年跟随父亲学习木工。从一名非专业的木匠培养成一名专业的木匠，并成为村里的率先脱贫户。脱贫后，阿卜杜凯尤木·托合提玉苏普并没有忘记村里的广大群众，2018 年在驻村工作组和村党支部的帮助下，阿卜杜凯尤木·托合提玉苏普积极向乡党委申报，乡党委通过实地调查，将邻近原有"村委会"优化改建为家具加工厂，经过多方努力，于 2018 年 1 月 3 日正式开工生产，采用计件报酬的方式。该厂占地 1240

平方米，是一所集培训、生产、销售于一体的家具加工厂。厂内设有 3 个车间，分别为生产车间、加工车间、成品展示间。

通过市场调查、跟踪问效，在扩容、增量上下功夫，采取统一规划、合理布局的方式，乡党委积极向上级部门申请项目资金 125 万元，用于改扩建厂房及配套附属设施，扩建厂房 50 平方米，地面硬化 1200 平方米，围墙 90 米，采购一批现代化生产设备 25 万元，为该厂扩大生产，提高质量提供了保证。①

截至 2019 年 9 月底，就业专项资金 2018 年底结余 586.33 万元，使用 145.27 万元，结余 441.06 万元；2019 年上级拨付资金 4858.54 万元，支出 1947.48 万元（其中：培训补贴 305.31 万元；职业技能鉴定补贴 4.46 万元，社会保险补贴 1048.68 万元；公益性岗位补贴 495.64 万元；就业见习补贴 23.4 万元，其他补贴 69.99 万元），累计结余 3352.12 万元。失业金提取上年结余 423.56 万元，2019 年上半年已使用 59.569 万元。拨付纺织服装专项资金 680.88 万元；为 11 家企业拨付纺织服装岗前培训补贴 297.288 万元，其余资金后续按计划拨付；拨付劳动密集型产业专项资金 327 万元，为 3 家企业拨付劳动密集型企业岗前培训补贴 160.776 万元，其他符合条件的企业正在按程序申请；拨付就业奖补资金 234.89 万元。

第三节　就业扶贫的成效

泽普县始终把就业扶贫工程作为脱贫攻坚的重要方式，大力实施就业扶贫工程，截至 2021 年 3 月，共建成 82 个乡村生产车间，通过

---

① 资料来源于泽普县人社局提供的材料。

招商引资和以商招商等方式引进劳动密集型企业进驻卫星工厂；依托政府购买服务、园区企业、有组织转移、参与本地建筑业、自主创业等方式，实现了"一户一就业"目标。泽普县以转移就业和技能培训为抓手，充分发挥政策、资金的助推作用，就业工作取得明显成效。2020 年全县建档立卡贫困户中，有劳动能力贫困户 18952 人已全部实现就业，其中有组织外出拾棉花共计 3309 余人（其中贫困户3309 人），总收入 2000 万元，人均收入 6000 元以上，为实现就业脱贫奠定了坚实的基础。

通过各种类型的就业安排，就业扶贫的成效日益显现。第一，农民群众尤其是贫困户实现了由"等靠要"向"主动干"的转变，激发了贫困群众依靠双手创造美好生活和共建美好家园的主观能动性，改善了贫困群众的精神面貌和生活信心。第二，农民群众参加就业技能培训，就近就地到卫星工厂工作或转移就业外出务工，不仅提升了工作技能水平，增加了家庭经济收益，还开拓了视野和格局。第三，就业扶贫在促进社会稳定、增加家庭收入、转变生活方式、创造互动空间、增强社区治理等方面作出了贡献，影响着基层社会的治理状况与个体的日常生活，从而促进了农民个体的进步、家庭与社区的发展转型以及基层社会的治理现代化水平。

一、促进社会团结稳定

通过就业强化了正确的思想认知，帮助贫困群众剔除负面思想影响。截至 2021 年 3 月，泽普县全县有劳动力 91729 人，已实现就业91729 人，有就业意愿 91729 人，不具备就业条件的 6773 人。不论是就近转移就业还是外出务工就业，农民都要接受相应的基础培训和技能培训，培训的过程就是强化他们思想认知的过程，帮助他们破除守旧的、传统的、落后的思想观念，从而接受中国特色社会主义思想的正确引领。农民从心底里能感受到党和国家的关怀与照顾，政策上的优惠与资源上的投入，都是在帮助贫困农民增加收入、摆脱贫困。农民思想变化是参与就业的第一步，将落后和极端的思想认知从头脑中主动剔除出去，自觉地遏制在萌芽阶段，他们就不会受到极端思想的影响而做出危害人民群众利益的事情，有效促进了社会稳定和民族团结。

通过就业塑造了现代化的劳动者，遵守行业规范制度以约束个体越轨行为。每个行业都有相应的行业规范及工作制度，也有制度化的工作场所、管理方式和规范化的工作内容和工作时间，农民群众要去适应这些现代化的管理要求，以此来规范自己的行为。这些就业单位扮演着一种约束个体行为和强化集体认同的社会角色，将分散化的农民通过就业系统整合起来，进行科学化的民主管理与知识教育，并在工作过程中以现代化的优秀文化理念影响他们、帮助他们、提升他们。在同一单位就业的农民，在常态化的工作互动中形成了集体认同感和归属感，他们为公共的利益与集体的团结而做出行为选择，集体意识、规则意识、认同意识以及奋斗意识得到增强，通过自觉地去约束自己的行为、更新自己的思维，保持一种健康积极的工作意识和生活态度，从而有效降低了社会不稳定事件的发生几率。

通过就业扶贫可以实现组织农民、社会整合和社会团结的发展目标，农民通过进入现代化的市场组织就业，科学民主的现代化管理模式形塑了现代化的农民思维和行动逻辑，农民主动地走入不同的工作岗位时，社会上的闲散人员就会减少，社会上的非正式组织就会得到有效的约束和治理，从而极少发生社会不稳定事件。如此看来，就业扶贫不仅在巩固社会稳定和长治久安方面发挥重要功能，也在促使农民旧貌换新颜、脱贫致富方面承担关键职责。

二、确保家庭持续增收

泽普县所有有劳动能力的贫困户已经实现"一户一就业"的目

标，农民通过就业增加了家庭收入，稳定的就业带来稳定的收入，稳定的收入保障幸福的生活。贫困群众的"钱袋子"鼓起来了的同时也带来生活质量的提高，这些收入也被用于盖新房、换新衣和买家具，整个家庭陈列与家具装修更具现代化，干净、整洁的家庭环境提升了农民的生活舒适度和满意度。一方面，家庭收入增加促进了就医条件的改善。以前农民家庭经济匮乏的时候，他们都不敢去医院看病买药，就医给农民家庭带来了沉重的负担，而农民收入增加后，不仅能够支付得起买药住院的看病费用，而且也更加关注自身的健康管理和身体保养，个人的身体健康水平也在逐渐提高。另一方面，农民家庭收入的增加为子女教育投资提供了经济资本支持。子女教育支出也是家庭支出的一项重要内容，家庭收入决定了对子女教育投资比例的多少，收入的增加必然会促使父母加大在子女教育方面的投入，给孩子创造更好的学习条件与环境。而且，参加公益性岗位的建档立卡贫困户的基本生活得到保障，每月有稳定的收入来源，长此以往贫困群众也能够通过就业摆脱贫困。

2014年，泽勒普善村的农民阿布杜克尤·热赫曼因为家里土地较少，人均收入低，被评定为建档立卡贫困户。当他知道自己成为贫困户时，彻夜难眠，他心想："我作为一个年轻力壮的小伙子，没有缺胳膊少腿，党的政策这么好，我一定要及早自主脱贫，让家人过上好日子，决不能因懒惰而戴着贫困户的帽子。"过了一段时间，阿布杜克尤·热赫曼得知乡里组织集体外出务工，他和妻子商量之后决定，将两个孩子托付给父母照看，自己和妻子外出务工，他们坚持着吃苦耐劳、踏实能干的精神，很快就在山东浦林电子厂扎稳了脚跟。2014年以来，阿布杜克尤·热赫曼和妻子一直在山东浦林电子厂务工，年纯收入达5万余元，现在家里的安居富民房也盖起来了，各类家电设施一应俱全，日子过得红红火火。2014年底，阿布杜克尤·热赫曼和妻子凭借着自己的努力，光荣地摘掉了贫困户的帽子。①

从县级层面来看，贫困群众工作就业的稳定、家庭收入的增加，也反映出县域经济的繁荣，贫困群众需要在当地生产与消费，稳定的农民就业保证了工厂的正常有序运转，可以承接的货物订单更多了，也促进了县域基础设施的完善，三产融合的发展道路更为稳健，经济发展有着充足的后劲与动力支持，必将推动整个县域的经济社会转型，迎来崭新的发展环境和发展面貌。

三、推动生活方式转型

长期稳定的就业是消除家庭贫困代际传递的重要途径。贫困群众通过参加就业技能培训和有组织的转移就业，不仅获得了一技之长的工作技能，提升了个人的劳动力素质，还能够获得一定的劳动报酬，增加了家庭经济收入，解决了家庭的贫困问题。父母通过学习就业技能进入岗位工资，增强了对贫困的抵御能力和抗风险能力，他们也会更重视子女的家庭教育，引导孩子形成正确的价值观和人生观，从小养成良好的生活习惯和能力培养机制，帮助孩子从小打下良好的基础从而实现全面发展。就业阻断了家庭贫困的再生产机制，培育了农民现代化的生活方式，农民、家庭都在就业过程中实现了发展转型。

依玛乡米尔皮格勒村的吾斯曼江·马木提看见周围的乡亲们一个个都通过勤劳的双手脱贫致富，住上了舒适的安居房，心里不免有些着急，他积极找到驻村工作队员寻求脱贫致富的方法，经工作队员悉心指点，他毫不犹豫地到村里的安居富民房建设工地当起了小工，光打工的收入一年就达到了 1.5 万元。但他并没

---

① 资料来源：《数说泽普脱贫攻坚之二》。

有满足，还报名参加了乡政府集体组织的拾棉花务工队，仅仅几个月，拾棉花赚了 1.1 万元。现在的他已经住上了安居房，还新添置了很多现代化家具，他逢人便说"是党的好政策给了我现在的好生活"。

依玛乡铁提尔巴格村村民阿布都热依木·阿布都外力跟基层扶贫干部谈起了他的脱贫致富经历和对未来生活的打算，他说："这几年通过外出务工赚了 8 万元，建了安居富民房，买了拖拉机和摩托车，银行还有 2 万多元的存款，这是以前我想都不敢想的生活。今年我们夫妻俩还打算去阿克苏拾棉花，一年的纯收入可以达到 3 万元以上，我要把这笔钱存起来，开一家自己的服装销售店，努力过上小康生活。"①

女性的家庭地位和社会地位得到提高，以往女性购买日用品或衣物等，需要向家里的男性张口伸手去要，她们去卫星工厂就业以后，每个月最低有 1500 元的工资收入（根据每个人的生产速度工资而有所差异），有了经济收入后她们就不用向男性去要，也可以相对自由地支配自己的收入，不论是消费购物，还是人情往来都有了较多的自由度和自主权，她们的家庭地位也得到了提高，至少在经济层面不用受制于人。女性群体更为广泛的就业，整体来看她们更加自信，自己能够获得经济收入也赢得了大家的尊重，在社区建设过程中也会扮演更为积极的角色，发挥着属于女性群体特定的社会功能，她们的社会地位和社会影响力也得到了较大提升。

四、增强农村社区治理

就业改变了一个人，一个家庭，一个村庄，甚至一个民族。通过

---

① 资料来源：《数说泽普脱贫攻坚之一》。

就业方式带动贫困户脱贫，有助于形成一种文化凝聚力，使农民摆脱原有的旧思想和旧习俗，主动加入到工作行列，逐渐意识到就业不仅仅是改变家庭的方式，也是为国家做贡献、促进社会进步的一项微小而伟大的事业，从内心里树立起对国家的主观认同和对同胞的团结之情，从而承担起社会主义现代化建设者的责任与担当。就业扶贫使得农民积累了一定的经济资本，内生了集体意识和公共精神，通过各方面的技能培训与思想教育，农民树立起参与社区治理的自信与活力，改变了以往对社区事务冷漠与旁观的态度，意识到社区建设对个体及家庭发展的重要性和必要性，从而愿意在工作之余组织、参加、开展一些社区公共活动，增进了农民之间的情感联结，促进了社区利益共同体建设。

在调研中发现，有的村庄的女性，通过到卫星工厂工作而获得一定的经济收入，她们愿意拿出工资的一小部分作为公益基金，用于举办社区公共活动或救助社区其他弱势群体，这也是她们形成主人翁意识、服务社区居民、参与社区建设、推动社区治理转型的重要方式，这些农民已经迈出了第一步，也将有更多的农民积极参与到社区发展的日常实践中，共同打造环境优美的居住乐园以及文明和谐的精神家园。

如此看来，就业扶贫的效用远远不止增加了贫困群众的家庭收入，而且还能改变农民的思想观念，提升农民的职业技能，增强农民的社区参与意识和参与能力，使得越来越多的农民能够组织起来、行动起来、团结起来，为社区发展建言献策，为社区治理添砖加瓦，自觉地成为社区公共物品的供给者、社区公共需求的服务者、社区公共利益的捍卫者，以及社区公共秩序的营造者。诚然，就业扶贫也在农村传递了优良的文化价值，使得基层社会形成文化凝聚力和认同感，这是将各族人民紧紧团结在一起的关键力量。

第四节　就业扶贫的经验启示

　　泽普县坚持把脱贫攻坚与民族团结双轮驱动，以就业增收、脱贫致富为目标，以团结和凝聚民心为根本要求，以增加城乡富余劳动力收入为核心，坚持疆内外就业转移与就地就近转移相结合、市场运作与政府推动相结合，从拓宽就业渠道、搭建就业创业平台、提升就业能力、增加居民收入上下功夫，把城乡富余劳动力打造成脱贫攻坚、就业创业致富的带头人，民族团结社会和谐的践行者，社会稳定和长治久安的捍卫者，不断增强各民族群众的获得感和幸福感。

一、"两托一转"解决劳动力后顾之忧

　　农民家庭中的老人和小孩、农业生产的土地是约束青壮年劳动力转移就业的两大因素，这些年轻人需要在家照顾家人以及从事农业生产而无法外出务工。面对这一现实情况，泽普县积极推进建好建强两托基地，在全县推广"两托一转"模式，将其视为就业促脱贫的关键机制和主要措施，"两托"是指建设托幼所和幸福院，把老人和小孩托养在村级机构里，让年轻人能够参加工作获得劳动报酬；"一转"是指农民把土地流转出去，让专业的合作社或公司去管理经营土地，进而收取一定的流转费用。

　　泽普县通过整合各类政策资源、社会资源及市场资源，全力在基层社区建立托老所、托幼所和土地流转合作社或公司，村庄人口规模大的就在本村建设托养机构，村庄规模较小的多个村庄共同建立一个托养中心，积极鼓励村庄种养殖大户带头成立农民专业合作社，流转农民的土地，实现农业规模化经营和集约化生产。同时，将有意愿外

出务工的青壮年从家庭和土地上解放出来，解除他们的后顾之忧，使得他们全身心投入工作，获得更多的经济收入，实现贫困家庭长期稳定的脱贫致富。

对于女性来说，"两托一转"模式可以减少她们在照料老人小孩、耕种土地和处理家务上所消耗的时间，能够走进卫星工厂或工业园区就业，确保她们无后顾之忧地在家门口实现就近就业，获得收入以改善家庭经济状况，实现"托养一个人、解放一群人、脱贫几家人"的目标。而且，泽普县根据基层管理建设需求，设置了大量的公益性岗位（包括保洁、门卫、护林员等），以确保贫困群众的基本工资收入，积极引导贫困群众就近就地就业。

二、因人施策开展技能培训

精准的劳动力技能培训措施是脱贫攻坚的根本出路。泽普县坚持重心下沉，结合"四同四送"和"访惠聚"活动，汇聚全县所有扶贫力量到村到户，按照"一村一策，一户一法"的要求，逐户制定帮扶计划，坚决落实技能提升计划，明确挂牌帮扶责任人，确定具体的帮扶任务、标准、措施和时间节点，做到"一家一户调研摸底、一家一户一本台账、一家一户一个扶贫计划、一家一户结对帮扶、一家一户回头跟踪扶贫效果"，提高就业培训工作的针对性和实效性，努力打造"泽普劳务"品牌，提升泽普县劳动力的市场接纳度。

一是精准选择培训对象。各乡镇（场）人民政府根据发布的用工信息，开展组织动员报名、政审和体检等工作，确定转移就业人员和带队干部。做到不是自愿报名的不转移，没有经过前期培训或者培训不合格的不转移，政治不合格、品行不端、有宗教极端思想、有劣迹、有前科的不转移，有严重疾病不宜外出的不转移，有效保证转移人员的质量。

二是精准确定培训项目。辅助普工岗位培训：开展全区统一的

"1+X"基础技能培训,时间为 5—6 天。"1"即:转移就业基础培训,包括感党恩教育、国语、"去极端化"教育、法律常识、劳动纪律、军训、安全生产等内容;"X"即:不同岗位工作必须了解的入门知识和技能。初级技工岗位培训:按照国家统一的专项技能和技能等级标准,开展为期 30—60 天的培训及转移就业基础培训,培训后获得专项技能证书或初级职业资格证书。培训期间由接收地派人到培训地根据用工需求进行指导。中高级技工及管理岗位培训:从喀什技工院校毕业生及未就业高校毕业生中选拔符合用工单位中高级技工及管理岗位要求的人员,开展转移就业基础培训。

三是精准选择培训时间。始终把就业脱贫作为主攻方向,以"强技能、促就业、保民生"为重点,结合"冬季攻势"工作的开展,全力推进好贫困劳动力技能培训工作。按照泽普的农业生产经营时令,每年的 12 月份开始到 2 月份都是农闲时间,在此之前棉花也拾完了,核桃、红枣等经济林果业已经全部收获,并销往疆内外。冬季田地里已经没有什么需要管理和照料的农业作物了,建筑工地等项目也已经完工,农民的闲暇时间较多,尤其是男性农民。泽普县对农民进行培训的时间就会选在这个时间段,既不影响农业生产,又能帮助农民培训相应的就业技能,他们的参与积极性和参与意愿都很高。

四是精准选择培训方式。泽普县采取"订单式"的培训策略,根据市场主体的岗位需求进行"订单式"培训,包括职业技能、所需人数和劳动力特征等,采取向社会公开招投标的方式,鼓励具有资质的培训机构积极参与,确保培训项目的公正性。在具体培训过程中,鼓励优质培训机构按照贫困群众的地域分布,就近就地集中开展培训,减少培训成员的时间成本和交通成本,提高贫困群众接受培训的安全性。根据贫困群众的实际情况,让培训导师以通俗易懂的语言和方式开展技能培训,提高贫困群众接受培训知识的获得感。

五是精准评估培训效果。泽普人社局干部组成检查小组会定期对培训机构进行检查,检查学员的出勤率、教学大纲的设计、中午是否管饭以及培训老师的教学质量，并在培训过程中给学员发放满意度调查表，让参加培训的农民现场填写，从多个方面来了解他们对授课教师的课程满意度，统计数据显示泽普县参加培训的农民满意度通常能达到90%以上。

三、以招商引资推进产业结构升级

泽普县大力统筹整合资源，始终将招商引资作为盘活资源、拉动内需、发展产业、促进就业的重要支撑。支持和鼓励援疆合作单位在泽普投资项目，设立工业园区和公司分部。大力支持有资本、有技术的从事二、三产业的企业和公司在泽普发展，为他们提供政策优惠和税收优惠，引进这些具有竞争力的市场主体以优化泽普县的产业布局，推进泽普县产业结构的优化升级。同时，这些企业在泽普办厂立业，提供了大量的就业岗位和就业机会，是泽普县当地农民尤其是贫困群众实现就近就地就业的重要举措。不仅如此，这些企业在前期建设及生产运营过程中，也消耗了很多钢材、水泥等资源，有效盘活了泽普县的地方资源，扩大了内需，促进了其他相关产业的发展。

泽普县始终将就业扶贫工作作为一项系统工程来抓，全县一盘棋、全民总动员，县域整体谋划、系统统筹推进。以脱贫攻坚统揽经济社会发展全局，坚持围绕脱贫抓发展、抓民族团结、抓乡村振兴，注重加强项目资金的衔接配套、帮扶力量的有效整合、职能部门的协同作战，鼓励引导各种资源、各种力量参与到精准扶贫主战场上来，推动精准扶贫与各项建设深度融合、良性互动，形成"大扶贫"格局。

泽普县在就业扶贫中尤为重视本地就业市场的培育，努力打造具有本地特色的实体经济，提供优惠政策帮助本地企业做大做强，增加固定投资带动农民增收，大力支持劳动密集型产业发展，最大化的开发本地工作岗位，使其最大程度地吸纳贫困劳动力，让贫困农民从就业中直接受益获得工资性收入，形成具有市场影响力的产业品牌。

四、以就业扶贫激活贫困群众内生动力

就业扶贫的重点是要"扶志"和"扶智",确保贫困人口能够拥有就业能力,能够在市场竞争中占据优势。首先,基层扶贫干部是激活贫困群众内生动力的指导力量。泽普县的驻村第一书记、驻村工作队等扶贫干部在基层积极动员和鼓励贫困群众学习就业技能,获得稳定工作,给他们宣讲就业政策、指导就业思路、寻找就业方向、分析就业问题、联系就业岗位,确保实现"一户一就业"的基本要求,不断巩固就业扶贫的成果。

其次,贫困群众自身的思想转变是就业扶贫的关键因素。要从根本上转变贫困群众的思想观念,就需要让他们真正认识到就业的益处,他们只有去尝试着学习一种技能、做一份工作,在工作中获得物质性回报的同时结识志趣相投的朋友,比如在卫星工厂中计件工资的分配模式以及工作按绩效的奖励方式,给他们提供了收入增长的机会空间,工作效率越高、生产数量越多就能获得更多的经济收入,这样他们也更愿意长期从事一份稳定的工作,他们自主发展的内生动力和精神力量得以激活,就会改变以往不愿就业、排斥务工的想法,成为一名有获得感和价值感的光荣劳动者。

最后,就业扶贫与扶志扶智相耦合,两者相互联系也相互统一。就业扶贫是扶志扶智的重要方式,而且它不仅是激活单个贫困人口的内生动力,而且从个体贫困户出发,延伸到贫困家庭、贫困社区,再到整个泽普县范围,它的影响力是广泛且深远的,是层级式的逐步推进,进而形成一种就业扶贫的社会文化,使得更多的贫困人口接纳这种理念、方式、措施和路径,从而通过就业来破解家庭贫困问题,实现增收致富的奋斗目标。

第六章

教育扶贫重扶智

治贫先治愚，扶贫先扶智。"治愚"和"扶智"的关键在于发展教育，教育扶贫即通过聚焦贫困人口接受各类教育最迫切、关键、突出的问题，做好教育精准扶贫精准脱贫的顶层设计，构建覆盖学前教育、义务教育、普通高中教育、职业教育、高等教育、民族教育、教师队伍、学生资助等全方位的教育精准扶贫体系，实施"由点到面"的一揽子支持计划，确保教育精准扶贫政策惠及广大贫困群众，整体提升贫困地区教育发展水平。①

第一节　教育扶贫的双重属性与实践意义

2013年7月，教育部、国家发改委、财政部、国务院扶贫办等部门联合下发了《关于实施教育扶贫工程的意见》，其中明确提出"把教育扶贫作为扶贫攻坚的优先任务"、"推进教育强民、技能富民、就业安民"，充分肯定了教育在扶贫攻坚中的重要作用，也由此开启了教育扶贫的新篇章。

一、教育扶贫的双重属性

教育既是扶贫工作的重要内容，又是实现减贫的有效手段。教育

---

① 王嘉毅、封清云、张金：《教育与精准扶贫精准脱贫》，《教育研究》2016年第7期。

扶贫首先意味着"扶教育之贫"，即教育始终都是扶贫开发的主要阵地和关键领域，其将教育作为扶贫的目标、任务、内容或领域，并通过政策倾斜、加大投入、调整结构等各种手段及方式以最终实现教育领域的减贫与脱贫。其次，教育扶贫还意味着"依靠教育扶贫"，即教育也是实施扶贫开发的重要手段和有效途径，其将教育作为扶贫的手段、工具、途径或方式，并主要通过发展教育来带动贫困地区及贫困人口的脱贫致富。①

近年来，泽普县的教育扶贫实践工作充分体现了教育扶贫的双重属性，一方面扎实发展基础教育，2013 年该县的义务教育标准化建设和教育均衡发展通过自治区验收，2014 年教育均衡发展通过国家验收，成为全疆 95 个县市首个通过的验收县，目前该县的学前教育、义务教育、高中教育入学率达 100%，高考上线率连续三年保持在99.6%以上，不论是硬件条件还是教学质量都排在全疆前列。另一方面，充分发挥教育的工具作用，通过职业教育和技能培训满足不同群体的发展需求，2014 年至 2020 年底，泽普县的职业高中共培养技能毕业生 3818 余名，共举办各类培训 38 期，累计 8453 人参加了各类实用技能培训，有效帮助了困难群众掌握一技之长，加快实现脱贫致富。

二、教育扶贫的实践意义

教育扶贫的双重属性决定了其在"教育领域实施扶贫开发工作既具有深厚的理论基础，又具有广阔的实践意义，不仅是扶贫开发工作的重要组成部分，而且对整个和谐社会的构建和全面小康社会的实现都具有现实价值。"②

---

① 刘军豪、许锋华：《教育扶贫：从"扶教育之贫"到"依靠教育扶贫"》，《中国人民大学教育学刊》2016 年第 6 期。
② 刘军豪、许锋华：《教育扶贫：从"扶教育之贫"到"依靠教育扶贫"》，《中国人民大学教育学刊》2016 年第 6 期。

（一）有效改善贫困地区的教育状况，促进地区教育发展

建国以后，教育领域的扶贫一直是我国扶贫工作的重要组成部分，从普及工农教育、普及初等教育、普及九年义务教育再到如今基本普及学前教育和高中教育与精准教育扶贫，我国贫困地区的教育状况得到极大改善。近年来，泽普县通过重新布局全县教育资源，加强基础设施建设，狠抓教学质量改变了过去城乡教育发展不均衡、教育质量整体不高、办学条件整体较差的状况，实现了从学前教育到高中教育的全覆盖。

（二）促进个人发展，有效阻断贫困的代际传递

教育扶贫能帮助贫困地区的群众提高文化素质，提升就业能力，改变部分贫困户"等、靠、要"的落后思维，改变家庭就业现状，增加家庭收入来源。教育扶贫做得好，群众就可以通过自身学习成长，多渠道的就业改变命运，彻底摆脱贫困。泽普县各系统深入学习贯彻习近平总书记关于扶贫工作的重要论述和"八个着力"重要指示精神，充分发挥教育在脱贫攻坚中的基础性、先导性和持续性作用，聚焦贫困群众，精准施策，帮助贫困群众学习提升，掌握一技之长。

（三）维护地区和谐稳定，对于全面建成小康社会具有重要意义

习近平总书记指出，"全面建成小康社会，最艰巨的任务是脱贫攻坚，最突出的短板在于农村还有七千多万贫困人口"①，而要使贫困人口实现脱贫，而且脱贫不再返贫，最根本、最长远的策略就是教育扶贫。教育既是社会建设的重要内容，也是社会稳定的重要保障。

---

① 中共中央党史和文献研究院：《习近平扶贫论述摘编》，中央文献出版社 2018 年版。

学有所教是人民群众最关心、最直接、最现实的利益问题，是最重要的民生领域，只有让教育惠及所有群体，个人和家庭才有了希望，地区才能实现长治久安。近年来，泽普县出台一系列实惠政策让群众送学生读书没有后顾之忧，并通过控辍保学确保没有一个孩子掉队，在全县上下形成了重教的社会氛围，此外，该县还通过普及国语教育及加强德育法制教育等方式使得该地区民族交流更加融合，地区发展更加和谐稳定。

第二节　教育扶贫的实践措施

教育扶贫是一项系统工作，"如何实现从政府单独集中教育扶贫资源、单独拥有权利与责任向多元主体共享资源和分担扶贫责任的转变，充分激发全社会力量在教育扶贫领域内的活力，从而真正构建政府、市场、社会、学校等多元主体协同推进的教育精准扶贫格局，是实现教育精准扶贫效能的关键。"[①] 近年来，泽普县在充分发挥政府主导性基础上，积极动员各方力量参与教育扶贫，多管齐下，共同推动教育事业的快速发展。

一、落实控辍责任确保零失学率

在教育扶贫工作中，解决"有学上"的问题是最为基本的。控辍保学就是要严格控制学生失学辍学，保障义务教育阶段适龄儿童的受教育权，这项工作是在立法层面明确要求的。《中华人民共和国义务教育法》第十一条规定，凡年满六周岁的儿童，其父母或者其他

---

① 代蕊华、于璇：《教育精准扶贫：困境与治理路径》，《教育发展研究》2017 年第 7 期。

法定监护人应当送其入学接受并完成义务教育；条件不具备的地区的儿童，可以推迟到七周岁。适龄儿童、少年因身体状况需要延缓入学或者休学的，其父母或者其他法定监护人应当提出申请，由当地乡镇人民政府或者县级人民政府教育行政部门批准。第十三条规定，县级人民政府教育行政部门和乡镇人民政府组织和督促适龄儿童、少年入学，帮助解决适龄儿童、少年接受义务教育的困难，采取措施防止适龄儿童、少年辍学。

（一）精准控辍

泽普县长期重视控辍保学工作，把"控辍保学"工作作为一项硬指标来完成。成立以政府主要领导为组长的控辍保学工作领导小组，制定切实可行的控辍保学工作方案，统筹安排县域内控辍保学工作。定期召开控辍保学工作专题会议，认真研究、解决本县控辍保学的具体问题。各部门协调联动做到劝返工作"六见面"，即督导组与班主任见面、与乡镇社会事务办见面、与村委会见面、与住村工作队见面、与学生家长见面、与学生本人见面，多方面了解学生辍学情况及详细原因，确保劝返工作取得实实在在的效果。为确保劝返工作取得实效，在县级干部包乡、局党委领导和校领导包校、班主任包班、乡级干部包村督查的基础上，定期不定期地对各乡镇和学校劝返学生巩固工作进行督查，同时将督查工作与学校年终考核工作相挂钩，与教师的考评晋级相挂钩，确立了控辍保学督查考评的长效工作机制。形成政府主导、社会支持、家庭关心、学校用心、齐抓共管、常抓不懈的控辍保学良好局面。

（二）精准资助

落实建档立卡贫困家庭学生免费入学制度。小学生免学杂费每生每年 600 元、免教材费每生每年 90 元，取暖费补助 120 元，享受营养餐补助每生每年 800 元，寄宿生享受生活补助每生每年 1250 元；

初中生免学杂费每生每年 800 元、免教材费每生每年 180 元，取暖费补助 120 元，享受营养餐补助每生每年 800 元，享受寄宿生生活补助每生每年 1500 元；自 2012 年实行"阳光助学"工程以来，社会各界及爱心人士累计捐款 1864.3 万余元，资助贫困大学生 7155 名。2016 年至 2019 年累计发放上海援疆助学金 1116 万元，资助贫困大学生 1860 名。

二、增加教育投入改善办学条件

教育投入是支撑国家长远发展的基础性、战略性投资，是发展教育事业的重要物质基础，是公共财政保障的重点。多年来，各级政府对增加教育投入一直高度重视，先后出台了一系列相关政策加大财政保障，各地办学条件随之不断改善。近年来，泽普县投入近 1.5 亿建设教学园区，改善了全县的办学条件，还通过推进寄宿制、信息化建设等途径确保适龄儿童都能"上好学"。

（一）优化配置教育资源

2008 年，泽普县共有中小学校 72 所，其中，小学 48 所（所属教学点 42 个），中学 15 所（初级中学 12 所，高级中学 1 所，完全中学 1 所，职业高中 1 所），九年一贯制学校 3 所，县直学校 6 所。当时的教育发展面临着诸多问题：一是城乡教育发展不均衡。县城办学条件好于农村，农村中学强于农村小学，群众希望子女接受良好教育的愿望难以满足。二是教育质量整体不高。受 20 世纪 90 年代村村建校的影响，由于生源的减少，农村小学小班问题严重，很多农村学校（教学点）存在有"一点一师、一班一师、有课无师、一师多科"的问题，教育教学质量难以提高。三是办学条件整体上较差。由于学校布局点多，部分学校还存在危房，农村绝大部分小学及部分中学不具备做基本教学实验的条件，严重影响了教育教学的正常开展，不利于教育公平。基于上述情况，2008年年底，县委、县人民政府提出了"整合教育资源，实施中小学校布局大调整"战略决策。通过层层论证，反复广泛征求群众意见，2009年年初，泽普县委全委会顺利通过了《关于泽普县中小学校布局调整规划的决议》，"县办中学、乡办小学、中心村办幼儿园"的办学模式首次作为泽普教育发展方向被社会认可，教育园区建设作为中小学布局大调整战略决策实施的"开路先锋"得以顺利实施。2009年9月10日，教育园区顺利建成开学，该园区带动了乡镇原有的中学改建成中心小学，全县中小学校由原来的66所减少至23所，初步实现了中小学布局大调整目标，对全县教育的全面协调、可持续发展发挥了重要作用。

（二）全面实施寄宿制度

为解决学生就读中的实际困难，泽普县大力推进寄宿制办学。2018年，泽普县委、县政府成立了寄宿制建设工程领导小组，对全县14所农村中心小学进行改扩建，建筑总面积15140平方米，总投资3028万元，分两期进行实施：第一期建设6所学校，建设学生宿舍212间，建筑面积9124.9平方米，2019年5月底竣工并投入使用。寄宿制学校第二期工程建设8所学校，总建筑面积7956平方米，总投资1468万元，2019年9月实现应宿尽宿。

（三）加快推进信息化建设

泽普县累计投入1亿余元，用于教育装备和信息化建设。完成宽带网络校校通、优质资源班班通、网络学习空间人人通和教育资源公共服务平台、教育管理公共服务平台"三通两平台"建设，实现了校园光纤网络、教师备课电脑、"班班通"教学设备、远程直播课堂、校园安全监控、计算机网络教室全覆盖目标；充分发挥县域内示范校优势，依托远程直播课堂系统，使城乡之间、校际之间同步教学、同步教研、同步培训。先后完成了3000余名专任教师信息技术能力培训任务，将各学校"班班通"使用率调整到每周35节课以上，90%的学校具备了全校同听一节课、全县同听一节课的条件。2018年，该县又引进"学乐云"智慧教育和"中国点化"教育两个平台，在5所学校，试点推广"电子书包"课堂运用，进一步加快教育信息化建设步伐。

三、强化教学管理促进内涵发展

硬件建设是基础，内涵建设是核心，教育扶贫的成效关键还是得靠教学质量的提高。近年来，泽普县围绕"向管理要质量，靠质量求发展"的理念，不断创新管理体系，完善管理机制，使管理工作走向制度化、规范化、人性化。

（一）构建学校管理体系

泽普县制定了《泽普县县领导联系学校、班级、师生工作制度》，每名县级领导、教育局领导班子成员及各科室主任都有联系的学校、班级和师生。严格落实校长包校、班主任包班、党员教师包困难学生制度，完善中小学书记、校长等级考核办法；每年评选2—5所常规管理达标校，每学期确定3—5所薄弱学校，开展不少于15天的蹲点指导。县第一中学、第二中学积极创建自治区示范性高中，优化高中教育，提高重本上线率。严格落实职业教育课程设置，打造特色专业，采取"校企合作"、"产教融合"、"工学结合"、"定单培养"等模式，提高全县职业教育学生就业率，力争年底将职业技术高中升级为中等职业技术学校；建立了教育督导约谈、月通报及教学质量提升承诺等制度，健全乡镇（场）、教育局、学校"控辍保学"工作联动机制，重点加大对残疾儿童关心关爱，确保每名残疾儿童平等接受教育。实行县、校两级教学质量监测与评价体系，教考分离制度，完善了教学质量数据库，努力提高整体教育教学水平。

（二）强化师资队伍管理

泽普县把握教师这一核心关键，严把教师入口关，打造一支政治强、业务精、作风正的教师队伍。坚持以创新教师管理体制为动力，以建设"四有老师"队伍和全面提高师德素养和业务能力为核心；坚持多措并举补充师资，严格教师准入制度。积极推进名校名师工程，着力打造一批自治区级和地区级名校，现有自治区级名校 1 所；坚持政策保障，县财政每年拿出 100 万元专项资金，用于边远农村学校教师交通补助，县委、县人民政府每年举办教师节表彰大会，表彰一批重教支教先进单位和教育工作者及优秀教师。坚持亲情留人，感情留人，环境留人，为新聘教师建设了周转房，用于保障新聘教师住宿条件，确保新聘教师县城、学校两套住房。

四、发展职业教育提高人力素质

培训一人，脱贫一户，职业教育培训是加快脱贫致富步伐，助推精准扶贫的有效手段，是脱贫的长效机制。2015 年，习近平总书记在中央扶贫开发工作会议上的讲话中指出，脱贫攻坚期内，职业教育培训要重点做好。一个贫困家庭的孩子如果能接受职业教育，掌握一技之长，能就业，这一户脱贫就有希望了。对一个地区来说，职业培训可以提升整个地区的人力资源水平，从而达到长效脱贫的目的。

（一）以职业教育促进就业

泽普县共有职业高中一所，2020 年在校生 2682 名，学校以"立足泽普，面向南疆四县，服务新疆"的长期奋斗目标为指引，以提高职业教育核心竞争力内涵建设为基础，主动适应泽普区域经济转型升级、国家"一带一路"新疆核心区域建设及新疆"百万人就业工程"推进的社会经济需求，加大职业教育招生力度，积极开展以校企合作为主的"订单培养"模式，形成了"校企合作"办学特色，加大与北疆及上海中职院校合作，解决更多实习就业途径。

（二）以科技扶贫发展生产

泽普县各"访惠聚"驻村工作队结合实际，将农民需要的技术送到田间地头，帮助农民增收。积极开展技术培训，利用科技之冬、农业现场会、田间讲堂等向农户大力宣传种植管理技术要点，贫困村培训必须做到全覆盖，形成依靠科技致富的良好氛围。主要技术包括：冬小麦春季化除技术，小麦一喷三防技术，棉花、马铃薯、万寿菊、露地蔬菜高产栽培技术，作物病虫草害综合防治技术等；开展农业科技入户工作，农技人员每人联系农业科技示范户10户，联系一个示范基地，扎扎实实地帮助农户解决生产中的实际技术问题，提高种植水平，增加农户收入。对农技人员采取"请进来，走出去"的方法，加强知识更新和能力提升。利用科技之冬积极开展各种技术培训和现场会，每年计划12场次，受训农户3000人以上，为农业技术推广打下坚实基础。

多措并举分类施策实现精准发力

为进一步加快增收步伐，泽普县各"访惠聚"驻村工作队结合实际，鼓励引导群众大力发展庭院经济，发展特色养殖，找准脱贫门路。

近日，县农业技术推广中心驻农场古勒艾日克村工作队员正在该村村民巴拉提·阿吾提的温室蔬菜大棚里指导西红柿的种植技术。60多岁的巴拉提·阿吾提一家是地地道道的普通农民，对于温室大棚种植蔬菜，这还是头一次，如何掌控温室大棚种植技术成了他急需解决的难题。工作队结合自身工作实际，围绕惠农政策宣传，主动帮扶解困，开展技术服务，帮助各族群众提升增收技能，引导农民正确投入、科学管理、提高效益。有了工作队的帮扶指导，巴拉提·阿吾提有说不完的心里话。

农场古勒艾日克村村民克米孜汗·依斯马依力说："工作队经常过来看我，不仅给我发蔬菜苗子，还给我技术指导，很感谢他们，我们也努力，依靠双手走上致富之路。"

在赛力乡阔孜玛勒村布阿斯木·斯依提的牲畜棚圈里，乡畜牧站技术人员正在为生病的羊羔检查病源。2016 年，由政府出资给布阿斯木·斯依提一家发放了 10 只羊，帮助发展畜牧养殖，2017 年，布阿斯木·斯依提依靠棚圈建设资金扩大了棚圈建设及养殖规模，现如今，依靠党和政府的好政策以及工作队的技术帮扶，布阿斯木·斯依提一家 5 口人的生活越过越好。布阿斯木·斯依提说："党和政府给我们盖了这么好的安居富民房和棚圈，我打算通过发展养殖业提高家庭收入，脱贫致富。"

县委组织部驻赛力乡阔孜玛勒村工作队党工委书记、工作队队长胡国杰说："今年以来，我们把发展畜牧养殖业作为脱贫攻坚的重要途径来抓，特别是我们宣传教育引导群众在科学喂养上下功夫，通过邀请技术专家现场指导，特别是召开现场推进会等种种途径，增强群众科学饲养的意识，确保畜牧养殖取得更大的实效。"①

（三）以技能培训增加收入

"授人以鱼不如授人以渔"，泽普县人社局根据企业用工需求和劳动者意愿，利用"冬季攻势"和农闲时间，开设砌筑、钢筋、厨师、缝纫、美容美发、电工、焊工、木工等中长期技能培训；在培训教材上严格按照人社部门要求，及时更新教材，做到与时俱进；在培训机构管理上，引进社会培训机构，譬如 2019 年引入了喀什金桥、

① 案例均摘自泽普县《数说泽普脱贫攻坚》资料。

喀什丝路、喀什苏碧等三家培训学校参与泽普县职业技能培训工作。同时根据喀什地区职业技能提升行动实施方案要求，利用泽普县技工学校和职业高中对全县就业重点和困难群体开展职业技能提升培训、转岗转业培训、创业培训和贫困劳动力技能扶贫工作。截至目前，全县开展农村富余劳动力技能培训、基础素质培训、纺织服装企业培训、劳动密集型企业岗前培训等职业技能培训共计 171 期 6788 人，其中建档立卡贫困户 2316 人，达到培训总人数的 34.1%。

夜校班圆了求学梦

阿曼尼沙·买买提一家于 2014 年被列为贫困户，在扶贫政策的帮扶下，先后享受了安居富民房、棚圈、庭院、牛羊等各类惠民政策。为使每项惠民政策发挥实效，防止已脱贫的群众返贫，2017 年在泽普县卫生局驻村工作队的组织下，村委会开办了学习普通话农民夜校班。在得知夜校班设了畜牧养殖课程后，阿曼尼沙·买买提主动报了名，每天都为了"抢占"最好的听课位置早早来到班里。经过 8 个月的努力，她不仅能进行日常的口语沟通，还学习到了很多养殖技术，她逢人就说"是夜校班圆了自己的求学梦"。

工作队还不定期邀请畜牧保健人员对全村牲畜进行防疫检查，发放疾病防疫宣传手册，鼓励群众购买牲畜保险，尽最大的努力解决群众在养殖过程中出现的问题和疑虑。村民们非常欢迎工作队员到家中走访，可以听到很多有益于畜牧养殖的知识，村民们亲切地将工作队员称呼为"老师"。

五、普及国语教育解决交流障碍

泽普县是民族贫困县，普及国语解决了深度贫困民族地区学龄儿童在学习中面临的语言文字障碍，提升了贫困儿童的语言能力和知识技能，阻断了贫困的代际传递；并且，在家庭教育强化的背景下，学龄前儿童对国家通用语言文字的学习能激发家长学习国家通用语言文字，提升其获得并分析外界信息的能力，从而推动所有贫困家庭提升知识技能、转变思想意识，解决区域性整体贫困问题，推动深度贫困民族地区跨越贫困陷阱。

（一）各级各类学校实行全国语教学

近年来，泽普县县委、县人民政府高度重视国语教育工作，成立了以县委书记和县长任双组长，分管教育县领导任副组长，各责任部门负责人为成员的推进国语教育领导小组，研究制定了《泽普县关于推进国家通用语言文字教学工作实施方案》。在具体推进措施上，学前三年阶段，坚持教考分离制度、每周六教师分层培训制度、定期开展示范园建设现场会推进会制度；义务教育及高中阶段，坚持把教材补充、课程优化、教研改革等方面作为重点，严格落实课程课时制度、早中晚"三读"制度和周六国语教育工作制，有效提升了国语水平，为教学质量提升奠定了坚实基础。依托援疆优势，继续实施初中"教育联盟"计划，积极推进"结对帮扶、捆绑发展"办学模式和送教下乡等活动，有效发挥援疆教育优势资源作用；深入开展立体、区域、校本教研活动，建立城乡教研协作体，落实县城学校与农村学校结对机制，确保了城乡教育质量均衡提升。

国语学习小明星

泽普五中学生吾布力·沙地克说，自己幼儿园毕业后，2012年步入了小学，在小学一年级的学习生活中，每周坚持背两首古诗，一年下来背会了很多古诗；二年级学会了自己写作文；小学三年级学会了用国语演讲，并参加了学校组织的演讲比赛；小学四年级努力学习翻译成为了大家眼中"小翻译官"；小学五年级参加了县里的国语口语大赛并获得二等奖，在同一年自己又参加了夏令营，去了上海，正是由于自己的变化，让很多孩子意识到了学习国语的重要性。

（二）积极引导学龄后人群学习国语

长期以来，语言障碍是造成民族地区社会矛盾和贫困落后的重要原因，由于语言不通，少数民族群众难以深入理解国家的大政方针，缺少走出去融入更大环境的信心。基于此，泽普县委、县政府高度重视学龄后群体的国语普及，各扶贫工作队大力宣传国语学习的重要性，集思广益，通过娃娃教学、夜校等各种形式帮助少数民族群众学习国语，为他们增强信心、提升技能、增加收入打好语言基础。

国语学习助力脱贫攻坚稳步推进

夜幕降临，华灯初上，古勒巴格乡喀拉尤勒滚村村委会大院传出琅琅的读书声，农民夜校准点开课了。

工作队在入户走访中了解到村民在发展经济、改善生活水平方面愿望急切，希望通过培训掌握到农村实用技术、科学小常识等方面的知识，同时也非常迫切地希望能够提高自身普通话水平。工作队充分考虑农民群众的现实需要，结合村情实际全力办好农民夜校，坚持"缺什么学什么，需什么教什么"，为群众量身定制教学内容，课程内容丰富，有法律讲座、政策解读、农业管理技术、畜牧养殖技术等课程，但最受群众欢迎的还是普通话课程。对于村民来说，学好普通话是实现脱贫致富的基础条件，因此经过工作队和村民的一同努力，2017 年已经有 28 名学员走出夜校，考取了原油押运工上岗证，走上了工作岗位。

今年新加入工作队的干部吐尔逊江·托呼提充分发挥自身语言优势，通过了各项考核担任了班里的普通话课程老师。他合理安排课时，每天认真备课，为了让学员的普通话水平提高得快一些，他自费购买了教学软件，村民只要拿出手机扫一扫就可以免费学习普通话，就像随身带了一个好老师，大家别提多高兴了！

"我弟弟的普通话进步非常快，现在在青岛从事捕鱼工作，每个月可以赚4500元，一年下来，相当于我辛辛苦苦种上几十亩棉花嘞！最近咱们村里又有12个乡亲找到了合适的工作，他们都是在夜校短期培训后工作的，我也要加把劲了。"吐尔逊江·买买提跟村党工委书记于胜利说道。所以每天上课，吐尔逊江·买买提都坐在前排并积极举手回答问题。

六、加强思想建设提振精神面貌

习近平总书记提出，扶贫工作不仅要"富口袋"，还要"富脑袋"，"富脑袋"强调的就是思想建设。社会学研究表明，传统人文因素是贫困地区自然生态环境衰退的重要原因，要改变贫困地区就要提高贫困地区人口的素质、改变传统落后的思想观念。近年来，泽普县充分发挥教育的工具作用，坚持以习近平新时代中国特色社会主义思想为指导，以培育和践行社会主义核心价值观为根本，以提高公民文明素质和城乡文明程度为核心，以群众性精神文明创建为突破口，立足工作实际，聚焦问题短板，创新活动载体，完善体制机制，使得人民群众的精神面貌日益正面向上。

（一）各级各类学校强调德育教育

泽普县坚持把正确的政治方向、价值导向贯穿到立校办学、育人育才全过程，始终围绕"为谁培养人、怎样培养人、培养什么样的人"的政治命题，进一步完善了党组织领导下的校长负责制；牢固树立社会主义核心价值观，坚持把德育教育与中国传统文化、校园文化活动相结合，并坚持以"三进两联一交友""民族团结一家亲"活动为契机，构建全社会、全过程育人机制，有效促进了学生良好行为习惯和"五个认同"的养成。大力开展德育示范校创建工作，全县中小学县级德育示范校创建率为 100%，地区级德育示范校 11 所，自治区德育示范校 4 所。

（二）学习党的十九届五中全会精神

泽普县委宣讲团通过视频宣讲、入户宣讲等方式给全县干部、群众、贫困户大力宣传党的十九届五中全会精神，宣传有关惠民政策和身边脱贫致富故事，持续提高贫困群众对党的各项政策的知晓率并激发内生动力。截至 2021 年初，开展宣讲共 7499 场次，宣传教育干部群众 469706 人次。

（三）宣传扶贫政策提振扶贫信心

泽普县通过政策宣讲、媒体宣传、典型传播、入户动员、网络直播等方式多渠道宣传党的扶贫政策。在全县开展宣讲活动，宣传党的惠民政策，讲解近年来泽普县取得的新成就、对口援疆工作的新局面，引导广大干部群众树立"我能行"主体意识，2020 年共开展宣讲活动 1908 余场次，参与的干部群众达 9.54 万人次；通过广播、电视、网络等渠道，及时向贫困群众介绍扶贫政策、传递市场信息，帮助贫困群众扶志扶智，增产增收。组建 502 人的网络宣传员队伍，依托网络宣传员微信朋友圈，每天统一按照地委宣传部发布的宣传指令及时转发脱贫攻坚重要宣传稿件；围绕就业扶贫，以依克苏乡塔尕尔其村村民布祖热·热孜克为原型制作《走出家门就业，迎接幸福生活》微视频，选取县委宣讲团、波斯喀木乡、古勒巴格乡、依克苏乡、图呼其乡、阿克塔木乡、阿依库勒乡、布依鲁克乡等乡镇政治素质强、宣讲水平高的优秀宣讲员，精心策划制作微视频 10 部，大力宣传 2019 年荣获自治区和地区脱贫攻坚奋进奖的 7 个先进个人及 4 个脱贫致富先进个人的典型事迹；对贫困户开展面对面宣传教育，消除群众"等、靠、要"思想，增强群众脱贫动力和脱贫自信，形成脱贫攻坚的强大合力，入户走访宣传 2.1 万余次；开展网络直播助农活动 2 场，直播带货 170 余万元（首次 52.3889 万元，第二次 120 余万元），同县融媒体中心联合制作直播助农活动海报、推介视频，提前通过泽普零距离、"劳道泽普"抖音号及 502 名网宣员、1200 名网评员朋友圈进行发布预热，广泛宣传动员，为直接取得经济效益奠定了基础。

第三节　教育扶贫的成效

长期以来，泽普县紧紧围绕"扶贫先扶智，扶智靠教育"的理念，始终把教育放在优先发展的战略位置，把办好人民满意的教育作为最大的民生工程，通过控辍保学、加大投入、强化管理、重视技能、普及国语、关注思想、对口交流等措施使得教育事业稳步发展，教育扶贫的功能也日渐凸显。

一、控辍保学成效突出

近年来，泽普县把控辍保学作为教育扶贫工作的重中之重，经过各级领导部门的长期努力，目前，泽普县学前、义务教育、高中教育入学率均达到 100%，真正实现一个都不能少。同时，泽普县教育局党委始终围绕为群众、为师生排忧解难这一关键，反复调查研究和论证，并在县委、县政府的大力支持下于 2019 年 11 月 3 日正式成立特殊教育学校，学校占地面积 9695 平方米（与县儿童福利院合院），实际建筑面积 4666 平方米，在校 7—15 周岁三类残疾儿童共 112 名，开设 6 个班，并配备 10 名教师。目前，特殊教育学校书声琅琅，办学氛围良好，孩子们享受到优质的教育资源，使家长放心、社会满意。

二、硬件设施极大改善

（一）学前教育应建尽建

为满足孩子入园需求，自治区提出幼儿园"应建尽建"目标，2016 年泽普县改扩建 9 所农村幼儿园，2017 年新建、改扩建农村幼儿园 30 所，共计投入资金 1.5 亿元，目前泽普县共有双语幼儿园 77 所，县直 6 所，乡镇中心园 15 所，村级园 56 所，学前三年入园率达到 100%。此外，所有幼儿园全部按照幼儿保育教育工作规范标准和相关要求，配齐配全幼儿学习、生活、玩耍、安全等各类必需的国语教育、保育和生活设施、设备、器材器具，为幼儿提供规范安全的双语教育及保育生活，使全县幼儿实现了在家门口上学的愿望。

（二）中小学实现"六化"目标

近五年来，泽普县累计投入 15 亿多元，完成义务教育学校标准化建设和教育均衡发展，建成泽普教育园区，于 2013 年完成了县办中学、乡办中心小学的教育布局大调整，使得泽普县的中学缩减至 8 所（初级中学 4 所，普通高中 3 所，职业高中 1 所），实现了所有的中学生在县城就读，促进了教育公平，并极大地改善了教学条件，园区所有的学校均配有一流的语音室、多媒体室、音乐室、电脑室、多功能厅、实验室、电子备课室等，有良好的寄宿条件和学生食堂，办学条件在全喀什地区乃至全疆都是一流的。另外，为了有效地利用资源，泽普县在原来初中校舍的基础上改造翻修建成了中心小学，泽普县目前共有小学 20 所（教学点 38 个），目前全县实现了义务教育学校建设标准化、教育装备现代化、运动场地塑胶化、校园信息网络化、校舍供热地暖化、食堂宿舍配套化的"六化"目标。

（三）职业高中对口新建

泽普县目前共有职业高中一所，位于距县城 22 公里处的奎依巴格镇工业园区内，是上海市援建项目，2012 年 9 月投资建成，现有学生 2500 名，该校占地面积 9.5 万平方米，建筑面积 3 万平方米，主要包括 1 栋 7 层教学楼、1 栋办公楼、1 栋就业综合服务楼、图书馆及报告厅、2 栋 2 层实训厂房（1 栋计算机和装修、水电工实训，1 栋为汽修、机电、裁缝、手工艺）和 3 栋 5 层学生宿舍及 1 栋 2 层食堂，总投资 1.02 亿元，该职高的建成对于泽普县职业教育发展发挥了重要作用。

三、办学质量群众满意

（一）师资队伍水平提升

"百年大计，教育为本；教育大计，教师为本"，教师是立教之本，兴教之源，是孩子们的铺路石和筑梦人。近年来，泽普县通过县聘、自治区特岗招聘和定向师范生委培等途径补充师资，建立健全选拔培养机制，每年开展教坛新秀、教学能手、学科带头人评选活动，实施教师梯级发展培育工程，做好"一师一优课、一课一名师"晒课与推优工作，目前全县共有专任教师 3501 名，其中自治区级名师 5 名，地区级名师 20 名，县级名师 99 名，县级骨干教师 245 名，教坛新秀 494 名，基本形成自治区、地区、县级优秀教师梯队。

（二）学前教育快速发展

过去很多年，泽普县学前教育事业发展速度缓慢，教学设备落后，幼儿教师保育水平低，2016 年前，只有城市的幼儿基本满足入园，农村孩子入园率不足 50%。从 2016 年至今，泽普县累计投入资金 8195 万元，新建改扩建 30 所乡村幼儿园，建筑总面积 40956 平方米，每所幼儿园内都设有音体活动室、美术室、图书室、标准食堂等，为小朋友们创设了舒适、安全的室内外环境，同时还为幼儿提供丰富的营养餐，为幼儿健康成长奠定良好的基础。在硬件条件不断改善的同时，幼儿园的老师们还通过校园文化建设、专业素养提升等方式不断加强"软件"建设。现如今，在泽普县，一座座幼儿园像花朵一样盛开在乡村，一幅幅靓丽的墙画、造型各异的卡通人物、精致的手工制品让整个校园充满了童趣，孩子们快乐地在幼儿园学习生活。

美好不缺席，陪伴有惊喜

幼儿教育越来越备受家长重视，为实现"家·园"教育同步，让家长更多地了解孩子在幼儿园学习、生活情况，使家庭与幼儿园能够共同携手促进孩子的健康成长。近日，泽普县第五幼儿园开展了家长开放日活动，让家长走进幼儿园，走进课堂。

活动中带领家长们近距离地了解了幼儿园班级 6S 管理系统模式、幼儿园区域活动情况和各班教学活动开展情况。老师们以情境化、游戏化的形式给孩子们营造一个良好的国语学习氛围，让孩子们在游戏中学习并使用国家通用语言，以此来提高孩子的国语水平。活动寓教于乐，也充分体现了幼儿园的"乐"文化，也体现了孩子的主题参与性。同时把尊重孩子、相信孩子、给孩子操作探索的机会等宝贵经验和教育观念传递给家长。

家长开放日，是家长、老师、幼儿间的一次亲密接触，不仅让家长更多、更全面地了解到孩子在幼儿园的生活、学习情况，也让家长在一个个细微的环节中深刻地感受到老师的辛劳和对孩子满满的爱，同时也对幼儿园的工作有了新的认识。有效增进了"家·园"之间的沟通力度，拉近了幼儿园与家长的距离，统一幼儿教育理念，为"家·园"共育搭建起了交流的提升平台！

（三）中小学教育全面开花

2009年布局大调整之后，泽普县的中小学教育进入内涵建设阶段，通过科学管理以及师资队伍建设等方式，泽普县的中小学教育质量稳步前进，在2018年喀什地区教育质量检测中，泽普县所有学科所有年级排名第一，教育质量平均分超出喀什地区平均分19.5分。除了重视学业成绩，泽普县的教育部门始终把德智体美劳全面发展的文化人作为培养目标，加强德育、法制教育，组织参与各类文艺活动，既培养了学生们的才艺，又通过主题活动增强了学生们的爱国情怀。

泽普县中小学生参加"我爱祖国家乡美"书画展活动

2019年12月，泽普县教育系统组织各中小学学生前往叶尔羌河民俗博物馆开展研学，并参观"我爱祖国家乡美"书画展，让学生通过了解叶尔羌河悠久的历史和深厚的文化，培养对家乡、对祖国的热爱之情。

在参观"我爱祖国家乡美"书画展时，学生们被展出作品中对祖国的热爱，对家乡的热爱之情深深感动，纷纷表示要勤奋学习，用自己的所学来建设富强的祖国，建设美丽的家乡。

通过此次参观活动，学生们不仅受到了历史文化的熏陶、获得了艺术享受，而且受到了深刻的爱国主义教育，更好地激励学生树爱国之心，立报国之志。

（四）职业教育促进就业

近年来，泽普县职业高中通过积极探索与行业协会、规模企业的合作办学机制，试点与推行合办班、委托订单班、企业员工委托培训班等各类人才培养的合作办学模式，增强了办学和服务双主体的积极性；积极探索引进社会力量参与教学过程，共同开发课程和教材等教育教学资源，及合作提供各类服务保障的机制，扩大优质教育资源，增强办学活力，提高办学效益；深化校际合作、校企合作、学校与行业合作，扩大优质教育资源，深化和引进县域内行业、企业对人才培养的指导、评价和服务机制，促进人才培养模式改革。近五年来，学校举办各类培训 38 期，累计有 8453 人参加了各类实用技能培训，累计为泽普培养技能毕业生 2000 余名，有效促进了地方经济的发展，助推了脱贫攻坚，缓解了社会用工压力。

幸福的忙碌

2019 年 6 月 20 日，泽普县职业高中召开了 2019 届毕业典礼暨校企供需现场招聘会，共邀请 50 余家企业单位进行校园招聘，全校师生及企业代表参加了招聘会。

在招聘会现场，各个企业展位前人来人往，同学们结伴带着自己的求职目标寻找满意的企业，有求职意愿的同学仔细了解企业的招聘信息，对职位、薪酬进行比较，企业招聘人员也积极介绍企业经营状况以及聘用待遇等，同时耐心地为求职者解疑释惑；不少同学通过了解对比，最后找到了心仪的岗位，在现场就与用人单位达成了应聘意向。

县职业高中学生古丽米热·买买提说："我今年毕业了，学校为我们举办了招聘会，在这里我咨询了很多企业，最后我还是选择了泽普县幸福服装有限公司，我今天特别高兴，因为找到了一份属于自己的稳定工作。"

"今天的招聘活动也非常丰富，目前为止有意向参加我们上海产业园泽普分园的学生有80多名，我们产业园陆续有更多的管理岗位和就业名额，将以当地的学生为主，希望今后有大学毕业的大学生踊跃加入我们泽普呼叫中心进行就业。"上海呼叫产业园泽普分园业务主管努尔买买提说。

四、内生动力明显增强

（一）脱贫志气日益高涨

"扶志"是教育扶贫的重要内容，是改变贫困群众"等、靠、要"思想有效途径。近年来，泽普县高度重视宣传教育工作，通过各种形式向困难群众讲解党的惠农政策、扶贫政策，挖掘脱贫中的典型案例，为精准扶贫各项工作树立"比、学、赶、超"的榜样，让贫困群众深入了解党的政策，真真切切感受到党的关怀，对脱贫致富激发更大的信心。

内生动力促脱贫

4月30日，在自家的核桃树地里，查看核桃树的努尔艾合买提·买买提笑得很开心："看今年的情形，核桃肯定又会丰收！"

"去年10亩核桃地赚了2.6万元。"努尔艾合买提说，"把好政策留给更需要的人吧！"今年年初，努尔艾合买提与家人一合计，决定不再申请低保了。

今年25岁的努尔艾合买提是泽普县赛力乡乌鲁克艾日克村村民，以前因家庭困难，一家人挤在一栋墙壁开裂、四面透风的土坯房里，他日思夜盼改变家里的贫穷面貌。

扶贫先扶志，激发群众脱贫内生动力。"访惠聚"驻村工作队的帮扶让努尔艾合买提对脱贫致富充满希望。他说："苦点累点不觉得什么，我一定要争气，不能再辜负党和政府及各级干部的帮助了。"

套种核桃树、代管棉田、摘棉花……努尔艾合买提铆足了劲，一心要甩掉"穷帽子"。

努尔艾合买提家种核桃树时间并不长，过去种小麦、玉米，每亩纯收入不过几百元，套种核桃树后，随着核桃树进入盛果期，收入一年比一年高，10亩核桃地给他带来了可观的收入。"我们核桃地一般套种小麦，去年一亩核桃收入2600元，今年肯定比往年高。"努尔艾合买提高兴地说。

"自从种了核桃树以后，村民就富裕起来了，现在不仅住进新房，很多人还买了汽车。核桃树让我们的生活变了样！"赛力乡乌鲁克艾日克村党支部副书记吐鲁甫·肉孜高兴地说，"全村4200亩耕地，核桃、红枣分别就有3600亩和400亩。"

"我们一家五口，10 亩地的收入不算，我和爸爸给人代管120 亩棉花田，仅半年，管理费就是 2.16 万元。弟弟在县城做协警，一个月 2200 元。去年秋季去岳普湖摘棉花，我们两口子两个月就挣了 1.9 万元。"努尔艾合买提激动地说，"党的好政策给我们家带来了好生活。"

这些年，随着安居富民工程的推进，努尔艾合买提一家与全村 286 户村民一起住进了规划有序的新房，家家户户不仅用上了水、电、气，还走上了柏油路。健身广场、村民大舞台等也让村民过上了城市人的生活。

"有党的好政策，坚信我们的日子会越来越好。"努尔艾合买提对未来更加美好的生活充满了期待。

（二）技能增收成效明显

农业技术不高、职业技术欠缺是制约农民增收的重要原因，为了从根本上解决贫困问题，泽普县各工作队根据贫困户的具体情况，积极开展农业技术培训，解决他们的种植、养殖难题，帮助其提高产量促进增收；另外，工作队结合贫困户的意愿，为其提供职业技能培训，确保人人掌握一门技术，在农闲季节增加其他收入。通过技术培训很多困难群众不仅成功脱贫，还走上了创业致富的道路。

从"懒汉"到致富能手的华丽转身

买合苏提·吾守尔原本是村里出了名的"懒汉"，"好吃懒做、游手好闲"是阔孜玛勒村村民对他的评价，半年前的他，还在村委会申请当贫困户呢。

扶贫先扶志，县委组织部驻赛力乡阔孜玛勒村工作队在了解到这一情况后，通过每天入户宣讲，给群众讲实例、"帮带学"等形式，彻底改变了买合苏提·吾守尔从"坐等扶贫"到"主动脱贫"的思想，鼓励他参加村里组织的技能培训班，提高其就业内生动力。

工作队副队长钮玉帅说："没有内在动力，仅靠外部帮扶，帮扶再多，也不能从根本解决问题，只有让他们通过辛勤劳动来实现增收，才能尽早脱贫致富。"

经过近3个月的技能培训学习，拿到职业技能证书的买合苏提·吾守尔有了开一家电器维修店的想法。有了想法，工作队便在村委会五小工程旁选址建修理铺，并带头捐款帮他购买维修设备，提供资金和技术支持。

买合苏提·吾守尔说："在工作队的帮助下，我开了这家维修店，每天可以收入200元左右，现在我的生活条件改善了，感谢工作队，感谢党的好政策。"

开业不到半年，买合苏提·吾守尔的电器维修店生意异常火爆，检测、焊接、更换零配件，前来维修电器的群众络绎不绝，繁忙的劳动并没有让买合苏提·吾守尔感到疲惫，脸上的笑容反而比以前更多了。

买合苏提·吾守尔说："以前我们家很穷，生活条件不好，村里人都看不起我。没想到，我会像现在一样靠双手致富，改善生活质量。"

现如今，买合苏提·吾守尔通过经营电器维修店，短短几个月的时间，纯收入就已经达到近2万元，家庭生活条件也发生了质的转变，成为了村里典型的致富带头人。

"幸福的生活都是奋斗出来的"，驻村工作队通过实施"私人订制"技能培训脱贫计划，变"输血式"扶贫为"造血式"扶贫，按照"一户一人"就业目标，激发群众脱贫内生动力，现如今，赛力乡阔孜玛勒村呈现出主动退出低保的新气象，唱响了靠自己的双手创造幸福生活的主旋律，从根本上达到共同致富的目标。

第四节　教育扶贫的经验总结

一、始终坚持教育扶贫优先发展

习近平总书记曾指出："贫困地区教育事业是管长远的，必须下大气力抓好。"解决民族地区的贫困问题不仅要在经济资源上进行帮扶资助，更重要的是在教育资源方面倾斜帮助。通过改善民族地区的教育现状，提升民族地区的教育水平，帮助教育文化水平低、缺乏技能的贫困群众实现个人发展，提升民族地区群众的"造血"能力。[①]

近年来，泽普县委、县政府始终把教育事业的发展放在优先位置，在全县财政经费有限的情况下依然投入大量资金用于教育基础设施建设，切实改善办学条件；高度重视教育扶贫工作，坚持教育局和全县各学校党政一把手"双组长"负责制，研究制定了《泽普县教育扶贫工作实施方案》，充分发挥局党委牵头抓总作用，实行学校主要领导扶贫目标责任制，每月召开一次教育扶贫专题会议，对照目标任务，不断完善工作措施，推进教育扶贫各项措施落到实处。

二、加快推动城乡义务教育一体化

义务教育是教育工作的重中之重，是国家必须保障的公益性事业，是必须优先发展的基本公共事业，是脱贫攻坚的基础性事业。党的十九大报告明确指出，要"推动城乡义务教育一体化发展"，改变城乡义务教育二元结构，提升农村义务教育办学条件和办学质量，促

[①]　羌洲、曹宇新：《民族地区教育扶贫的经验启示》，《甘肃社会科学》2019 年第 3 期。

进教育公平。

近年来,泽普县开拓创新,投入大量人力、物力、财力建成教学园区,"实现县办中学、中心村办小学"的教育新格局,极大地改变了过去农村义务教育办学条件差,教育质量不高的问题,促进了城乡义务教育资源共享。另外,泽普县还通过信息化建设、优秀教师农村支教等形式确保农村小学的孩子也能享受到优质的教育资源,可见,坚持城乡义务教育一体化发展是泽普县教育质量名列全疆前茅的重要原因。

三、积极动员多方力量参与教育扶贫

教育扶贫的双重属性决定了教育扶贫是一项系统工程,仅靠教育部门单打独斗是难以出成效的,同时,教育扶贫又是一项投入较大的持续性事业,仅靠贫困地区的一己之力也是难以完成的。因此,要做好教育扶贫工作就必须协调好农业、人社、文化、宣传等各部门力量,通过发达地区的支援帮扶,形成有效合力。

近年来,泽普县各部门相互协作,抓好宣传工作,提振脱贫信心,重视文化惠民,培育农村文明新风尚,强化技能培训,增加农民收入,切实做好"扶志"、"扶智"工作。另外,来自上海市闵行区和白碱滩区的对口帮扶也促进了该县与外界的相互交流,改善了办学条件,提高了教学质量,有力推动了泽普县教育事业的快速发展。

四、切实保障教育扶贫与地区稳定协调发展

"坚持精准扶贫,倒排工期,算好明细账,决不让一个少数民族、一个地区掉队",是习近平总书记2015年3月8日在人代会期间参加广西代表团审议时,对民族地区扶贫做出的重要指示。我国民族贫困地区多处于偏远地区,自然环境恶劣,有着不同于一般贫困地区

的特殊困难：长期远离中心市场和消费者群体造成的市场意识薄弱，资金和人才的缺乏使得先进产业难以发展，传统生活方式惯性大导致社会发育程度低，语言、风俗等传统观念使其难以适应现代文化，宗教关系复杂，境外敌对势力渗透严重，等等。

面对民族扶贫的特殊难题，教育是解决这些难题的突破口与关键点，是进一步推动实现民族地区精准扶贫，打赢脱贫攻坚战的题中之义。近年来，泽普县通过教育扶贫加强了与外界的交流与互动，提升了地区的人力资本和生产能力，普及了更加健康、现代的生活方式，促进了地区的社会进步。另外，泽普县还通过普及国语，促进了民族之间的交融，增强了民族群众融入更大环境的信心和能力，维护了地区的民族团结以及社会和谐稳定。

第七章

环境改善达宜居

改善农村人居环境是实施脱贫攻坚、乡村振兴战略的重点任务，事关全面建成小康社会，事关广大农民根本福祉，事关农村社会文明和谐。自 2015 年以来，泽普县认真贯彻落实县委扩大会议精神和县委、县政府重大决策部署，紧紧围绕社会稳定和长治久安，持续改善民生，坚持把农村安居工程作为打赢脱贫攻坚战的重要内容，加快实施农村人居环境整治助力乡村振兴战略，大力推进安居工程建设，把安居富民工程建设与脱贫攻坚有机结合，切实把"安居富民"的民生工程建成各族农民群众看得见、摸得着的"得民心工程、惠民生工程、促民安工程"，助力全县打赢脱贫攻坚战。

第一节 人居环境改善概述

一、人居环境改善的政策背景

农业强不强、农村美不美、农民富不富，决定着全面建成小康社会的成色和社会主义现代化的质量。美丽乡村是指中国共产党第十六届五中全会提出的建设社会主义新农村的重大历史任务时提出的"生产发展、生活宽裕、乡风文明、村容整洁、管理民主"等具体要求。建设好生态宜居的美丽乡村，就是让广大农民在乡村振兴中有更多获得感、幸福感。时任农业农村部部长韩长赋谈到农村人居环境整治时提到，"良好的人居环境是广大农民的殷切期盼，保护好绿水青山和田园风光，留住独特的乡土味道和乡村风貌，是乡村振兴的当务之急。要大力推进农村人居环境整治，推动水、电、路、气、房、讯等基础设施向农村去延伸倾斜，给农民一个清新洁净的美好家园。"

2018年5月7日，新疆自治区党委办公厅、自治区人民政府办公厅印发《自治区农村人居环境整治三年行动实施方案》，提出推进农村生活垃圾治理、开展厕所粪污治理、逐步实施农村生活污水治理、全面改善村容村貌、加强村庄规划管理、完善建设和管护机制几个重点任务。

2018年12月29日，中央农办、农业农村部等18个部门联合印发了《农村人居环境整治村庄清洁行动方案》，提出针对当前影响农村环境卫生的突出问题，广泛宣传、群策群力，集中力量从面上推进农村环境卫生整治，掀起全民关心农村人居环境改善、农民群众自觉行动、社会各界积极参与村庄清洁行动的热潮，重点做好村庄内"三清一改"，同时提出清理农村生活垃圾，清理村内塘沟，清理畜禽养殖粪污等农业生产废弃物，改变影响农村人居环境的不良习惯等行动内容。

2019年中央"一号文件"："扎实推进乡村建设，加快补齐农村人居环境和公共服务短板"，明确把"抓好农村人居环境整治三年行动"列为今明两年全面建成小康社会决胜期必须完成的硬任务之一。文件指出，抓好农村人居环境整治"三农"行动、实施村庄基础设施建设工程、提升农村公共服务水平、加强农村污染治理和生态环境保护、强化乡村规划引领。全面推开以农村垃圾污水治理、厕所革命和村容村貌提升为重点的农村人居环境整治，确保到2020年实现农村人居环境阶段性明显改善，村庄环境基本干净整洁有序，村民环境与健康意识普遍增强。实施村庄基础设施建设工程。推进农村饮水安全巩固提升工程，加强农村饮用水水源地保护，加快解决农村"吃水难"和饮水不安全的问题。全面推进"四好农村路"建设，加强村内道路建设，完善县乡村物流基础设施网络。

新疆维吾尔自治区住房和城乡建设厅《关于下达 2019 年自治区农村安居工程计划任务的通知》（新建村〔2019〕17 号），提出 2019 年度自治区农村安居工程建设任务，第一，层层分解落实年度任务，明确工作目标，制定实施方案，分解建设任务，确保建房任务和补助资金精确到村、精确到户、精确到人；第二，严格工程质量安全管理和农户建房面积，落实自治区住房城乡建设厅《关于进一步明确农村建档立卡贫困户等 4 类重点对象建房面积的通知》（新建村函〔2019〕23 号）精神，2019—2020 年 4 类重点对象建房面积，必须严格控制在 40—60 平方米以内，确保一户不超，真正达到"住房安全有保障"的标准和要求，坚决杜绝增加财政、农户负担现象发生；第三，认真落实资金管理相关规定，严格执行《自治区农村安居工程补助资金管理办法》（新财建〔2018〕377 号），规范农村安居工程建设补助资金管理和使用，及时足额将补助资金支付到农户"一卡通"账户；第四，强化农户档案管理，按照自治区统一安排部署，组织做好本地农村安居工程建房农户档案信息录入工作，各地住房和城乡建设部门要认真执行《自治区农村安居工程农户档案管理和信息填报工作制度》，按照建房农户纸质档案清单，切实做好农户纸质档案建立、完善、归档工作，实现行政村"一户档"档案完备、乡镇和县市有备案；第五，加大惠民政策宣传力度，充分利用广播、电视、网络、报纸等媒体，广泛开展内容丰富、形式多样，群众喜闻乐见的宣传活动，大力宣传自治区农村安居工程惠民政策，进一步加大《自治区脱贫攻坚农村安居工程建设宣传手册》发放力度，力争本地所有农村建档立卡贫困户等 4 类重点对象户均 1 册。

2018 年 10 月，喀什政府关于印发《喀什地区 2018 年推进新型城镇化建设重点任务》的通知中提到，加快农村人居环境整治。印发实施《喀什地区农村人居环境整治三年行动实施方案》。推进农村生活垃圾治理，完成 20% 乡镇和行政村（34 个乡镇、467 个行政村）

生活垃圾治理任务，推动农业有机废弃物无害化处理和资源化利用。落实《自治区农村厕所革命实施方案》，印发实施《喀什地区农村改厕工作实施方案》，加快推进农村改厕工作。开展厕所粪污治理，建设畜禽养殖废弃物资源化利用工程。实施农村生活污水治理，根据国家和自治区部署要求，加快推进农村饮用水水源保护区或保护范围划定工作，落实禁养区、限养区规模养殖场的"关停搬迁"工作，加强生活污水源头减量和尾水回收利用，提高农村污水处理水平，确保达标排放。继续开展城乡环境卫生整洁行动。开展乡村公共空间和农户庭院环境整治，改善乡村环境。积极申请历史文化名镇名村，加大传统村落民居和历史文化名镇名村、古树名木保护力度，建立传统村落档案，实施传统村落挂牌保护制度。

二、人居环境改善的基本情况

农村人居环境改善是一项重大民生工程。2014 年 5 月 16 日，国务院办公厅印发《关于改善农村人居环境的指导意见》提出到 2020 年，全国农村居民住房、饮水和出行等基本条件明显改善，人居环境基本实现干净、整洁、便捷，建成一批各具特色的美丽宜居村庄的要求。在基本生活条件方面，保障农民居住环境，涉及加快推进农村危房改造，推进农村饮水安全、道路硬化、居民用电、公共照明设施、减灾防灾设施等内容。在村庄环境整治方面，加快农村环境综合整治，重点治理农村垃圾和污水。推进规模化畜禽养殖区和居民生活区的科学分离，推进农村清洁工程和农村家庭改厕工程。积极稳妥推进农村土地整治，加强村庄公共空间整治。在稳步推进宜居乡村建设方面，需加强对村域的规划管理，保持村庄整体风貌与自然环境相协调。

泽普县位于新疆维吾尔自治区西南部，昆仑山北麓，塔克拉玛干沙漠西侧，叶尔羌河与提孜那甫河冲积扇中上部，绿洲面积占比

86.3%，森林覆盖率 40.83%，气候干燥，降水量少，日照时间长，是典型的沙漠绿洲地貌。在人口居住环境方面，由于南疆的冬天气候干燥寒冷，城区的老百姓家里都有统一暖气供暖，农村的老百姓取暖只能依靠自己烧煤或改装天然气、电供暖等。要想改善居住环境，道路供水供电是当务之急，暖气设备也必不可少。在城乡基础设施环境方面，受经济条件限制，泽普县农村的人居环境之前并不是很好，"一个土坑两块砖，三尺土墙围四边"，可能过去走在农村，第一感受就是卫生环境差，尤其是厕所卫生尤甚，环境恶劣加上基础设施不完善，导致迫切需要推行农村面貌改造提升行动。

经过人居环境整治的相关活动举措，泽普县在全面推动城乡人居生态环境建设方面收获巨大成就，2012 年新疆泽普叶尔羌河国家湿地公园获得国家批准建设，2013 年金湖杨国家森林公园成为南疆首个 5A 级景区。县域内目前有自治区级森林公园 1 处（泽普县法桐森林公园），2013 年入选国家园林县城，2014 年入选新疆维吾尔自治区生态文明建设创建试点示范区，2018 年重新确认国家卫生县城（乡镇），先后荣获全国生态文明示范县、全国人居环境范例奖、"四好农村路"全国示范县等殊荣。这充分体现了泽普全县环境正在改变，争比整洁的好风气正在形成。

实施乡村振兴战略是一项系统工程，不仅要求经济繁荣、社会发展，而且要求环境优美、生态宜居。少数民族农村人居环境的治理既是民族团结、民族共同繁荣的要求，也是传播和弘扬少数民族优秀文化，繁荣多元文化的需要，更是社会稳定、国家发展的需要。[1] 整洁的村容村貌是农民热切的盼望，随着经济社会的不断发展，打造整洁、有序的居住环境，有利于少数民族群众不断适应汉族生活方式，提高生活品质，提高少数民族群众生活质量，进一步提升村民的获得感和幸福感，为民族团结奠定基础。

---

[1] 王晨：《少数民族地区农村人居环境治理研究》，云南大学 2017 年硕士论文。

第二节　人居环境改善的主要举措

泽普县积极贯彻落实习近平总书记"建设美丽新疆、共圆祖国梦想"的要求，以建设美丽宜居乡村为导向，以农村垃圾、污水治理和村容村貌提升为主攻方向，广泛动员各方力量，整合各种资源，强化完善各项举措，加快补齐农村人居环境突出短板，促进城镇基础设施向农村延伸、基本公共服务向农村覆盖，全面改善农村生产生活生态环境，为建设天蓝地绿水清的美丽新疆，如期实现全面建成小康社会目标打下坚实基础。

一、住房建设：安居为本加强保障

安居富民工程作为泽普县的重点民生工程、民心工程，事关广大农民最现实、最直接的利益，一直以来，按照地委、行署、前指的统一部署和要求，泽普县认真组织、全力推进、狠抓落实，大力推进安居工程建设，切实把安居工程建成各族农民群众看得见、摸得着的"得民心工程、惠民生工程、促民安工程"。泽普县以杂居混居推动生活嵌入，构建社会共同体。进一步加强对《民族区域自治法》、《新疆维吾尔自治区民族团结进步工作条例》等相关知识的学习宣传，引导各族干部群众维护好、发展好民族团结的大好局面，为嵌入式居住奠定坚实的基础。依托乡乡都有汉族村组优势，积极打造30个汉族村（队）和县城56个居住小区嵌入式居住模式样板。结合脱贫攻坚、美丽乡村和安居富民房建设，引导各族群众聚居在一起。

（一）推动安居建设，共创美丽家园

贫困人口脱贫要达到"一超过、两不愁、三保障"，住房安全有保障就是其中一项重要指标，泽普县聚焦脱贫攻坚，坚持以农村安居工程建设为切入点，按照"新村新貌、老村新貌、原址新建、旧址改造"的模式，有序推进农村安居房建设工作，充分尊重人民群众的意愿，设计多样户型，坚持质量把控，确保住房质量，保障工程顺利进行，让农民住上抗震舒适宜居的新房。

1. 统一规划，整村推进安居建设

泽普县农村总户数 38905 户，坚持规划先行，将安居富民工程与县域、乡镇整体发展规划相结合，凸显民族特色、赋予现代个性，国土、城建、财政、计划、公安、司法、电力、电信、广播电视等职能部门各司其职，在用地指标、规划设计、行政审批、执法检查、宣传引导等方面协调运作，提供指导、帮助和服务。

各部门、各乡镇依托乡村规划修编，根据各村的自然环境、资源条件、历史情况、现状特点，组织人力综合布置农村居民点建设规划，使农村居民点建设有章可循，避免了农村居民点建设的随意性，为居民点房屋建设提供必要的前提条件。邀请上海实力最强的规划团队——上海城市规划设计研究院完成了全县 136 个行政村的规划编制，实现了行政村规划全覆盖。完成全县 100% 村、组、农户建设规划；房屋及配套建设 100% 由县规划部门放线。

2. 尊重民意，做好工程质量监督

泽普县共规划 193 个连片建设点，2018 年结合扶贫攻坚整体部署，突出解决贫困户的住房问题。针对贫困户家庭经济能力有限的情况，在广泛征求农民群众意愿的前提下，安居办按照"新房屋、新设施、新环境、新农民、新风尚"的要求，设计了 40—125 平方米面积不等、造型美观、功能齐全的户型设计方案，供建房户选择，最大限度满足建房户的不同需求。

附件: **2019年自治区农村安居工程建设计划任务表**

序号	地县名称	合计	一般户	4类重点对象（户）			
				建档立卡贫困户	低保户	农村分散供养特困人员	贫困残疾人家庭
十二	喀什地区	90482	79136	11346	2436	8831	79	0
72	*喀什市	8777	7958	819	120	695	4	0
73	*疏附县	3236	2695	541	72	461	8	0
74	*疏勒县	11391	9492	1899	415	1474	10	0
75	*英吉沙县	2916	1428	1488	1225	260	3	0
76	泽普县	551	370	181	7	173	1	0
77	*莎车县	15668	14753	915	140	768	7	0
78	*叶城县	17074	14361	2713	141	2538	34	0
79	*麦盖提县	6165	5943	222	2	220	0	0
80	*岳普湖县	5299	4533	766	124	639	3	0
81	*伽师县	9511	8909	602	100	502	0	0
82	*巴楚县	9894	8694	1200	90	1101	9	0
83	*塔县	0	0	0	0	0	0	0

图1 喀什地区2019年自治区农村安居工程建设计划任务表

2019年，坚持实用性与美观性、特色性相统一，针对贫困户家庭经济能力有限的情况，在广泛征求农民群众意愿的前提下，按照"新房屋、新设施、新环境、新农民、新风尚"的要求，设计了从50平方米到125平方米13种不同模式的造型美观、功能齐全的户型图（包含卫生间），供建房户选择，最大限度满足建房户不同需求（四类重点对象建房面积40—60平方米）。力求功能齐全，户型美观，通过统一规划设计、相对集中建设，壮大了安居点规模，为乡村基础设施配套、居民点社区化、网格化管理创造了有利条件。

在建设过程中，始终坚持把质量作为安居富民工程建设的生命线，毫不放松。泽普县严格落实安居富民工程质量"十严禁"，不断强化质量监管，有效推进安居富民工程质量监管工作。积极引导建房户采用县统一设计印发的图纸，杜绝因无正规设计图纸带来的质量隐患，制作施工要点图张贴在施工地点，时时提醒和指导施工人员严格按照技术要求施工。同时，370 构造柱、上下圈梁推广率 100%；素混凝土基础推广率 100%；页岩多孔砖推广率 100%；100% 使用商品混凝土浇筑；100% 建设砖混结构房屋，真正保证房屋建设具有抗震设防能力。组织工商、质监、城建、物价等部门经常性地对砖木、水泥、钢筋等建材进行抽检，从源头上保证建材质量不出问题。

加强县乡村三级质量监督网络体系建设，泽普县的 15 个乡镇场均配备了工程质量管理人员，专职专用，同时利用公益性岗位，面向全县招聘了 6 名大中专毕业生，经县统一培训合格后，配发上岗证，分配至各乡镇场负责安居工程质量监督工作。按照"谁主管、谁签字、谁承担责任"的原则，每一道工序完成后必须经质量监督人员签字后方可进行下一道工序，重点部位必须由县质量监督组与乡质量监督人员同时签字认可，最大限度地减少工程质量问题，切实保护人民生命财产安全，赢得了各族群众的衷心拥护。

3. 管理规范，严把资金监管关口

泽普县坚持做好建房农户档案管理工作，确保及时、全面、真实、完整、准确录入建房农户档案信息，保证电子档案合格率。

2015 年，泽普县以汉维两种文字形式下发乡村两级《喀什地区乡镇、村级安居富民工程建设资金发放公开公示监管工作"8 不准"措施》，告诫基层党员干部不能漠视群众利益、与民争利，确保安居富民补助资金兑现到建房农户手中，严防违纪问题发生。上半年按照国家住房和城乡建设部《加强农村危房改造监管工作电视电话会议》和地区下发的《农村危房改造资金专项行动自查自纠的通知》精神，我办联合纪检、审计部门对各乡镇场安居富民工程补助资金使用情况进行检查，并及时将检查结果予以反馈，责令整改。

在安居工程补助标准上，2011 年户均 2.4 万元，其中中央补助 0.6 万元，自治区补助 0.8 万元，援疆资金 1 万元；2012—2016 年户均 2.85 万元，其中中央补助 1.05 万元，自治区补助 0.8 万元，援疆资金 1 万元；2017 年四类建房补助对象（贫困户、低保户、分散供养人员、贫困残疾人家庭）户均4.4万元，其中中央补助1.6万元，自治区补助0.8万元，援疆资金2万元；一般户户均2.85万元，其中中央补助1.05万元，自治区补助0.8万元，援疆资金1万元；2018年四类建房补助对象（贫困户、低保户、分散供养人员、贫困残疾人家庭）户均4.32万元，其中中央补助1.52万元，自治区补助0.8万元，援疆资金2万元；一般户户均2.85万元，其中自治区补助1.85万元，援疆资金1万元。2019年四类建房补助对象（贫困户、低保户、分散供养人员、贫困残疾人家庭）户均4.4万元，其中中央补助1.6万元，自治区补助0.8万元，援疆资金2万元；一般户户均2.85万元，其中自治区补助1.85万元，援疆资金1万元。

完善工程补助资金管理制度、加强财务管理。在县、乡、村实行建房补助资金公告公示制度，做到补助对象公示、资金使用公开，建材价格公示、发放到户公开，同时，财务实行专户管理，专账核算，确保群众的知情权和参与权，接受群众监督。在保障建房资金的同时，加大补助资金的监督管理，实行专户管理，专账核算，并在县、乡、村实行建房补助资金公告公示制度，做到补助对象公示、资金使用公开，建材价格公示、发放到户公开，广泛接受社会和群众的监督。

泽普县充分贯彻执行安居富民工程国家相关惠民政策，按照规定为具有农村户籍，现有住房不抗震或面积、功能不达标，自愿申请建房，并经县、乡、村三级公示审核，确需建房的农户发放农村安居房建设补助。安居富民工程建房每户补助28500元（中央、自治区每户补助18500元，援建省市每户补助10000元），建房户不得重复享受补助资金。

在保障性住房分配中，按照各民族人口比例分配，小区、楼栋、单元内全面实施嵌入式居住。在商品房、二手房销售等方面积极引导，鼓励各民族居民嵌入式居住。在社区，广泛开展争创"民族团结好庭院"、"民族团结好邻居"等活动，打造了一批民族团结示范小区。在学校，继续推动混班教学、混合住宿的方式，广泛开展"三进两联一交友"、"友谊学校"、"友谊班级"、"首课5分钟"、"小手拉大手"等活动，使各族学生从小学习在一起、生活在一起、成长在一起，奠定团结友爱基础。在机关，鼓励各族干部相互学习、相互帮助、相互包容，营造了团结干事的工作氛围。

（二）配备基础服务，补齐设施短板

1. 基础设施齐全，完善功能配套

泽普县积极推进基础设施建设。以村庄环境整治为重点，以提升人民群众的生活品质为目标，全面补齐农村基础设施短板，提高投资有效性和精准性，加快"最后一公里"水、电、路、气设施建设，完善农村居住条件。泽普县坚持把好事办好，以方便群众生活为根本，实施水、电、路的"美化、亮化、硬化"工程，从抓开工向抓配套抓入住转变，将建房与配套同步进行，切实提高入住率，尽快让老百姓得到实惠。

泽普县积极推进村庄绿化、美化、亮化工程。围绕村庄道路、庭院、宅前屋后等区域补齐绿化设施，全面落实村庄绿化、美化，庭院绿化等环保措施。截止到2013年，泽普县通过加大固定资产投资力度，城乡基础设施进一步改善。实施项目32个，完成固定资产投资2.82亿元，增长16.05%。一批节水改造工程、乡村道路建设工程、城市绿化亮化美化工程，以及影剧院、老年活动中心等重点工程如期完工。以农田水利为主的农村"五好"建设取得新成效。抗震安居工程开工建设11674户，完成计划的123%；竣工11120户，竣工率117.3%。[①] 有效提升村庄绿化美化水平。

基础设施配套方面，第一，推进小城镇建设。2016年依托上海

---

① 《昆仑山下的黄金之河——泽普县》，2013年12月25日，见 http://sh.people.com.cn/n/2013/1225/c134768-20234123.html。

援建基础设施配套资金实施了依克苏乡、阿依库勒乡小城镇化及安居富民工程基础设施建设项目，该项目已完成供排水管网、人行道、绿化带建设；第二，实施供排水项目。第一期，依玛乡、依克苏乡等五个乡安居富民点基础设施给排水项目已完工交付使用。第二期，利用农业发展银行贷款 1.5 亿元对 100 个相对集中建设安居富民居民点实施供排水、道路项目建设，项目已完工交付使用；第三，14 个重点贫困村居民点道路建设，项目按时完工交付使用。

居民区道路建设方面，2017 年道路一期建设计划投资 5800 万元修建 70 个村道路 138 公里，项目如期完工交付使用。道路二期建设计划投资 5528 万元修建道路 125 公里，项目如期完工交付使用。上下水配套建设方面，2016 年下半年实施的 90 个村上下水配套建设已完工。2017 年计划投资 5706 万元完成 3795 户上下水入户，项目于 2017 年完工交付使用。2018 年投资 3652 万元，完成 25 个新建安居富民点建设供排水 60 公里，道路 25 公里的项目工程建设。2019 年采购电动三轮垃圾车 266 辆、垃圾箱 3919 个，已完成招投标工作，合同价 293.1 万元，垃圾车和垃圾箱货已到位。

2. 公共设施完备，扩大服务范围

泽普县重点编制乡村基础设施配套规划，加快落实各项建设条件。特聘请天津市城市规划设计研究院对 100 个 50 户以上相对集中建设安居富民居民点供排水、道路等基础设施管网进行统一规划设计。利用农业发展银行贷款资金 3 亿元，在优先解决今年补助资金缺口问题的前提下，安排 1.5 亿元贷款资金实施安居富民点基础设施供排水、道路项目建设。在安居富民点围绕村委会配套建设了幼儿园、文体活动场所、警务室、卫生室"五小便民场"等公共服务设施，群众的生活更加便捷，在农村同样可以享受到城里人的生活。紧扣脱贫攻坚中"五通七有"参考指标，查漏补缺，补齐短板。目前，全县村委办公场所、议事办事场所、文化图书室、卫生室、便民服务中心、惠民超市、幼儿园均达到脱贫指标。各村已基本实现通水、通讯网络、通动力电、通硬化路、通广播电视，使村集体经济得到有效发展，村庄各项公共服务设施基本完善。这些项目的落地实施，切实改变了以往农村"脏、乱、差"的旧面貌，建成了一批村庄布局合理、公共设施完善、资源利用高效、居住环境优美、生活方便舒适的新农村，提高了各族农民对未来发展的信心。

在赛力乡依玛村，村庄聚焦村级配套设施建设，按照"服务区域最大化、办公面积最小化、社会效益最优化"的要求，及时成立群众工作站、综治工作站、扶贫工作站，为村民提供便利。为了满足村民的文化需求，积极协调资金，配齐配全办公设备和电教设备，进一步对村民文化广场实施美化、亮化、绿化，提高村文化阵地利用率、承载力和吸引力，为村级阵地建设和培育新型农民搭建了平台。

3. 村容村貌美化，提高生活品质

为营造一个"干净、整洁、优美"的村居环境，2017年泽普县开展"美丽乡村建设计划"，投资2566万元重点打造32个脱贫摘帽重点村的房屋外墙粉刷、地坪、文化墙等基础设施配套。通过开展村庄环境整治，大力推行污水无害化处理和垃圾集中化处理相关措施，大大改变了村容村貌，村庄呈现出全新气象。

首先，污水无害化处理。泽普县对污水处理采用集中处理的方式，确保村庄实现污水无害化处理。县内193个连片建设居民区通过集中投入、示范引导等方式，投资1.51亿元，铺设新建安居富民点自来水管网502.5公里，对新建安居房的集中连片居民区全部铺设排水管网，共450公里，全县已实现污水集中排放居民区167个，其余未铺设排水管网的26个居民区为旧房连片居民区；实现污水无害化处理33930户，群众饮水更加安全、排污更加方便。

其次，垃圾集中化处理。在农村垃圾处理方面，泽普县实施层层收集，确保及时处理，泽普县各乡（场）、村现有各式压缩式垃圾车10辆，容积3.8立方。垃圾船316个，垃圾收集池232座，容积240升垃圾桶318个，垃圾实现"户收集，村转运，乡处理"，各村配备垃圾收集三轮车，每个乡配置1—2个垃圾车，各户逐步配置垃圾箱。2019年计划采购电动三轮垃圾车266辆、垃圾箱3919个，垃圾车及垃圾箱采购共计329万元。该采购项目已完成招投标工作，合同价293.1万元，垃圾车和垃圾箱货已到位。

二、庭院建设：惠民为本加强整治

实施村庄清洁行动是推动农村人居环境整治的一项基础性工程，通过广泛动员各方力量、优化整合各种资源，集中整治农村环境脏乱差问题，将农村人居环境整治从典型示范转到全面推开上来，加快提升村容村貌、持续改善农村人居环境，建设好美丽宜居乡村。

（一）村庄清洁，美丽庭院靓起来

近年以来，行政村都开展了村庄清洁行动，分类推进，农户庭院外全面清理，清理垃圾数百万吨，清理残垣断壁数万处。"过去不少农家的庭院里堆着烂木头、旧家具，杂草丛生，几乎被废弃了。如今经过整治清理出的土地可以种些瓜果蔬菜，自家食用绰绰有余，葡萄架下可以乘凉，环境好了，院子的利用率也高了。"泽普县某驻村干部提到。

2018年实施"一般户庭院整治建设项目"，2018年计划为全县4000户一般户实施庭院整治建设工程，每户补助2500元，资金1000万元，主要用于一般户和非集中连片农户庭院整治等，项目已如期全面完成，资金已全部下拨至农户。

（二）改厨改厕，倡导农家新生活

泽普县积极推进"家具进农家，改厨改厕"。在户型设计上配置厨卫等功能，确保改厕工作一步到位。保证新建房屋100%配置厨卫设施；100%通上下水；100%实现污水无害化处理；100%通路；

100%实现庭院亮化。截至2019年，全县已铺设自来水管网502.5公里、排水管网450公里，配置便器、热水器、浴霸、太阳能等卫生设施31150套，安装洗漱台等设施28120套；配置单户型化粪池110座。

确定卫生厕所改造及污水排放建设模式，切实做到"分村定位、一村一案"。对生活污水能够引入已有设施的，强化配套管网扩面延伸；对排水较为集中的居民区，集中建设化粪池等污水处理及配套设施；对排水较为分散且房屋较老旧的住户，建设单户型污水处理设施（2立方单户型化粪池）。

（三）一户一策，庭院经济添声色

泽普县通过庭院整治实现生活区、种植区、养殖区"三区分离"，鼓励村民利用房前屋后空地种植果蔬作物，大力发展"一畦菜，一片园，一架葡萄，一个棚圈"为主的庭院经济，引导、改善生活条件，美化庭院环境，打造美丽乡村，在改善农村环境的同时实现增收脱贫的目标，使贫困户经济收入进一步提高，生活环境得以美化，贫困户的生产生活面貌焕然一新。

泽普县充分利用"前院、中园、后圈"的地理区位特点，因势利导，鼓励、引导村民，依托房前屋后闲弃地，宜农则农、宜养则养、宜加则加、宜商则商，科学合理地开发庭院。同时，村庄驻村工作队积极引导村民们以市场为导向，依托传统优势，种植适合当地实际情况的农产品，比如苹果、梨，圈内养牛，确保"庭院经济"健康发展。

赛力乡依玛村按照"前院、中园、后圈"的模式，2019年间为每户贫困户发放庭院建设补助资金0.5万元、葡萄架建设补助资金0.25万元、生产巩固提升项目资金0.25万元。发放了西红柿、辣子、金瓜等菜苗5000余棵，月季等花卉4000余株，法桐和樱桃树苗1000余株。在布依鲁克乡布依鲁克2村，村庄的庭院建设按照"前院、中园、后圈"模式,发展"一个大棚,几棵果树,一架葡萄",大力发展庭院经济,今年为贫困户发放新西兰小南瓜、树苗、菜种,菜园、果树长势良好,也改善了人居环境。2019 年为 26 户贫困户申报发展生产巩固提升项目,每户 2500 元,70% 以上的群众用于购买生产母羊,部分用于购买鸽子、鸡鸭家禽、种植蔬菜、牲畜饲草料等,为脱贫开辟了又一增收渠道。

三、易地搬迁:集中安置加强管理

当一方水土难养一方人,易地扶贫搬迁便成了摆脱贫困的有效途径。搬迁是手段,脱贫是目标。易地扶贫搬迁作为精准扶贫、精准脱贫"五个一批"最重要的一批政策,既是一项政治任务,又是一项基础性民生工程。泽普县通过实施易地搬迁工程,完成了 216 户 847 人贫困户易地搬迁任务,于 2017 年 10 月搬迁入住,实现了搬迁户"搬得出、稳得住、能致富"的目标。

(一)政府主导,多部门合力推进

泽普县充分发挥政府主体作用,成立由发改委、扶贫办牵头,各相关部门和乡镇组成的易地扶贫搬迁工作领导小组,按照国家和自治区要求制定了易地扶贫搬迁建设规划、实施方案和实施计划,依据规划目标分解任务,在县委县政府的领导下,明确规划实施的责任和任务,把任务分解到每个相关部门和乡(镇),充分发挥行业部门的优势,形成合力,推动易地扶贫搬迁工作有序进行。

结合本县实际情况,县政府提前规划,提早布局,发动各相关部门,争取国家和自治区各归口扶贫政策,整合各种资源,筹措各方资金,并对规划区内电力线路、安全饮水、农田水利、规划管网等基础设施和学校、幼儿园、卫生室、村委会、便民服务中心等公共服务设施全面完善。

（二）精确瞄准，多渠道甄别核实

泽普县结合建档立卡贫困户"回头看"、"挤水分"工作，组织乡（镇）领导干部、工作人员、住村工作队等多方力量入村、入户进行实地摸底排查。一是充分尊重群众意愿，进一步核实贫困户是否具有搬迁意愿；二是对搬迁名单中的非贫困户和已脱贫户及时发现并剔除；三是对符合条件的搬迁户逐一建立详细的家庭档案；四是以入户走访调查为契机，向搬迁户宣传易地扶贫搬迁政策及措施。喀什地区、和田地区各县（市）已经进行了多轮"回头看"、"挤水分"工作，目前正在进行最后数据汇总，为易地扶贫搬迁户的精准识别提供保障。

（三）因地制宜，多途径科学安置

在易地扶贫搬迁规划中，充分考虑当地资源条件，因地制宜，科学论证，制定的安置方案比较恰当合理。为解决搬迁群众后续就业问题，确保搬迁群众"搬得出，稳得住，能致富"打下了坚实的基础。泽普县对部分搬迁户计划采用民汉混居嵌入式安置方式，依托产业园区和旅游景区建设设置安置点，并已着手准备对搬迁户中的青壮年劳动力提前进行生产技能培训，保证其搬迁后能就近顺利实现就业，摆脱贫困。

尊重群众意愿，各方携手推进，是脱贫攻坚取得成效的关键。位于喀什地区泽普县的桐安乡，是2017年新疆在昆仑山区实施的一次跨地州、整乡镇的移民搬迁安置点。在这里，除了安全的住房和同步配套的上下水、电网、道路、燃气等公共服务设施外，还配套有幼儿园、小学、卫生院、村民活动中心和花园广场。新疆喀什地区泽普县桐安乡设立时间并不久，在易地搬迁扶贫过程中，泽普县政府最大程度上尊重群众意愿，认真做好前期测量工作。面对当地群众的期待，通过草场、耕地土壤、河流、交通等多种因素的权衡比较，慎重做好选址工作。

在帮助搬迁群众挪穷窝、改善居住条件的基础上，桐安乡政府还通过吸引企业入驻、鼓励村民就业创业等措施让搬迁贫困户稳得住、能致富。在阿克塔什安置区，当地引进的 7 家工厂提供了超过 4000 个岗位，能够满足每户至少一人实现稳定就业。此外，日渐完善的配套项目还为贫困户提供了自主创业就业的平台。截至 2019 年 12 月，桐安乡已建成 102 间商铺和拥有 98 个摊位的农贸市场，供搬迁户经营。就业后，搬迁农牧民有事做、有收入，更极大地提升了人民群众的精神面貌。如今的桐安乡，孩子们享受到更好的教育，年轻人获得更满意的工作，创业者迎来更理想的环境，一切都在向更好的方向发展。①

> "今年在屋后修起了围墙，把牛羊赶进了后面的棚圈，距离屋子几十米，还有种植区隔开，尤其苍蝇虫子少了，卫生多了。"在喀什地区泽普县的库区移民集中安置区桐安乡，热娜古丽·喀尔曼特地在自家庭院里多种了些花。"庭院环境整洁了，田园式的生活提升了幸福感。"

泽普县按照"搬得出、留得下、能就业、有保障"的要求，为易地搬迁居民提供住房，同步配套建设上下水、电网、道路、燃气等基础设施，极大地改善了搬迁农牧民的人居环境；建设高标准、现代化的幼儿园、小学、卫生院、村民活动中心和花园广场等科教文卫设施，解除了搬迁农牧民的后顾之忧；通过吸引企业入驻、鼓励村民就业创业等措施，让搬迁贫困户留得下、稳得住、能致富。立足本地实际，拿出精准脱贫的实招硬招，化解了易地搬迁过程中出现的问题和

---

① 《脱贫攻坚让发展成色更足》，2019 年 12 月 27 日，见 http://opinion.people.com.cn/n1/2019/1227/c1003-31524845.html。

风险，稳定了脱贫成效。

第三节　人居环境改善的成效

近年来，泽普县在县委政府和县党委的正确领导，上海的无私援助下，以加快城乡一体化建设，构建社会主义新农村为目标，坚持群众第一、民生优先的发展思路，按照"政府引导，农民主体；科学规划，合理安排；因地制宜，分类指导；以点带面，示范引路"的原则，高起点规划、高水平建设、高效益配套。健全保障支持政策，组织动员各方力量，整合相关项目资源，加大资金投入力度，保证工程质量安全，确保农牧民住房面积不落后、功能不落后、质量不落后、产业不落后，扎实推进人居环境改善建设。

一、旧貌换新颜，村容村貌大改善

经过几年来的改造提升，泽普县的人居环境极大改善，农村的村容村貌极大改良。首先，居住条件显著改善，人民生活质量得到提高，居民的获得感与幸福感得到提升。自 2011 年实施安居富民工程以来，通过中央自治区补助、上海援疆补助、农民自筹投入近 20 亿元，具体有：中央补助 1.97 亿元、自治区补助 1.50 亿元、上海援疆补助 1.96 亿元、农民自筹（含银行贷款）14.58 亿元，修建安居富民房 1.96 万套，惠及近 10 万农民群众，有效改善了群众的居住条件。

其次，基础服务设施得到充分完善，2011—2018 年泽普县已建成室内厕所 33930 户，通过宣传动员群众，农户建设卫生厕所，配置热水器、浴霸、太阳能等洗浴设施 23550 套，安装洗漱台等卫生设施

28120 套；惠及 10 万多农民群众，切实改善了农村的居住环境，提升了群众的幸福指数。2019 年计划新建厕所 1148 套，目前已经开工 1148 套，开工率 100%；竣工 1148 套，竣工率 100%。全县 151 个行政村实现了标准化阵地、村民服务中心、"五小便民工程"建设全覆盖，搭建了嵌入式居住和生活平台。城镇化建设中对新建项目规划、设计、建设等环节全面落实多民族混居嵌入式格局要求，过去"晴天尘土满天飞，雨天全是烂泥巴"的景象已大大改变。

生态宜居：村子的环境变美了①

目前，荒地村共建成安居富民房 245 套，抗震安居房 35 套，家家户户通水电、广播电视并安装下水、地暖等设施。21 公里的街道巷道硬化为柏油路，村委会门前新建了停车场，而新建的村民服务中心和文化广场，丰富着村民的文化生活。

"没想到我们村会变得这么美，我要留下来在家乡发展。"内地返乡大学生凯丽比努尔·买买提近期回到家乡，看着整齐漂亮的安居富民房和宽敞的柏油路说。

"建设安居富民房，当地普通村民可享受 2.8 万元的国家补贴，贫困户可享受 3.8 万元补贴和齐全配套设施。而宽敞的公路是在国家项目的支持，在乡交通部门的助力下修建完成的。"吴拥护介绍说。

"还有户均'一个菜园、一座棚圈、一架葡萄'的多元化庭院经济，在美化庭院的同时，也增加了村民收入。"吴拥护说。

为保持好宜居的生活环境，荒地村还实行卫生区域责任制，村民主动承包房前屋后卫生，自觉维护村容村貌成为常态。

---

① 《泽普县荒地村展新颜》，2018 年 7 月 25 日，见 http://news.ifeng.com/a/20180725/59400690_0.shtml。

二、移风兼易俗，乡风文明领风尚

喀什地区作为新疆脱贫攻坚的难点和重点，泽普县利用当地的优势资源，因势利导，坚持发展庭院经济与改变贫困群众生活方式相统筹，坚持发展庭院经济与推动庭院整治相结合，坚持引导和帮助贫困群众发展生产与改善生活条件、保护生态环境相协调。

泽普县以整治农村环境为重点，加强了基础设施建设，改善了村民居住环境，并通过爱环境、讲卫生、建家园、树新风、共动手、创和谐相关的各类文明卫生行动。通过发动群众"扫干净、摆整齐、讲秩序"，倡导村民争做创卫的宣传者、参与者、监督者，自觉进行环境整治行动，形成讲文明、讲卫生、讲规矩的良好行为习惯。村庄组建文艺队、篮球队和志愿者服务队，利用文化活动广场和乡村大舞台，结合元旦、春节、"三八"妇女节、诺鲁孜节等节日，极大地丰富了群众的业余文化生活，群众向着世俗化生活迈进，村容村貌焕然一新，村民幸福指数满意度进一步提升。

通过宣传引导、村干部示范、党员带头、群众跟上的思路，积极引导群众推进家具进农家，厕所改造，旧貌换新颜，改变了脏乱差环境，实现了群众睡觉有床铺、吃饭有餐桌、待客有茶几、坐席有沙发，让群众过上现代美好生活。通过村民会议，加强卫生宣传，形成良好的卫生氛围；通过建立村规民约，改变了村民不良卫生习惯及陈旧的思想观念；并通过定期开展卫生评比活动，充分调动了群众卫生创造的积极性，同时发挥了群众的主导作用。

乡风文明：村民的精神风貌提升了①

宽阔平坦、四通八达的柏油路两旁排列着整齐的果树，广场

① 《泽普县荒地村展新颜》，2018 年 7 月 25 日，见 http://news.ifeng.com/a/20180725/59400690_0.shtml。

园圃中的植物、整齐划一的围墙院落、斑斓的农民画为新疆喀什地区泽普县赛力乡荒地村穿上美丽新装。

"不光村子美了，走在村中，村民都感觉更有精神了。"7月23日，荒地村村委会副主任艾尔西丁·斯依提说。

从建强组织、美化环境、提振村民精神入手，加快乡村建设，乘一项项惠民政策东风让曾经的荒地村"如获新生"。美丽乡村既要"面子"美，更要"里子"美。基础强了，村子美了，村民的精神风貌也跟着悄悄发生改变。

在荒地村，每月都会开展"最美庭院"评比活动。最近，新一轮"最美庭院"流动红旗来到了荒地村村民亚森·杜来提家。

"为了把这面小小的流动红旗领回家，我们每个家庭都在努力，它代表了一个家庭的形象和面貌。"亚森说。

除"最美庭院"评比活动，工作队与村"两委"还依托"文化墙"、"宣传牌"引导村民自觉投身美丽家园建设。通过在沿街墙体绘制生动形象的农民画、书写寓意深刻的文字，使一面面墙壁变成村民的"政策明白墙"、"团结和谐墙"和"民生建设墙"。此外，动员村民组建文艺队、体育队及志愿服务队。修建声光电一体化村民大舞台，配套篮球架、乒乓球桌及其他健身器材，让村民在家门口尽享丰富的"精神文化大餐"。

亚森说："现在村里建得越来越漂亮，我们要懂得感恩，更要提高觉悟共同来维护美好的环境。"

夜幕降临，结束了一天忙碌的村民来到广场，三三两两围坐在一起聊着家常……

三、小院增效益，庭院经济助脱贫

首先，劳动力得到转移，建筑技能培训，获得一技之长。"十二五"期间，通过实施安居富民工程建设，对大量农民进行建筑技能培训，部分农民掌握了建筑行业的一技之长，为他们实现就近就业和提高自身发展能力，以及为农村富余劳动力的转移打下了良好基础，为生活水平得到改善提供了保障。同时也将不断壮大工程建设队伍，使广大人民群众广泛参与到安居富民工程建设中来。五年间，近5万农民群众直接参与到工程建设当中，实现创收近2亿元。

其次，经济效益显著，通过庭院环境整治，形成村庄特色的"庭院经济"，作为一种经济模式，它可以基本满足人民群众的生活需要，实现经济收入。泽普县村庄内，村民庭院规划错落有致，"前有小庭院，中有林果园，后有养殖圈"的庭院经济正在助力当地民众脱贫增收。自实施庭院改造以来，村民房前屋后彻底变了样，蔬菜种植实现自给自足，一年村民可节省菜费五六千元，林果业也实现增收，村民的幸福感和脱贫决心大大提高，激发贫困群众脱贫内生动力和提高庭院经济发展水平。

最后，随着生态环境不断改善，部分村庄利用本村自然地理优势发展起特色旅游业，如布依鲁克乡布依鲁克村紧抓泽普县打造布依鲁克村3A级旅游景区的机遇，结合"美丽乡村"建设，争取项目完成了安居富民房片区的美化亮化绿化硬化工程，极大地改善了景区周边基础设施条件。同时，积极鼓励贫困户大力发展农家乐、农家旅社等，以塔吉克民族历史、文化、民俗特色的雄鹰广场和民俗博物馆，吸引了大批游客，拓宽了农民增收渠道。

庭院经济持续发力时令蔬菜抢"鲜"争宠[①]

泽普县图呼其乡古勒艾日克村，随便走进一家农家小院，映入眼帘的都是丰收喜悦场景，群众种植的西红柿逐渐泛红、豇豆

---

① 《访惠聚 | 泽普县：庭院经济持续发力时令蔬菜抢"鲜"争宠》，2019年6月29日，见 https://www.sohu.com/a/323840629_697224。

已经抽穗、辣子稠密挂满枝杈、茄子也可以采摘售卖……各种蔬菜争先恐后地用果实回馈着群众的付出，家家户户摘菜、运输、销售忙得不可开交。这喜人局面与泽普县农业技术推广中心驻村工作队大力宣传、技术指导密不可分。

在吐尔逊古丽·艾拜杜拉家中，户主利用房后3分地种植的辣子已经到了采收期，身为农艺技师的工作队队员姑再丽努尔·吐逊正忙着指导户主采摘、销售辣椒。看着收获的辣子装满了框，吐尔逊古丽·艾拜杜拉高兴地说："在工作队的引导下，我们有了种菜的意识，学会一门技能，自家小院里种植的西红柿、辣子、茄子等蔬菜解决了自己吃菜难的问题，多余的部分我估计至少能卖1000多元。"

当前，在党的一系列惠民政策、资金帮扶下，在工作队和乡村干部的努力下，泽普县各乡镇场村民以"前院、中园、后圈"的模式，发展"一个菜园、一个果园（几棵果树）、一架葡萄、一个棚圈"的致富产业，增加了经济收入，改善了人居环境。村容村貌明显改善，村民的居住环境明显美观，农村的生活方式也更加健康文明，群众的获得感、满足感、幸福感明显提升。

四、富民又亲民，美丽乡村促团结

泽普县通过人居环境改善，密切了少数民族群众与汉族群众的关系，密切了党群干群关系，如波斯喀木乡尤库日喀拉格热克村通过充分发挥2个村民汉嵌入式居住的优势，引导各族群众在日常交流交往交融中互学语言、互学技术、互学风俗，积极营造守望相助、相濡以沫的民族团结共融氛围。完善村规民约，以现代文化为引领，常态化开展"民族团结一家亲"、"三新"等活动，全力改变群众精神面貌，以环境的改善引导群众养成现代文明的生活方式和勤劳致富的思想。

便捷出行幸福多①

泽普县"四好农村路"建设让公路规模由"线"成"网"，道路质量由"通"向"好"，形成了国省干线通达全国、县道辐射城乡、乡道往来交织、村道阡陌纵横的便利交通格局，极大地缩短了县城与乡镇间的距离，村民过上了"出门是马路，抬脚上公交"的好日子，农民出行迈入了"汽车时代"。

在四通八达的公路基础上，村民出行方式更为多样，除了坐公交车，村民也会驾驶电动车或私家车外出。

努尔·米曼家里早就添置了拖拉机、电动车、摩托车，去年10月份，家里又买了辆面包车，出远门时，一家人坐进面包车里一路欢声笑语。

"以前毛驴车是家里的交通工具，现在各种车都有了，出门方便又省时间，我们赶上了好时候啊！"努尔·米曼说。

阿克塔木乡阔依其艾日克村村民祖依尼萨·赛买提家里有2部摩托车、1辆电动车，下地干活就骑着摩托车或电动车，"现在路修到家门口，我们计划买辆小汽车，出远门的时候一家人坐车更舒服。"

如今，行走在泽普县农村公路上，路旁是一排排花开正盛的果树，道路上电动车、私家车川流不息，村民们脸上洋溢着幸福的笑容。

第四节 人居环境改善的经验

泽普县将乡村人居环境改善与促进民族团结进步紧密结合。在民

---

① 《泽普：乡村美丽路通畅幸福村民致富忙》，2018年4月18日，见 http://www.zgjtb.com/gonglu/2018-04/18/content_144012.htm。

族团结进步示范乡村创建中，设置加强卫生基础设施，通过美化、净化、亮化农村人居环境的一系列工作，提高了各族农民群众的生活环境和生活质量，泽普县人居环境改善的经验总结表现为规划先行，实现基建合理布局；政治方面加强领导，充分落实干部责任机制；多方筹资，实现资源统筹整合；加强宣传，发挥群众主体作用。具体表现为：

一、加强领导，落实责任机制

加强领导、明确责任、健全制度是安居富民工程的组织保障。安居工程建设任务重，范围广，涉及到各个方面，泽普县委、县政府始终把提高认识摆在居民点建设工作的首位，认真解决干部思想顾虑，通过大会讲、小会点、正面提、侧面敲，广泛示范引导，切实做好干部群众的思想政治工作，帮助干部克服"怕没有资金难开展，怕农民反对难下手，怕任务艰巨难完成，怕长期工作不尽力"的思想障碍，统一干部思想。同时明确工作任务，确定工作目标，制定工作计划，层层建立责任制，把责任落实到人头。领导小组下设办公室及职能工作组，实行各工作组和领导小组成员例会、督查和责任追究制度。做到工作有安排、有落实、有检查、有总结、有考核，形成主要领导亲自抓，分管领导具体抓、相关单位协助抓的齐抓共管的工作格局。

另一方面，加强监管，在流程上严格进行质量把关。泽普县抓督促检查，确保工程质量。始终坚持把质量作为安居富民工程建设的生命线，毫不放松。严把质量关，严格按照安居富民工程"十不准"的要求加强质量管理。严格落实安居富民工程质量"十严禁"，不断强化质量监管，有效推进安居富民工程质量监管工作。积极引导建房户采用县统一设计印发的图纸，杜绝因无正规设计图纸带来的质量隐患，制作施工要点图张贴在施工地点，时时提醒和指导施工人员严格按照技术要求施工。组织工商、质监、城建、物价等部门经常性地对砖木、水泥、钢筋等建材进行抽检，从源头上保证建材质量不出问题。加强县乡村三级质量监督网络体系建设，最大限度减少工程质量问题，切实保护人民生命财产安全。

二、科学规划，实现合理布局

农村自身必须做好整体的规划，以实现生态效率的最大化。农村土地整理就是其中的主要手段，它不仅能够带来经济效益，同时可以使生态布局合理化，从而提高生态承载能力。[1] 泽普县在安居富民工程建设推进过程中，坚持因地制宜，科学规划。坚持以规划为先导，完善乡村发展专项规划，结合泽普县"十大示范引领工程"（城乡统筹示范引领工程）和"美丽乡村"创建工作，按照"选址科学、节约用地、集约发展、布局合理"的规划理念，着眼于节约资源、完善基础设施、健全公共服务、繁荣经济文化，提高服务水平等要求，把安居富民工程建设与"八好村"建设、与生态、旅游相衔接，坚持县域一体，统筹推进的原则，编制全县安居富民工程建设规划。房屋设计建设水、电、气、厨、卫、浴等设施齐全，房屋内部功能齐全。

三、多方筹资，实现资源整合

人居环境改善需要拓宽投资和融资渠道，通过完善金融体系，逐步建立"政府主导、社会参与、多元投入、市场运作"的农村人居环境建设投融资机制。[2] 泽普县通过规范资金安排，统筹整合农村人

---

① 张博野、曾菊新：《新农村建设中的人居环境优化研究》，《湖北社会科学》2008 年第 4 期。

② 张晓丽、白煜、贾蕾、路国彬：《浅谈改善农村人居环境》，《环境与可持续发展》2016 年第 4 期。

居环境整治资金。注重抓资金筹措，集中财力建设。坚持群众自筹为主、政府补助为辅的原则，积极筹措资金，加大安居富民工程建设投入力度。在保障建房资金的同时，加大补助资金的监督管理，实行专户管理，专账核算，并在县、乡、村实行建房补助资金公告公示制度，做到补助对象公示、资金使用公开，建材价格公示、发放到户公开，广泛接受社会和群众的监督。

多方筹资、集中力量、落实政策是安居富民工程的利益保障。泽普县县委、县政府把安居工程建设提高到讲政治的高度，想尽一切办法为农民提供方便、规范行为、筹措资金，为人居环境改善工程提供财政支持，吸引社会力量参与，统筹整合资源，持续提供资金支持与技术帮扶。县委、县政府出台了《泽普县安居富民工程建设实施方案》、《泽普县实施安居富民工程优惠政策》等文件，各乡镇也结合各自实际制定了一些办法，在建设的有关原则、鼓励、提倡、限制、优惠、补偿、奖励和处罚等方面做出了明确规定，特别是优惠政策的制定，极大减轻了建房农民负担：第一，加强资金管理，在安居工程实施过程中，自治区下拨我县的补助资金，没有挪用一分，全部拨付到建房困难农户手中。泽普县为加强资金管理，专门制定了《泽普县安居工程资金管理办法》，上级补助资金由乡镇统一管理，在工程开工前，各乡镇（场）以村为单位对享受建房补助资金农户、补助标准、资金来源、补助要求等情况，在乡村组张榜公布，确认补助对象、补助要求，自觉接受群众监督。第二，在县财政困难的情况下，每年拿出配套资金，垫付安居富民工程贷款贴息，为建房困难的农民办理贴息贷款。第三，国土部门、各乡镇为农户无偿划拨宅基地，为建房户减免义务工。第四，国土、林业、水利、公安、税务等部门大力支持居民点建设，提高效率、简化程序、急事特办、方便群众。有关优惠政策、办法的出台，提出的工作措施，制定的工作机制和激励机制，具有较强的操作性，帮助农民群众克服了困难，提高了农民建房积极性。

四、加强宣传，发挥群众作用

农民是农村的主人，是生活在农村环境中的主体。在加强顶层设计和统筹村庄规划、加强农村基础设施建设的同时，应采取网络、电视、广播、宣传站等多种有效形式加大宣传力度。引导农民转变观念、移风易俗，不断增强农民维护人居环境的责任感，不断增强农民自我教育、自我服务、自我管理、自我约束的能力，培育农民关心生态、关心环境卫生的良好风尚。① 安居工程要取得成功，就必须由政府引导转变为各族群众的自觉行动，抓宣传培训，调动人民群众积极性。针对部分群众对安居工程不理解、顾虑多等情况，泽普县县乡两级干部走家入户、到田间地头，向群众讲事实、讲政策、分析利害、算对比账，耐心细致地做思想工作，实事求是地提供建材价格、房形图纸、用工等信息，让人民群众直观感受建设安居房的好处和利益，真正感受党和政府对他们的关怀和帮助。

泽普县着眼群众参与、知晓率，宣传培训到位。一方面，通过统一印制宣传图、宣传单等方式，广泛宣传安居富民工程"建设方式、工程质量、节能措施、优惠政策、补助标准、建设标准"以及统一招标物资的详细情况，做到宣传工作不漏一户。通过大力的宣传、动员，把以往农民群众"让我建房"的被动思想转变成了"我要建房"的主观愿望。通过形式多样、贴近群众生活的宣传动员，极大地提高了群众投身安居富民工程的积极性和认同感。另一方面，针对以往安居富民工程建设中存在的问题，召集涉及安居房建设的管理人员、施工人员、建房户等进行了系统的培训，提升工程质量意识。同时，加大农民建筑技能培训力度，使他们掌握一技之长，为他们实现就近就

---

① 蒋淑玲、王宏波：《新农村建设中农村人居环境建设存在的问题及其对策思考——以湖南省衡阳市为例》，《农业经济》2010 年第 5 期。

业、提高自身发展能力、改善生活水平提供保障。

近年来，泽普县始终坚持把农村人居环境改善作为推进社会稳定和长治久安的重大民生工程和民心工程来抓，始终坚持规划先行，整村推进，不断创新工作思路，积极主动作为，积极以农村安居工程建设为契机，加快全县农村环境整治建设工作，全县农村人居环境持续改善，村容村貌焕然一新，极大地提高了人民群众生活的幸福度和满意度，有效助力乡村振兴建设。

第八章

大数据助脱贫

当前社会正进入信息化时代，互联网技术和大数据技术的日益成熟为脱贫攻坚提供了技术保障①。民族地区是我国发展不平衡不充分的突出地区，也是脱贫攻坚的主战场。民族地区的贫困治理不仅关乎全面建成小康社会，还关乎民族团结和边疆稳固。随着我国脱贫攻坚工作的持续进展，信息化步伐不断加快，大数据助推脱贫攻坚成为现实。泽普县运用互联网和大数据技术有效协助各类扶贫机制，推动大数据与脱贫攻坚统筹推进，全面助力脱贫攻坚决战决胜。

第一节　大数据助推脱贫攻坚概况

一、大数据助推脱贫攻坚的必要性

我国扶贫工作已经由起初的"粗放扶贫"进入到"精准扶贫"阶段，相关工作的数据化、细致化、科学化难度大大增加。当前脱贫攻坚进入最为关键的阶段，迫切需要借助现代信息技术助力脱贫攻坚决战决胜②。传统的扶贫方式主要是物资帮扶、资料手工录入和人员

---

① 詹维潇：《以信息化手段助推边疆民族地区精准扶贫工作的思考》，《农村实用技术》2019 年第 4 期。

② 周昊等：《基于大数据的精准扶贫移动信息化平台的设计与实现》，《现代经济信息》2018 年第 24 期。

现场调研等，存在帮扶手段落后、数据不准、更新不及时以及效果不理想等问题，已不能适应脱贫攻坚的新要求。在此背景下，高效、便捷的信息系统和真实、有价值的数据才是扶贫工作的精髓。互联网技术的普及与发展是当下社会生产力发展的主要动力之一，而大数据信息化是推动社会治理规范化、科学化的重要方向，尤其是在贫困治理领域[①]。信息化手段的运用，可有效对扶贫全过程进行监督，实现脱贫攻坚相关工作环节数据的及时采集与分析，以便及时掌握脱贫攻坚相关举措的进展，从而对扶贫成效进行科学评估。也就是说，无论是政府等部门开展脱贫攻坚工作的过程管理，还是提高贫困地区、贫困人员的脱贫致富能力，大数据信息化都具有十分重要的作用。

（一）提高工作效率

扶贫工作牵涉人员众多，既有政府等部门开展扶贫的工作队员，又有精准扶贫的帮扶对象，同时扶贫项目的确定、扶贫措施的落实、扶贫资金的使用等，以及扶贫过程中的无数细节的管理，难度极大。借助信息化的手段，及时掌握、采集相关信息，实现各相关部门、人员之间扶贫信息的共享，可以有效提高扶贫工作效率。此外，通过信息化手段的大数据分析等方式，可以快速有效地实现贫困地区和贫困人群的识别，为开展脱贫攻坚奠定基础，同时可有效提升扶贫资金分配以及其他政策措施的合理性[②]。

（二）落实人员与资金管理

为了确保2020年实现全面小康目标，各地派出了大批的干部和相关扶贫工作人员到贫困地区开展脱贫攻坚工作。因为距离遥远、人员分散等原因，这些扶贫工作人员是否有效开展工作以及开展工作的

---

① 杨敏：《借力信息化推进精准扶贫》，《中国电信业》2018年第10期。
② 杨寿涛：《大数据平台在精准扶贫过程中的应用与实践研究》，《区域治理》2019年第12期。

成效如何，可以通过信息化手段进行掌握和监督。各种扶贫资金的使用情况如何，也有必要借助信息化手段进行实时监管。

（三）提升服务水平

脱贫攻坚过程中，很多环节都要服务于具体的人员，通过信息化手段，可以有效提升服务水平。通过各种音像资料，可以提高政策服务的直观性。通过各部门之间精准扶贫信息的共享，可以减少以往繁琐的开具证明材料和申请等环节，有效提升服务水平。

（四）促进信息共享

大数据信息化扶贫有助于解决以往部门之间数据不通不同享、精准识别难等问题。依托信息化技术，打破数据孤岛，打通区域内扶贫、公安、教育和民政等政府部门的数据，实现扶贫数据与各部门数据的实时共享，形成部门互通、上下联动的"大扶贫大数据"格局，为精准扶贫提供大数据参考，让脱贫工作有针对性且更具实效性。

二、大数据助推脱贫攻坚的政策历程

当前脱贫攻坚工作正进入最为关键的阶段，迫切需要借助现代信息技术决战决胜。大数据扶贫是充分运用信息化手段开展脱贫攻坚，以及实现脱贫攻坚工作管理信息化的基础。从某种意义上来说，基于大数据的信息化扶贫对脱贫攻坚工作具有较强的实用价值和时代意义[1]。

自 2015 年 11 月党中央和国务院发布《关于打赢脱贫攻坚战的决定》明确提出实施"互联网+"的扶贫行动以来，把握信息化步伐加

---

[1]　陈琳等：《基于大数据技术的精准扶贫信息化平台的研究与应用》，《赤峰学院学报》2017 年第 9 期。

快的大趋势、加强信息基础设施建设，运用现代化技术，推动新的扶贫变革成为了全国各地扶贫工作的重要目标。

新疆维吾尔自治区围绕扶贫工作实际需要，充分运用大数据和信息化技术，开发建设以电子政务外网基础设施资源为依托，以全国扶贫开发信息系统业务管理子系统为基础，集动态管理、实时监督、成效评估、绩效考核、信息查阅、数据关联以及比对分析为一体的综合性管理服务平台。通过与国务院扶贫办系统的对接，实现全国扶贫开发信息系统业务管理子系统与自治区平台基础数据，以及地州大数据平台数据的同步。地县乡使用自治区扶贫大数据管理平台，真正达到全区"一盘棋"网上指挥、网上调度、网上考核、网上决策、网上推送，实现脱贫攻坚工作的大数据管理、全领域覆盖以及全过程监督，为各级党委政府决策和推进脱贫攻坚提供有力支撑。

2016年12月，新疆维吾尔自治区经济和信息化委员会出台的《新疆维吾尔自治区云计算与大数据产业"十三五"发展规划》中提出，新疆将进一步完善区内信息通信网络基础设施，加快数字技术与传统产业的融合应用和发展，支撑新疆数字经济快速发展。

2018年11月28日，新疆维吾尔自治区扶贫开发办公室印发《关于做好自治区脱贫攻坚大数据平台建设应用的通知》中提到，着眼于构建"全区一张网"的目标，充分利用云计算、大数据和移动互联网等信息技术手段，通过实时更新数据信息，纵向实现"区、地、县、乡、村"五级互联互动，横向做到扶贫办和行业部门资源共享。以国务院扶贫办的规范要求和全国扶贫开发信息系统业务管理子系统指标为基础，开发脱贫攻坚工作开展、督查巡查、成效分析等模块，通过"静态数据展示、动态数据管理、监督比对审查"三位一体的方式，展现脱贫攻坚全过程，为扶贫管理提供预警，为扶贫决策提供服务。

喀什地区扶贫开发领导小组办公室于2019年2月24日印发的《关于加快推进脱贫攻坚大数据平台建设的通知》中强调，加强组织领导，及时修正完善数据，做好信息录入工作，做好贫困村、贫困户达标标注工作，建立工作运行机制以及加大培训和指导力度。

泽普县扶贫开发领导小组于 2019 年 3 月 7 日制定了《关于加快推进新疆脱贫攻坚大数据平台建设的实施方案》，强调以自治区脱贫攻坚大数据平台建设工作要求为依据，落实地委关于大数据平台助力脱贫攻坚工作部署。通过进一步加强泽普县脱贫攻坚大数据平台的建设和深度应用，结合静态数据展示、动态数据管理和监督比对审查，确保大数据平台数据精准和信息全面，进而推进"六个精准"落地，实现脱贫攻坚在线指挥、在线分析、在线管理和在线监督，巩固泽普县应用成果，为全面打好打赢脱贫攻坚战提供强有力的数据支撑。

2019 年 5 月，国家网信办等联合印发的《2019 年网络扶贫工作要点》，部署了 7 个方面 25 项重点任务，明确要求，深入开展"网络扶贫深度贫困地区行"活动，推动更多网络扶贫举措和项目向深度贫困县、贫困村倾斜。在扶贫过程中，要创新网络扶贫帮扶举措，充分释放数字红利，增强贫困地区内生动力。随后，新疆维吾尔自治区党委网信办联合印发《自治区 2019 年网络扶贫工作实施方案》，明确推动网络覆盖、农村电商、网络扶智、信息服务、网络公益 5 项工程。

第二节　脱贫攻坚大数据平台的运行

随着科技和经济的持续进步，脱贫攻坚已步入全新信息化时代。为落实好习近平总书记精准扶贫和精准脱贫战略思想，按照六个精准工作要求，中国电信新疆公司开发建设了喀什地区扶贫网络信息化平台，目前正向全疆推广覆盖[①]。这一信息化扶贫模式，充分运用大数

---

① 自治区扶贫开发办公室：《关于做好自治区脱贫攻坚大数据平台建设应用的通知》，2018 年 11 月 28 日。

据、物联网等技术，通过资源共享、信息互通，对扶贫全过程进行跟踪和监管，实现了精准化管理。

一、脱贫攻坚大数据平台的构建

新疆通过构建"全区一张网"目标，建立基础信息子系统、工作管理子系统、监督比对子系统和全疆掌上扶贫 APP，采用"静态数据展示、动态数据管理、监督比对审查"三位一体方式，展现脱贫攻坚全过程。按照中央六个精准、自治区七个一批和三个加大力度的工作要求，在国办建档立卡信息数据二次利用的基础上开发建设的脱贫攻坚大数据平台，为推进脱贫攻坚工作奠定了基础。

泽普县为贯彻落实自治区党委、政府关于建立大数据平台助力脱贫攻坚的部署要求，根据喀什地区泽普现场观摩会的具体安排，把脱贫攻坚大数据平台建设应用摆上重要议事日程，强化组织领导，紧锣密鼓推进，在较短时间内初步建设完成了集静态展示、动态管理、监督比对和落实精准等功能为一体的综合信息管理平台，并取得了阶段性成果：（1）通过大数据平台对贫困退出指标进行量化打分和自动评价，对项目和资金落实情况进行有效监管以及信息数据的自动比对和纠错，减轻了扶贫干部的工作负担，压实了各级干部的工作责任，进而提高了脱贫攻坚的工作效率；（2）通过大数据平台对贫困对象精准画像以及数据动态更新、自动比对，发现异常数据并推送到对应部门进行处理，确保贫困户识别精准、退出精准；（3）从海量数据中，实现对贫困人口识别的量化、贫困程度深浅的可视化，通过看房、看粮、看劳动力等指标，甄别真伪贫困户，有效助力脱贫攻坚工作的开展。

根据地区扶贫开发领导小组《关于做好新疆脱贫攻坚大数据平台网络安全的通知》要求，泽普县印发了《关于做好新疆脱贫攻坚大数据平台网络安全的实施方案》，确保大数据平台网络数据的安全性。扶贫办积极和各单位沟通对接，完善帮扶单位、帮扶责任人、第一书记等信息，加大帮扶干部手机 APP 安全保密宣传，提高各级干部的保密意识。

构建扶贫大数据平台的同时，需要培养熟练应用大数据技术的扶贫工作人员，确保其既能够收集、检索、处理、分析贫困人口的基础信息数据，更能够利用大数据平台传递的反馈信息掌握扶贫项目进展，评估扶贫措施实施的可行性，确保国家精准扶贫战略的高效推进与全面落实。因此，泽普县通过业务培训、业务考试和现场演示等办法，为大数据信息化平台规范高效使用提供保障：（1）邀请地区扶贫办以及组织县扶贫办业务骨干深入乡村，进行业务培训，以集中培训、视频培训、QQ 互动等形式，对大数据平台的应用、操作进行反复讲解和培训；（2）组织帮扶干部对手机 APP 使用情况进行培训，提升乡村扶贫工作人员和帮扶干部使用大数据平台的工作能力，确保每个村至少有一名懂业务、会使用平台业务的骨干；（3）县扶贫办成立专门的工作指导组，深入基层乡村，解答、解决基层扶贫干部的问题和建议，保持常态化正常应用，使脱贫攻坚大数据平台更好地服务于基层，更好地助力脱贫攻坚；（4）充分利用报刊、广播、电视、网络等媒体对脱贫攻坚大数据平台的上线运行进行宣传报道，营造良好舆论氛围，让其成为宣传新疆脱贫攻坚的一张新名片；（5）做好正面宣传和答疑解惑工作，鼓励干部积极使用精准扶贫管理平台，做好平台功能的讲解和演示；（6）充分发挥手机 APP 的优势，引导广大干部自觉使用；（7）培训后对各级扶贫办实际操作过程中遇到的问题进行了解决和处理。通过培训和集中学习，提升了相关人员应用系统软件的技能，有利于推动日后工作的顺利进行和新业务系统的推广运用，进而提高扶贫工作的效率。

二、脱贫攻坚大数据平台的功能

脱贫攻坚大数据平台立足展现脱贫攻坚全过程，让静态数据

"活起来"、让档案信息"动起来"，进而实现差异化精准帮扶、动态化科学管理和精准化资源配置等综合功能，不仅有效推动"六个精准"落实，也让基层从繁琐的报表中解放出来，为扶贫管理提供预警，为扶贫决策提供服务，确保脱贫工作务实、脱贫过程扎实和脱贫结果真实。

（一）静态展示

基础信息是扶贫工作的重要支撑信息，但未经过系统深入处理的数据，只能体现浅层的、表面的信息，蕴含的价值会被浪费[①]。脱贫攻坚大数据平台的基础信息管理功能主要包括对扶贫对象基础数据、措施项目计划等相对稳定的静态数据进行查询和管理，涵盖地区所有贫困县、村、户基础信息、帮扶情况、脱贫进度以及地区帮扶措施计划、扶贫项目计划和人员安排计划等。根据脱贫攻坚实施方案，制定各地脱贫攻坚计划任务，并根据贫困村的实际和贫困户的致贫原因制定增收项目和措施计划。按照每月帮扶走访情况，不定期将数据导出比对，对未开展走访的单位及个人进行督促，进一步压实各级帮扶干部的责任。另外，平台将根据扶贫工作的开展情况，按数据变更的流程机制进行静态数据的不定期更新，保证数据的严谨性和鲜活性，以此为各级扶贫管理人员和工作人员提供经过审核、确认的稳定、权威的数据信息。

（二）动态管理

脱贫攻坚大数据平台基于扶贫措施、扶贫项目、扶贫主体、工单管理、责任落实五大功能模块，实现对扶贫动态数据的实时管理，包括扶贫措施落实过程的推进情况、帮扶人员进村帮扶情况、扶贫项目进度情况，以及扶贫日常工作开展过程的相关信息。利用移动互联网的便捷性，为基层扶贫工作开展和监督提供随时随地的大数据支撑，

---

① 段文浩：《互联网技术在精准扶贫中的应用》，《合作经济与科技》2018年第4期。

包括在手机上查看政府出台的相关帮扶措施、帮办流程以及贫困户信息等，对贫困户进行精准帮扶，对第一书记和驻村工作队进行精准管理。通过 APP 终端，实现对结对帮扶的贫困户进行基本信息修改、实地入户走访，将相关的走访轨迹（定位）、内容、照片数据进行上传，县、乡、村工作人员可通过信息平台实时查看帮扶干部走访轨迹，对数据进行查询和动态修正，进一步提高数据的精准度。为保证数据的严谨性，为各项数据变更、问题处置配套相应的审核和工单派发机制，通过流程化的管理，实现扶贫工作开展全过程可视化，责任压实到人，时间精确到天。

脱贫攻坚大数据平台以贫困村、贫困户、贫困人口动态化信息管理系统为基础，涵盖省、市、县、乡（镇）、村、户、贫困人口之间和扶贫系统内部以及扶贫系统与行业部门、金融机构、帮扶单位之间的扶贫开发信息互联互通共享。通过对扶贫开发资源涉及的人、财、物到扶贫政策的效果评估等方面设置精准扶贫动态监管体系，及时全面掌握扶贫对象的家庭基本情况、生产生活条件、致贫原因、帮扶措施，以及帮扶责任人等扶贫全过程的动态信息，可以提高扶贫过程中各类信息数据跟踪和更新的频率，确保扶贫数据的实时观测、分析和对比，实现扶贫工作的实时动态管理和精准帮扶，增强脱贫攻坚的工作效率。

（三）监督比对

脱贫攻坚大数据平台通过建立平台错误信息逐级推送、核查比对、审核上传工作制度，落实村扶贫第一书记早派工、晚汇总脱贫工作机制，与公安、财政、住建、人社、教育、残联、民政等部门建立数据交换机制，健全监督比对工作运行机制，对有问题的数据及时上报地区扶贫办，确保信息始终在动态调整中[1]：（1）对扶贫对象的

---

[1] 喀什地区扶贫开发领导小组办公室：《关于加快推进脱贫攻坚大数据平台建设的通知》，2019 年 2 月 24 日。

基本信息、扶持全过程信息以及成效信息等分门别类统计汇总和分析，为决策提供依据；（2）依据跨部门的行业数据比对和逻辑错误规则库，对工作人员采集的相关数据信息进行自动比对和校验，发现疑似存在的问题及时推送各乡镇、行业部门进行数据核实，及时更新更正，保障扶贫相关数据的相对准确性；（3）对贫困村"一降、五通、七有"和贫困户"一超过、两不愁、三保障"的指标项进行核实更新，对历年来已退出的贫困村和已脱贫的贫困户指标进行核实标注，对县、乡、村的脱贫计划完成情况和贫困退出等情况进行监督和预警；（4）将扶贫措施计划、项目计划和任务计划等指标性内容和实际工作开展情况进行比对分析，监督扶贫工作开展过程中措施落实不到位、项目推进不及时和资金拨付不完善等问题。

（四）数据修正

针对大数据平台内信息数据不准确、动态管理不到位以及推送的问题整改不及时等问题，对数据进行核验和修正：（1）将贫困户信息由国办系统平移至大数据平台，要求各乡（镇）村对贫困户信息逐户进行自查复核，对有变化的基本信息和空项、有逻辑错误的进行修改完善；（2）对已录入的扶贫项目信息"回头看"，督促延期执行的项目加快建设进度，保证未拨付完的资金加紧按流程进行拨付；（3）对大数据平台中的帮扶单位、帮扶责任人信息、驻村工作队成员、第一书记和扶贫工作站成员信息进行核实完善。检查帮扶单位是否均为全称，第一书记、驻村工作队队员、工作站成员信息是否完整，帮扶责任人中驻村工作队队员是否都已关联贫困村，并填报开始时间和截止时间；（4）常态化对大数据平台每户贫困户右下角的红色预警信息进行逐户核实修正，属于行业信息错误的，以乡（镇）为单位汇总，经审核后统一报县扶贫办。

三、脱贫攻坚大数据平台的责任落实

为了落实脱贫攻坚大数据平台常态化要求，为信息化助推脱贫攻坚提供保障，泽普县各级扶贫部门作为牵头单位、同级扶贫开发领导小组相关成员单位配合，努力做好项目立项、财政资金支持、部门之间数据采集共享、数据动态管理等协调工作[①]：（1）地区对县市录入情况以周报的形式上报地区扶贫开发领导小组，对工作进度慢、质量差的县市直接通报至县市扶贫开发领导小组。为确保采集录入数据的真实准确，对采集的数据进行认真核查、加强比对以及强化监督，严格把控信息采集录入环节。建立完善的脱贫攻坚大数据平台管理方法，健全运行制度、安全制度和问责制度，全面提升大数据平台管理规范化水平；（2）县扶贫办负责自治区、地区推送的各类问题的核实修正、信息上报、协调联络等工作，常态化指导乡村两级做好大数据平台内各项信息的动态更新和数据完善工作，解决乡（镇）、村推广应用中存在的问题，对乡（镇）扶贫办、村工作站的业务指导，监督审核各乡（镇）、村工作任务落实情况，定期检查平台内监督预警信息的核实修正进度，重点做好项目资金的录入、动态管理和一户一就业信息的动态更新，随时掌握全县大数据平台进展情况。对工作滞后和数据质量不高的乡（镇）、村及时督察督办，发挥工作专班的作用，做好指导、服务和督促等各项工作；（3）各级相关行业部门负责本单位实施项目进度和信息数据的维护，做好项目和信息数据的动态管理工作；（4）各级财政部门负责资金拨付进度的维护，同时做好资金的监管工作。资金拨付时，财政要录入拨付进度并上传资金拨付的凭证及相关材料，做到项目

[①] 泽普县扶贫开发领导小组：《关于加快推进新疆脱贫攻坚大数据平台建设的实施方案》，2019 年 3 月 7 日。

实施和资金拨付有跟踪、有印证，地区财政局负责审核和确认；（5）乡（镇）扶贫办负责县扶贫办推送的各类问题的核实修正、信息上报、协调联络等工作，将乡（镇）级各类项目资金分派到村扶贫工作站，对各村信息录入和工作落实情况进行自查，同时将上级推送的疑似问题分解推送至各村扶贫工作站，实施监督落实情况，对村级基础数据、项目资金计划、实施进度和扶贫对象各项基础信息及项目资金完成情况进行督促，常态化做好扶贫任务并进行绩效考核，对工作滞后和数据质量不高的村及时督察督办，充分发挥工作专班的作用，做好指导、服务和督促等各项工作；（6）村级扶贫工作站负责平台内各项信息的采集、更新和核实修正工作。落实好早派工、晚收集机制，对上级下发的各项工作任务，根据不同类型向扶贫干部进行派工，确保所有工作都有专人负责，相关责任人按照派工内容，到贫困户家中实地核查，认真与贫困户交流、核对，查看相关证明材料，摸清真实状况。每日利用研判会，对工作任务逐户逐条进行集中研判，对于村级能够解决的，直接在村级平台进行审定确认，对于村级无法解决的，将疑似问题和研判意见上报上级部门。

信息化平台通过直接导入国扶办建档立卡数据，完成了基础信息的存储，避免了基层再次录入的重复工作。对全区相对静态的扶贫信息进行存储和查询，为根据贫困村实际状况和贫困户的致贫原因制定增收计划提供了依据。通过工作管理，对项目、资金、干部走访、工单下派以及问题上报等动态信息进行实时管理等。该平台实现了对扶贫对象的信息进行在线管理、对扶贫项目的实施情况进行在线监控、对扶贫资金的信息进行在线监管、对驻村帮扶活动进行科学安排，以及对脱贫成效进行在线评估等功能，同时实现了扶贫信息的资源共享，为精准扶贫的决策提供强有力的信息支撑，为地区脱贫攻坚战的全面胜利保驾护航。

第三节　大数据助推脱贫攻坚的成效

大数据助推脱贫攻坚为解决过去贫困人口识别不精准、扶贫物资分配不合理、扶贫动态跟踪不及时、扶贫管理体系不合理，以及扶贫数据分析不科学等问题提供了技术支撑，为破解脱贫攻坚难题提供了新思路和新路径，为真正实现识真贫、扶真贫和脱真贫的既定目标提供了依据。

一、提高贫困识别的精准性

依托脱贫攻坚大数据平台，可以实现扶贫数据与各部门数据的实时共享，解决信息孤岛等问题，为脱贫攻坚提供数据支撑，让脱贫工作更加精准。通过对扶贫地区外部环境以及贫困人口内部信息的全部收录，在信息化平台中归纳评估以形成贫困人口识别指标参考，确保扶贫对象的精准定位。通过扶贫信息数据库聚合多方面扶贫信息，综合分析各项指标以总结贫困户的致贫原因，制定相应的帮扶手段，引导资源有效配置。同时，通过关联规律预测扶贫问题，及时做好针对防范工作，减少返贫率的比重。根据贫困户的致贫原因和实际情况与对其设置的扶贫措施进行"一对一"比对，设置好辨别规则，当发现措施与贫困户实际不配套时，及时预警提醒并调整措施，进而提高贫困识别的精准性。

案例一　信息化使贫困识别更精准[①]

精准识别是脱贫攻坚的"第一粒扣子"，没有精准就无法

[①] 《新疆：精准扣好脱贫攻坚"第一粒扣子"》，《新疆经济报》2018年1月19日。

"对症下药"，只有真正摸清"谁贫困"、"为啥贫"、"怎么帮"等问题，才能精准扣好脱贫攻坚"第一粒扣子"，确保"识真贫"、"扶真贫"、"脱真贫"。163万平方公里，地域辽阔，人口分散，山高谷深，在新疆靠传统方式进行信息交流存在很多不及时、不准确等问题。因此，全区开展建档立卡贫困户信息数据复核工作，建立区地县乡村五级扶贫大数据一体化平台，发挥信息化、大数据、云计算在精准识别、精准扶贫、精准脱贫上的重要作用。该平台以国办建档立卡信息系统数据为数据源，以行业部门大数据作为比对依据，对不符的数据自动预警提示，并将不符的信息推送给入户干部和行业部门进行核实，为贫困地区量身定制信息应用。基层扶贫工作人员李成业在使用该平台的手机APP后深有感触："数据实时更新，减轻了基层工作负担。信息共享同步，在扶贫攻坚上有劲一起使。"以"互联网+"为主要内容的信息化扶贫模式，为实现精准识别提供了数据支撑，使得"扶贫对象更加精准、措施到户更加精准、项目安排和执行更加精准、资金使用更加精准、使用村派人更加精准、脱贫成效更加精准"。

二、促进扶贫信息的共享

大数据信息化扶贫，以建档立卡数据为基础，依托数据共享交换平台，实现了扶贫数据与各部门数据的实时共享。通过将各个部门的行业数据与国家扶贫办扶贫信息数据进行自动比对，可确保数据始终在动态调整，提高了数据精准度。通过扫描贫困身份证可以快速查询贫困人员名单、基本资料、脱贫情况、帮扶干部及帮扶计划等各项信息。保障各级扶贫业务部门及时录入、更新和维护相关业务数据，整合为各部门所需的扶贫信息并以此为依据做出科学决策。借助大数据信息化平台，增加各部门之间数据资源的交互，减少信息壁垒以提升扶贫行动效率。随着大数据信息化技术处理的不断完善，扶贫信息资源库与扶贫信息交换的互通功能正逐渐走向成熟，一方面，通过对贫困户脱贫需求数据加以集成融合，为全面脱贫提供必要的扶贫资源信息保障；另一方面，通过大数据扶贫平台特有的减贫脱贫驱动效应向其他领域辐射经济社会价值，带动扶贫相关产业的综合发展。

案例二　网络扶贫显成效①

一头连着扶贫农户的菜园，一头连着消费者的购物车，无需划定商圈半径，服务即可辐射全国，不受地域限制，扶贫便能精准对接。京东云深度渗透扶贫地方产品生产和经营的全过程，以"直播+电商"等手段，将喀什的果蔬送到了全国人民的餐桌上。

新疆喀什地区是上海援疆、脱贫攻坚的主战场，京东云协助上海援疆前方指挥部，开展莎车、泽普、叶城、巴楚四县的精准扶贫工作。不仅帮助喀什企业近百款产品上线"京东中国特产·上海援疆扶贫馆"，还在展销会喀什展区，推出了"京东云电商扶贫直播节"活动，拉动京东直播，邀请京品推荐官、喀什本地主播，在现场进行直播带货。泽普红枣、莎车巴旦木、莎车糖心苹果、叶城薄皮大核桃等喀什地区优质农产品，获得了线上线下消费者的一致好评，拉动了农特产品销量，帮助了企业创收、增收。

"我们期待更多像'京东云电商扶贫直播节'这样的好办法推出来，让喀什特产、扶贫产品走出新疆，销往全国。"新疆金胡杨药业有限公司销售总经理李沧田带来的一款阿胶产品也参与了直播，同时在线观看人数达 12 万。这一"互联网+"所带来的扶贫新力量，正逐步为社会大众所认可。

---

① 《"云端"扶贫贵在"授人以渔"——京东云深度开拓"扶贫特产馆"建设速写》，新华社客户端，2019 年 11 月 19 日。

三、改善扶贫反馈滞后的弊端

按照自治区、地区推送的问题清单，第一时间反馈至乡镇，督促乡镇做脱贫攻坚信息化平台问题数据修正工作，并结合问题推送规则，举一反三，做好数据完善工作。及时跟进贫困户的需求变动，更新对接其所需要的扶贫资源，同时记录扶贫资源的配置方向，保证资源配置的精确性和高效性。此外，监控扶贫项目的整体落实状况，进一步和各帮扶单位对接，在国办和大数据平台完善相关信息，及时根据外界环境变化、技术手段更新对扶贫工作作出适当修改，探索出符合当地发展需求的新路径，改善扶贫反馈滞后的弊端。

案例三 优化反馈机制，提高数据质量①

"您好！是地区残联吗？麻烦您单位报一下9月1日前全地区残疾人数量，我们需要进一步核实近期全地区相关单位的大数据。"9月9日，地区扶贫办专门负责行业部门对接的陈伊梨与地区残联对接核实近期全地区残疾人数据。

陈伊梨告诉记者，每月5—10日要对接各个单位和各县（市），定期开展国办系统和大数据平台网上巡查工作，制定国办系统和大数据平台推送清单，及时将疑似问题数据推送县（市），督促县（市）及时核实修正、补充完善，做到各方数据真实、准确、统一，保证脱贫路上不落下一户贫困家庭。

据了解，地区及各县（市）扶贫办按照"实名制"工作要求，主动与财政、公安、发改、住建、文化、医保、教育、民政、水利、人社、残联等行业部门对接，建立扶贫部门与行业主管部门数据双向反馈机制，及时推送疑似问题，实现扶贫业务相

---

① 《大数据助力脱贫攻坚》，《阿克苏日报》2019年9月20日。

关部门之间数据交换共享。通过"哪方不对改哪方"的原则，加强基础信息更新、漏填信息补录、帮扶信息和项目信息完善、逻辑错误修正，对疑似问题数据逐户梳理、核实修正、补充完善，确保大数据平台横向纵向对比、双向监测、双向校正，不断提升脱贫攻坚大数据平台信息数据质量，推动地区脱贫攻坚各项工作向好发展。

四、监督扶贫项目资金的流向

扶贫资金涉及面广、项目数量多、区域布局分散，严重影响了扶贫资金效益的发挥。为全面加强扶贫资金的管理和使用，适应日新月异的信息化发展形势，需要借助大数据信息化管理，实现"真扶贫"、"扶真贫"目标[①]。大数据信息化管理可以对县、乡、村、户正在实施的项目和帮扶措施进行实时监督，在线提供项目和措施的基本信息、资金来源、受益贫困户、项目进度、资金拨付，以及项目验收结果等信息，有效地做到项目全过程监督。从户到村到乡到县到地区自下而上制定五级脱贫攻坚计划，同时确定每季度项目计划执行进度，通过基层扶贫干部实际采集的信息与项目实时库中每季度的实际进度进行比对，进度达到的以绿色的状态显示，达不到的以红色进行预警，实现对扶贫项目每阶段执行情况的动态监管。此外，信息化平台数据连接各级财政部门，同步实施监督扶贫资金的层层拨付情况，保证资金使用更加精准。实施单位定期将项目实施进展信息上传到信息化平台，项目监管人员通过平台进行跟踪监督，及时掌握项目实施信息，对扶贫项目准确定位、全过程监控，随时了解和掌握项目实施情况以及资金物资分配情况，压缩了套取、冒领扶贫项目资金的空间，杜绝了违纪违规现象的发生，保障了财政专项扶贫资金安全、有

---

① 何渊、陈炜：《让精准扶贫搭上信息化的快车》，《人民论坛》2018年第14期。

效地运行，最大程度发挥扶贫资金的使用效益。通过信息化管理可有效全程监督扶贫项目资金流向，避免因流向不准和被挪用克扣等导致扶贫项目开发成效缓慢的现象。

案例四　筑牢援疆项目资金"防火墙"①

新疆和田地区因地处塔克拉玛干沙漠南侧，终年风沙漫天、处处沙漠戈壁，多年陷入贫困。为帮助当地尽快甩掉贫困的帽子，天津动员全社会力量累计投入大量资金，用于改变当地在就业、教育、民生、产业发展等各个领域的落后状况。

然而，审批环节过多过长，因多种情况导致审批延误时有发生，影响审批效率。同时，审计部门在援疆审计中发现，以往的项目资金管理方式已难以适应新形势下的对口援疆任务需要，权责不清、同一事项重复审批、资金拨付效率不高、跨部门之间信息不协同等一系列问题，严重影响资金使用效率。

为了维护新疆社会稳定和长治久安、早日打赢脱贫攻坚战，天津市审计部门运用"科技+制度"的方法，探索最适合援疆实际情况的信息化管控新路。在各方共同努力下，天津援疆项目资金管理信息化管控系统投入使用。系统上线后，不仅让所有项目审批和资金的数据信息能在互联网"高速路"上跑起来，给人工"跑腿送表"的历史画上了句号，也将援疆前方指挥部的日常审批、统计和后方的审计监督融为一体，进一步扎紧内控制度网，筑牢援疆项目资金的"防火墙"。

五、实现扶贫过程的动态管理

大数据信息化管理平台能够根据贫困县脱贫摘帽（三率、一度、

----

① 《数据网上跑权力晒在阳光下》，《中国青年报》2019年11月25日。

一接近）、村退出（一降、五通、七有）、户脱贫（一超过、两不愁、三保障）指标进行自动量化打分，把相关退出主要指标和参考指标设置相应分数，根据各项指标达标情况进行自动得分，不达标项进行自动红色预警，提醒县、乡、村针对不达标项进行查漏补缺、缺项补项，实现了贫困退出电子信息化[①]。另外，通过手机 APP 考勤打卡和下派工单对扶贫干部的工作情况进行精准追踪，方便扶贫干部进一步掌握农户信息，主要包括贫困户享受的项目以及家庭成员就业情况，进而方便帮扶干部了解走访贫困户，同时针对贫困户实施一户一策。通过数据动态更新、自动比对，确保贫困户识别精准、退出精准。发现异常数据后会自动预警，并推送到对应部门进行处理。从项目实施库来看，及时更新项目的立项及资金来源分派工作，并进行动态管理，实时核实并完善受益户等信息。从一户一就业模块来看，县、乡、村及时组织人员进行就业数据核查更新，确保每月实时更新就业人员收入、务工情况准确等，完善平台信息。从帮扶日志来看，结合工作安排，进一步督促帮扶干部进行入户走访，确保平台信息完整。从工单派发来看，进一步压实各级干部的责任，做到工作任务有安排、有跟踪、有落实、有结果。为扶贫数据的权威性提供严谨的过程管理和科学的机制保障。

案例五　大数据平台动态管理扶贫过程[②]

中国电信新疆公司开发建设了喀什地区扶贫网络信息化平台，实现对全地区建档立卡贫困人口、贫困村数据的信息化管理。通过对不同渠道的大数据进行比对，对脱贫全过程进行跟踪和监管，实现扶贫信息动态管理。平台通过将公安、民政、住建、教育、人社等部门的行业数据与国家扶贫办扶贫信息数据进

[①] 泽普县扶贫办信息中心：《加快大数据平台建设助力精准扶贫显成效》，2018 年 3 月 20 日。
[②] 《中国电信推动网络信息化建设助力新疆精准扶贫》，新华网，2019 年 7 月 16 日。

行自动比对，确保数据始终在动态调整，提高了数据精准度。平台根据贫困户的致贫原因、实际情况和项目安排执行进行"一对一"动态比对，确保项目安排和执行更为精准。平台通过连接各级财政部门，同步实时监督扶贫资金的层层拨付情况，并通过手机APP考勤打卡和下派工单对扶贫干部的工作情况进行实时追踪。在喀什地区驻村帮扶已有两年时间的干部李成业表示，在应用该平台之前，收集和处理扶贫数据全靠手工填写各类表格、计算器运算，还要不停地打电话、手工计算、向不同部门上传材料，工作量大，重复之处多，"大数据平台帮我们节省了巨大的工作量。"

第四节　大数据助推脱贫攻坚的经验与启示

大数据背景下，信息化扶贫模式发挥了大数据在扶贫领域的作用，使得脱贫攻坚工作取得了实质性的进展。为了构建一个良好发展的大数据技术生态环境，规避大数据扶贫产生的风险，需要统筹社会各界扶贫力量，利用好大数据来提升扶贫工作质量，进而促进大数据扶贫向信息化和数字化贫瘠的地区延伸。

一、信息化与扶贫机制统筹管理

随着信息化技术的不断普及与发展，以及扶贫开发数据量的不断增大，将大数据与扶贫机制要求相契合，对数据价值进行挖掘，充分分析数据资源，可以为脱贫攻坚工作提供数据参考，积极推动脱贫攻坚工作进程。通过大数据信息化管理，可以更加直观、更加全面地掌握贫困户最新的信息，告别了以前"蒙着头干工作"、行业部门数据不能及时共享的状态，真正意义上实现了脱贫攻坚中的"六个精准"，更好地为上级领导决策部署提供有力的基础信息保障，进一步提高了工作效率，减轻了基层扶贫干部工作负担，压实了各级干部的工作责任。

因此，信息化扶贫应以实事求是的工作方针为指导，杜绝形式主义与官僚主义，充分考虑贫困人口的致贫因素和贫困状况，扎根贫困基层，客观分析需求，落实扶贫方略，实现精准发力。脱贫攻坚大数据平台真正发挥作用的关键在基层。要坚持以用为本，按照上下联动、左右互动、重在基层的原则，在实践中不断探索完善平台功能，让平台的管理、监督、督导和协调作用充分发挥出来，借助现代科学信息技术手段切实把精准方略落实落细。要把脱贫攻坚大数据平台建设应用摆到县委和县政府脱贫攻坚工作的突出位置，强化县委一线指挥部作用，统筹指导乡村抓具体、驻村工作队队员实时动态录入，切实让平台"活起来、用起来"。扶贫管理组织统筹扶贫工作事宜，应结合大数据平台的反馈信息设置合理工作量与工作难度，立足解决实际贫困问题，强调扶贫措施的实用性、精准性，兼顾安全性、便捷性，确保用好大数据。

二、数据收集与信息挖掘相辅相成

大数据的核心是预测，通过合理预测，可以准确把握贫困地区及人口的分布变化规律，掌握地区致贫因素和贫困程度，进而调整扶贫战略，有针对性地引导资金流的方向，实现扶贫工作的精准发力。针对脱贫攻坚过程中的所有数据，需要完成信息资源的数据化，实现从数据收集到数据分析的转变，进而从大数据中挖掘出有用信息，预测扶贫需求，预判扶贫问题，为脱贫攻坚工作夯实信息基础。然而，当前省级之间、行业之间、部门之间甚至单位内部存在信息不畅的问题，"信息孤岛"现象普遍存在。一些部门和政府官员缺乏"大数据思维"，在一定程度上存在"数据小农意识"，不愿意共享本部门的数据信息，使得数据库形同虚设，信息化沦为政绩工程和面子工程。同时，扶贫大数据存在着准确性差、完整率低和标准化程度不高的问题，导致数据源可信度低。另外，面对海量的贫困数据资源，缺乏大数据技术创新的能力和洞察大数据分析的逻辑能力，导致数据信息的转化率低。

因此，为了提高大数据扶贫工作的科学性和精准性，可以通过组建大数据技术科学研究团队，为大数据技术研发提供智力支持，针对特定贫困地区贫困人口的特征，构建出具体的、实用的大数据技术模型，从而促进大数据技术在扶贫领域的创新。发挥基层组织的作用，鼓励农民自力更生求发展，激发其自主参与意识，提高扶贫信息的转化率，让贫困户可以将扶贫信息转化为脱贫手段，进而利用信息脱贫，变"输血"为"造血"。充分利用大数据平台，明确扶贫组织的职责和帮扶对象的范畴，公开透明的处理扶贫各项工作，让扶贫资源分配合理且落到实处。同时，利用平台分析致贫原因，进而根据贫困状况实施针对性的扶贫措施，切实解决贫困群体的实际问题。共享数字红利，将扶贫信息散发给全社会，通过倾向性政策引导公益机构、企业、个人等社会力量参与扶贫工作，打好全民脱贫攻坚战。

三、设施保障和要素搭配相得益彰

为了全面发挥大数据在脱贫攻坚中的作用，需要加强组织领导，完善硬件设施的建设，以及数据中心建设和信息化终端建设等，同时也包含人才、政策等方面的建设，进而形成涵盖多个层面的脱贫攻坚信息化保障体系：（1）加强组织领导。为确保大数据扶贫工作的有序开展，需要加强组织领导，形成工作合力，建立健全机制，突出大数据特点，开展业务培训，强化业务能力和服务保障。成立县、乡、村和行业部门四级工作机构，按照各自权限和工作职责负责"扶贫平台"的管理和运行，加强人力保障，切实配强扶贫专干，组建工作专班，把责任心强、能力突出的干部调配到位，负责扶贫平台的应用与管理，确保精准扶贫信息管理平台建设和运维经费，保障常态化运转。同时，宣传大数据平台的应用意义，激发各级扶贫干部运用大数据平台的动力，为打赢脱贫攻坚提供有力支撑；（2）完善人才体系。要对保障大数据扶贫信息系统进行灵活运用，就需要提高相关人员的业务水平。探索多样化的人才引进、培养和使用机制，加大教育培训力度，造就一支数据管理、系统维护和监督监测的专门人才队伍。将脱贫攻坚大数据平台建设应用资金列入预算和重点项目，加大信息化建设投入力度。引导扶贫干部树立网络思维、创新思维，培养既懂业务、又懂信息技术的高素质管理人才，为脱贫攻坚工作的创新发展提供帮助；（3）确保政策保障。大数据信息化扶贫在很大程度上会出现多投入少直接回报的现象，这就需要政策的保障和鼓励。相关部门应及时出台一些和信息化扶贫相关的政策性文件，扶贫领导小组根据相关政策合理制定信息资源共享及网络安全等方面的规范和标准，合理制定实施机制，为大数据信息化扶贫系统的运行创造良好条件。

第九章

泽普经验：双轮驱动共发展

坚决打赢脱贫攻坚战，确保到 2020 年，现行标准下贫困人口和贫困地区与全国一起进入全面小康社会，是党对全国人民作出的庄严承诺。民族地区是我国发展不平衡不充分的突出地区，也是脱贫攻坚的主战场。民族地区的贫困治理不仅关乎全面建成小康社会，还关乎民族团结、边疆稳固和社会发展稳定。"全面实现小康，少数民族一个都不能少，一个都不能掉队"更是新时代国家对民族工作提出的新任务和新要求。因而，要妥善处理好脱贫攻坚与民族团结的关系，既要在脱贫攻坚中促进民族团结，又要通过加强民族团结助力脱贫攻坚。

第一节　脱贫攻坚与民族团结双轮驱动的主要做法

泽普县结合本地实际，因地制宜，精准施策，坚持脱贫攻坚与民族团结双轮驱动，使得该县经济、社会等各方面取得了巨大成就，人民的获得感、幸福感显著提高，民族团结进一步加强，农村贫困状况得到了根本性改变。2019 年 4 月，泽普县经自治区人民政府批准退出国家贫困县序列，实现了全县整体脱贫摘帽目标，现在正朝着持续巩固脱贫成果，全力奔小康目标迈进。

这些成就的取得，与其所采用的一系列行之有效的做法密切相关，主要体现在：

一、提高政治站位，扛起政治责任

如果把新疆的扶贫工作看作是一盘棋的话，南疆则是该棋的"棋眼"。南疆四地州是全国 14 个特困片区之一，是新疆脱贫攻坚的主战场。泽普县隶属于南疆喀什地区，是南疆四地州 26 个贫困县之一，贫困面广，贫困程度深，基础设施和社会事业发展滞后，致贫原因复杂，脱贫攻坚任务重，难度大。同时，该县还是一个以维吾尔族为主的少数民族聚居地区，是反分裂斗争、打击"三股势力"的前沿阵地和主战场。意识形态领域反分裂、反渗透形势严峻，长期受"三股势力"及宗教极端思想流毒影响，贫困群众"乐安天命"、"等靠要"的思想严重，缺乏脱贫致富的内生动力，扶志工作难度大；暴恐活动的潜在威胁，又直接阻碍了经济发展，严重冲击了招商引资、劳务输出和项目建设等，在一定程度上加剧了扶贫的难度。

面对上述局面，泽普县党委和政府高度重视脱贫攻坚和民族团结工作，坚持以习近平新时代中国特色社会主义思想为指导，全面贯彻党的十九大和十九届二中、三中、四中、五中全会精神，坚持以人民为中心，紧扣"中华民族一家亲，同心共筑中国梦"总目标，紧紧围绕共同团结奋斗、共同繁荣发展主题，认真贯彻执行中央、自治区及地委党委和政府制定的各项政策，聚焦社会稳定与长治久安，坚决扛起脱贫攻坚和民族团结的政治任务。以社会稳定和长治久安总目标为统领，坚持脱贫攻坚和民族团结双轮驱动，完善两套班子运行机制，整体谋划、整体发力，全员参与、尽锐出战，做到了既治"乱"又治"穷"。通过脱贫攻坚为实现民族团结、社会稳定奠定坚实的群众基础，通过民族团结为脱贫攻坚创造良好的社会稳定环境，真正实现了脱贫攻坚与民族团结的良性互动，双频共振。

二、坚持党政领导，健全工作机制

在党委、政府的领导下，发挥集中力量办大事的社会主义制度优势。将脱贫攻坚与民族团结创建工作"两个全覆盖工程"相结合，全县每名干部都有自己帮扶对象、结亲对象，在推进脱贫攻坚与民族团结的过程中增进民族感情、促进各民族共同富裕。

一是坚持县委直接抓村工作机制，落实党政一把手"双组长"负责制。健全完善"县领导包贫困村、乡领导包一般村"的包联制度，落实县乡村三级书记遍访贫困村、贫困户制度，组织全县所有干部职工对全县农户开展多轮摸排，确保底数清楚。通过采取"解剖麻雀"的方式逐村逐户蹲点调研。二是配齐配强县乡村三级专职扶贫干部，通过扶贫知识专题培训和开设培训班等形式，切实提高了扶贫干部的理解力、执行力和落实力。建立"每周一次脱贫攻坚领导小组办公室会议、每半月一次领导小组会议、每月一次现场推进会"工作制度，精准落实各项脱贫措施，确保扶贫项目、扶贫资金精准到户到人。三是紧盯扶贫领域"四风四气"问题，县委坚持每月研究扶贫领域腐败和作风问题专项治理，有效遏制了扶贫领域腐败案件的发生。

同时，成立以县委书记为组长，县长及四套班子等相关领导为副组长，相关职能部门领导为成员的"民族团结一家亲"活动领导小组，领导全县各族干部职工与贫困户、重点户开展制度化、常态化的结亲活动。各族干部职工积极主动走访结亲户，以解民难、排民忧、化民怨为重点，教育引导各族干部职工自觉践行党的群众路线，竭力帮助结对亲戚解决生产生活、就学就医等方面的实际困难和问题，让各族群众感受到党和政府的温暖，感受到干部作风转变带来的变化。

三、全力脱贫攻坚，促进民族团结

民族地区经济是国家整体经济的一个重要组成部分，其发展速度及发展水平，直接关系和影响到国家整体经济的发展速度及发展水平，影响到国家政治稳定和各民族的团结。由于自然环境、历史条件等因素，造成民族地区与其他地区在经济发展、社会进步等方面存在着一定差距。而发展是解决民族地区各种问题的总钥匙。因此，在民族地区开展脱贫攻坚工作，实现经济的较快发展、生态环境和生产生活环境的极大改善，不仅有利于加快破除制约民族地区发展的瓶颈，更有利于让民族地区的少数民族群众共享改革发展成果，增强各族群众获得感、幸福感，推进民族团结进步，铸牢中华民族共同体意识。

（一）发展优势产业，增强造血功能

产业扶贫是确保贫困群众持久有效脱贫的重要途径之一，这种扶贫方式立足当地资源禀赋，以产业发展为基础，以经济效益为中心，以市场为导向，通过增强贫困人口和地区的自我发展和自我积累能力，不断提升贫困地区与人口自身的"造血"技能，最终实现产业发展与贫困人口脱贫。因而，在民族地区要立足当地资源优势、区位优势和民族特色文化优势，加快培育壮大特色主导产业，不断延伸产业链，把发展产业作为贫困治理和高质量脱贫的根本之策，不断增强贫困人口自我减贫、自我脱贫的"造血"能力。

泽普县位于新疆西南部，昆仑山北麓，喀喇昆仑山东侧，塔克拉玛干沙漠的西缘。属暖温带大陆性干旱气候，光照充足，热量丰富，昼夜温差大，无霜期长，虽气候干旱，降水少，蒸发量大，但因叶尔羌河、提孜那甫河流经全境，水量丰富，对于发展林果业具有独特的优势。因而，该县把发展林果业作为脱贫的主要举措。共发展林果面积54万亩，其中红枣20万亩、核桃26万亩、苹果3万亩、其他5

万亩，人均林果面积3亩，贫困户人均林果面积2.5亩。为提升产品竞争力，抵御市场波动风险，泽普县还坚持在产中服务管理和产后销售上下功夫，组建林果业服务队，改造低效益林果园，以提升果品质量；建成50座保鲜库，引进11个农副产品加工企业，采取托底收购的方式，解决林果销售问题，为依托林果业脱贫奠定了坚实的基础。

同时，该县坚持把种植业和畜牧业作为产业脱贫的有力支撑，坚持做优种植业，通过特色种植推动产业结构调整，发展马铃薯、万寿菊、露地蔬菜等特色种植6万亩，筑牢贫困户脱贫支撑；此外，依据当地维吾尔群众养羊和食用羊肉的传统，该县坚守民族特色，大力做强以养羊为主的畜牧业，投入巨资兴建良种繁育中心，为贫困户提供良种羔羊，推动贫困户依靠发展畜牧增加收入。

通过产业扶贫，不仅增强了民族地区的自我发展能力，帮助各族群众就地脱贫、持久脱贫，而且通过产业扶贫中形成的产业利益联结机制，将企业与广大贫困户的利益紧紧连在了一起；不但激发了各族群众干事创业的热情，而且以实际行动践行了"共同团结奋斗、共同繁荣发展"的民族工作理念。

（二）实施就业扶贫，实现稳定增收

就业扶贫是最直接的脱贫方式之一，通过免费提供就业培训、进行劳务输出、鼓励就地就近就业、支持创业带动就业以及创设公益岗位托底安置等形式，提升贫困劳动力就业创业能力，实现稳定就业获取稳定收入，最终实现脱贫致富的目标。

一是多举措提升就业培训质量，既"富口袋"更"富脑袋"。针对该县农村劳动力就业素质不高、职业技能匮乏的问题，泽普县为提高职业技能培训质量，提升劳动力综合就业能力，鼓励、引导困难群众的就业信心和决心，提高"造血"能力，在职业技能培训内容上，增设了国语学习、感恩教育、勤劳致富、劳动纪律等课目，唱响勤劳致富主旋律，凝聚内生动力精气神；在培训方式上，根据企业用工需求和劳动者意愿，利用"冬季攻势"和农闲时间，开设砌筑、钢筋、厨师、缝纫、美容美发、电工、焊工、木工等中长期技能培训；在培训教材上，严格按照人社部门要求，及时更新教材，做到与时俱进；在培训机构管理上，引入市场化机制，并加强监管。同时根据喀什地区职业技能提升行动实施方案要求，利用泽普县技工学校和职业高中对全县就业重点和困难群体开展职业技能提升培训、转岗转业培训、创业培训和贫困劳动力技能扶贫工作。

二是多渠道开发就业岗位，促增收挖穷根。泽普县通过县级产业园、乡级产业园和村卫星工厂实现"以产业促就业，以就业促稳定"的就业格局。通过招商引资和以商招商等方式引进劳动密集型企业进驻园区企业、吸引劳动力就地就近就业。同时，通过政府购买服务，创设公益岗位，有组织转移、参与本地建筑业、自主创业等，实现了"一户一就业"的目标。

三是搭就业平台建绿色通道，促进转移就业。按照地区要求，结合泽普县实际，成立了县级劳务派遣办公室和乡级劳务派遣服务站以及村级劳务派遣工作组。同时，成立了泽普县民生人力资源服务有限公司及各乡镇场经营部。从职能上形成了行政机构健全、人员配备到位、相互服务支撑的城乡劳动力就业服务体系，有力地促进了城乡劳动力转移就业。

这些有力举措的实施，不仅有助于激发贫困劳动力的内生发展动力，更对于实现新疆社会稳定和长治久安的总目标具有特殊意义。当前，新疆仍处于"三期叠加"的特殊时期，稳定是一切工作的前提和基础，有了稳定，才可持续发展。就业扶贫不仅解决了泽普各族群众的生计来源问题，使其能够平等地享有就业机会和发展机会，共享经济发展的成果，而且能增强贫困地区各族群众交流和交融，增强安全感和归属感，有助于消除基层社会的不稳定因素，实现新疆社会稳定和长治久安总目标。

（三）坚持"智志"双扶，激发内生动力

习近平总书记强调"扶贫要同扶智、扶志结合起来"。贫困群众陷入贫困，除了与其所面临的自然环境因素相关外，还与其受教育程度低，缺乏相应的知识和劳动技能有关，故而，要扶智。同时，贫困群众长期处于贫困环境中，容易形成贫困亚文化，不思进取，丧失与贫穷斗争的斗志，因而，扶贫也要做好扶志工作，激发贫困群众的斗志。

泽普县少数民族占比高，居住相对集中，习惯于用本民族语言进行交流，对外界语言的依赖性程度低，由于无法完全掌握国家通用语言文字，导致劳动力外出就业受阻，工作机会缺乏，竞争能力低下，获取现代知识信息的能力不足，往往处于市场产业链的最低端。同时，泽普县地处地理环境相对封闭、社会生活贫困的南疆地区，贫困人口无法受到良好的教育，融入现代社会困难，容易受到宗教极端主义和民族分裂势力的蛊惑和利用。

针对这种局面，泽普县加大教育扶贫力度，全面实施国家通用语言教育全覆盖工程，积极改善民族地区基础教育办学条件，教育水平，大力开展职业教育。积极开展"阳光助学"活动，助力贫困户子女顺利完成学业，切实阻断贫困代际传递。

泽普县在通过进行"扶智、扶志"教育扶贫的同时，大力深化民族团结进步宣传教育，引导各族群众不断增强对伟大祖国的认同、对中华民族的认同、对中华文化的认同、对中国共产党的认同、对中国特色社会主义的认同。推动中华优秀传统文化融入国民教育、道德建设、文化创造和生产生活。深入推进"去极端化"，坚持把"四大"活动和发声亮剑活动作为正本清源的有力载体，引导各族群众自觉抵制民族分裂主义和宗教极端思想的渗透；积极开展"倡导新风尚、树立新气象、建立新秩序"活动，采取宣传党的惠民政策、选树脱贫致富典型、发放"脱贫光荣证"等形式，激发了脱贫致富

内生动力。

通过教育引导，既增强贫困群众的主观脱贫意愿，从"要我脱贫"向"我要脱贫"积极转变，又营造了民族团结进步的良好氛围。

（四）开展社会帮扶，凝聚各方合力

"众人拾柴火焰高"。无论是脱贫攻坚工作还是民族团结进步工作，牵扯的领域和资源都比较广泛，仅仅依靠党委和政府的力量是远远不够的，这就需要动员全社会各方面的力量广泛参与。通过东西部扶贫机制、对口支援、帮扶机制、定点扶贫机制等形式，实现政府、市场、社会互动和行业扶贫、专项扶贫、社会扶贫联动。让各方力量自觉站在"中华民族一家亲，同心共筑中国梦"的高度，帮助少数民族同胞脱贫致富、同步小康。

因此，泽普县深入推进实施精准脱贫与民族团结进步创建"两个全覆盖工程"，自治区6个单位、地区5个单位和县直115个单位包联133个村，县乡两级7222名干部包联10257户困难群众，做到"帮困不漏户、帮扶不缺人"，有效发挥行业扶贫作用。突出利用上海援疆资源，深化"组团式"援疆，推进闵行区14个街道和全县14个乡镇（场）"一对一"帮扶共建工作，积极推进产业扶贫、项目扶贫、教育扶贫、卫生扶贫、安居富民房、四结对等工作，为泽普实现脱贫摘帽目标奠定了坚实的基础；推进区内协作扶贫，与克拉玛依白碱滩区协作共建，共投入援建资金346万元，转移贫困人口就业85人，有效发挥了援助共建作用。

（五）推进生态扶贫，构建宜居环境

自然生态环境是民族地区人民群众生存与发展的客观基础，也是脱贫攻坚推进的现实依据之一。要客观把握生态环境情况，做好生态文明建设顶层设计，有效衔接生态治理、生态开发与脱贫攻坚工作。

　　泽普县始终坚持"绿水青山"就是"金山银山"的生态理念，大力实施生态立县战略，把生态文明建设摆在突出位置，以绿色发展理念为引领，持续加快推进生态建设，逐步构建宜居环境，使人居环境明显改善，让各族群众的幸福感明显增强。

　　在脱贫攻坚的过程中，泽普县针对农村村民庭院杂乱无序、利用率低的问题，进行庭院整治工程，发展庭院经济作为改善人居环境、促进增收的重要抓手，动员鼓励群众拆除危旧土坯房复垦土地，采取林下套种蔬菜的模式，发展庭院经济，在"方寸之地"做文章，坚持农户主导与奖励补助相结合，按照地区庭院经济建设实施方案，落实边缘户、一般户和其他户补助资金，引导贫困户宜林则林、宜畜则畜、宜禽则禽、宜菜则菜发展庭院经济，切实提升庭院利用率，让庭院经济成为贫困群众增加收入，迈向小康生活的新途径，将小庭院建成了"增收园"。同时，大力开展"三新"创建、"最美庭院"示范户创建活动，做到睡有床、坐有沙发、吃饭学习有座椅，全村"三新"、改厨改厕完成率达到100%。从根本上改变了群众陋习，促进了民族团结，对冲了宗教极端思想，激发了群众内生动力。

四、加强民族团结，助力脱贫攻坚

（一）加强民族团结进步教育，营造稳定发展环境

　　民族团结是维护社会稳定的重要保障，是实现扶贫攻坚的环境基础。而加强民族团结，基础在于搞好民族团结进步教育。泽普县在民族团结教育中，以社会主义核心价值观为引领，加强对各族群众的中华民族共同体意识教育。把坚定"四个自信"[①]，牢固树立"三种意识"[②]、增强

---

① 四个自信：道路自信、理论自信、制度自信、文化自信。
② 三种意识：国家意识、公民意识、中华民族共同体意识。

"五个认同"①，深化党史国史和新疆"三史"② 教育等民族团结教育纳入到国民教育中，坚持在中小学开始民族团结教育课程，开展"手拉手交朋友"、"四同"③、"三结对"④、"六互动"⑤、"民族团结好少年评选"等形式的民族团结教育活动。同时，将民族团结教育纳入社会教育和职业教育的全过程，充分利用宣传月、干部培训、民族节日等各种机会，采取知识竞赛、组织答卷、宣传展板、编发宣传册（单）等形式，在全县广泛开展民族团结进步系列宣传教育活动，让"中华民族一家亲，同心共筑中国梦"、"三个离不开"和"五个认同"思想更加深入人心。

充分发挥民间文化领军人才作用，开展"传帮带"活动，在弘扬主旋律、传播正能量和促进社会和谐稳定及满足精神文化需求中发挥了主导作用。成功举办了金湖杨旅游文化节、长寿文化论坛、民族服饰比赛、乡村篮球比赛、青年麦西来甫等一系列文体活动。每两年召开一次民族团结进步模范表彰大会，表彰为泽普县民族团结进步事业做出突出贡献、取得显著成绩的一大批模范集体和个人。讲好库尔班大叔骑着毛驴进北京、一心为民的"最美村官"刘国忠、为维吾尔青年捐肾的"新时代雷锋"王燕娜、"草根慈善家"阿里木、面对歹徒喊出"她是我妹妹"的"见义勇为英雄"艾尼·居买尔等民族团结英雄的感人故事，让民族团结的英雄事迹家喻户晓、人尽皆知，在全社会形成敬英雄、学英雄、争当英雄模范的浓厚氛围。电视台、微信平台对评出的民族团结典型事迹突出的模范单位和模范个人进行

---

① 五个认同：在原来"四个认同"基础上发展而来，即对伟大祖国的认同、对中华民族的认同、对中华文化的认同、对中国共产党的认同、对中国特色社会主义的认同。
② 三史：新疆历史、民族发展史、宗教演变史。
③ 在中小学校开展的活动为："四同"，即民汉教师办公同室、教研同组、教学同步、展示同台。
④ 三结对：即民汉师生教师结对、班级结对、学生结对。
⑤ 六互动：即民汉学生联谊互动、民汉学生交友互动、民汉班主任工作互动、民汉班级班队会互动、民汉学生节日互动、民汉师生助困互动。

重点宣传报道，大力宣传群众身边的民族团结典型，通过身边人讲身边事，自己人讲自己事，增强宣传教育的生动性。

通过教育，泽普县各族群众中华民族共同体意识不断增强，形成了各民族间相互团结、相互促进、共同发展才是解决贫困问题的共识，为打赢脱贫攻坚战营造了平等、团结、互助、和谐的社会环境。

（二）坚持"民族团结一家亲"，铸牢发展进步基石

民族团结是各族人民的生命线，更是新疆发展进步的基石。党的十九大后，新疆以习近平新时代中国特色社会主义思想为指引，紧紧围绕社会稳定和长治久安的总目标，开展了"民族团结一家亲"活动，将全区各级行政、企事业单位干部职工和全区各族人民群众结亲戚，同吃同住同学习同劳动。

泽普县认真贯彻落实自治区、地区相关政策精神，成立以县委书记为组长，县长及四套班子等相关领导为副组长，相关职能部门领导为成员的"民族团结一家亲"活动领导小组，领导全县各族干部职工与贫困户、重点户开展制度化、常态化的结亲活动。全县各族干部职工按照结亲工作要求，立足本职工作，做到干部、群众、活动、地域、行业领域"五个全覆盖"，常态化开展"民族团结一家亲"活动、组合结亲工作、"结亲周"活动和民族团结联谊活动。积极主动走访结亲户，以解民难、排民忧、化民怨为重点，教育引导各族干部职工自觉践行党的群众路线，竭力帮助结对亲戚解决生产生活、就学就医等方面的实际困难和问题。

通过活动，各族党员干部与基层群众融为一体，打成一片，让各族群众感受到党和政府的关怀与温暖，坚定了维护祖国统一和民族团结的决心，同时，也激发了各族群众脱贫致富的信心。

（三）推进民族团结创建，促进各民族共同富裕

泽普县以创建全国民族团结进步模范县、自治区民族团结进步年

活动为契机，在机关、乡（镇）场、村（社区）、学校、企业、宗教场所、军（警）营等开展民族团结进步模范创建"八进"活动，因地制宜，结合实际，突出行业特点，加强民族团结进步宣传教育，将党的民族宗教政策和国家的法律法规落到实处，引导各行各业，各族干部群众广泛参与创建，营造民族团结进步的浓厚氛围，通过开展"细胞工程"创建活动，评选出一批各行各业的民族团结模范，提升民族团结创建水平。

同时，泽普县高度重视将民族团结创建活动融入日常工作生活，制定民族团结创建规划，积极开展各类创建活动，依托刘国忠民族团结教育基地、叶尔羌民俗博物馆，开展经常化、制度化、社会化的民族团结进步教育活动，激发各族群众的民族团结情感；开展民族团结专题展区，唱响民族团结主旋律，打造民族团结教育主阵地，把民族团结创建工作与精准扶贫"两个全覆盖工程"相结合，全县每名干部都有自己的帮扶对象，在推进精准扶贫、精准脱贫的过程中增进民族感情、促进各民族共同富裕。

第二节 脱贫攻坚与民族团结双轮驱动的启示

一、坚持发展是解决民族地区各种问题的总钥匙

巩固和加强民族团结、做好一切民族工作的着力点和核心问题归根结底仍在于不断加快少数民族地区经济社会发展，逐步改善民族地区民生，发展是解决各种民族问题的总钥匙。将"发展"落实在"增进团结"上，实质就是要以发展来促团结，主要体现在：首先，加大力度为少数民族地区经济发展提速，缩小西部与东中部的地区性差距，在全面建成小康社会决胜阶段，力争实现少数民族地区与全国

一道进入小康社会不掉队，以解决"不平衡、不充分"所带来的跨区域间民族团结问题；其次，以改善民生为突破口，充分利用差别化的民族区域发展政策，实现各民族群众均等化享受教育、医疗、就业等基础公共服务，注重精准扶贫"不让一个民族、不让一个地区掉队"的原则，在广大民族地区尽快消除贫困，缩小民族与民族、群众与群众间的差距，以权利和经济上的实质平等来强化各民族间的团结[1]。

二、坚持脱贫攻坚与民族团结的双轮驱动

民族地区脱贫攻坚与民族团结进步都是在党的领导下，由政府主导、群众参与，以推动民族地区发展、增进少数民族同胞福祉为目标的行动。两者你中有我、我中有你，相辅相成、有机统一。我们要改变以往重脱贫攻坚、轻民族团结进步创建的思想，改变就扶贫论扶贫、就创建搞创建的做法，进一步强化系统思维、改革思维、创新思维，将与两者相关的资金、项目、宣传平台、工作队伍等进行有机结合，实行同部署、同推进。[2]

要通过脱贫攻坚促进民族团结。在民族地区开展以加强基础设施建设、推进基本公共服务均等化、发展特色优势产业等为内容的脱贫攻坚，不仅有利于加快破除民族地区发展瓶颈制约，更有利于让民族地区的少数民族群众共享改革发展成果，铸牢中华民族共同体意识。同时，通过脱贫攻坚使民族地区享受到了政策福利，经济实现较快发展，生态环境和生产生活条件大为改善，各族群众的获得感、幸福感显著增强，各民族之间的关系更为和睦、融洽，更有利于民族团结。

---

[1]　崔晓琰、扎西：《习近平关于民族团结重要论述的理论内涵与时代价值》，《云南民族大学学报》（哲学社会科学版）2020 年第 1 期。

[2]　游俊、李晓冰：《同频共振，相得益彰——浅论民族地区脱贫攻坚与民族团结进步创建之关系》，《中国民族》2018 年第 2 期。

此外，通过扶贫与扶智、扶志相结合，通过宣传引导，生产带动以及健全完善各项民生保障政策，不仅激发了少数民族群众的内生动力，而且还促使了其观念上的进步。

要通过民族团结促进脱贫攻坚。在民族地区通过民族团结进步宣传教育，能够最大限度地调动全社会各方力量自觉站在"中华民族一家亲，同心共筑中国梦"的高度，帮助少数民族同胞脱贫致富、同步小康。也能够争取人心团结力量，激发各族群众用自己的辛勤劳动实现脱贫致富的积极性、主动性和创造性。通过创建中选树的一些既维护民族团结进步又勤劳致富的先进典型，不仅可以引导广大群众珍惜来之不易的民族团结进步大好局面，而且还可以激发大家不甘贫困、自力更生、艰苦创业、勤劳致富。

三、贯彻外部扶持与自力更生相结合的原则

贫困地区短板因素多，如基础设施落后，公共服务不足，产业发展滞后，仅靠自身努力短期内难以脱贫，为了如期实现脱贫目标，外界帮扶不可或缺；实践证明，动员和组织包括全国各省市、各级党政机关等积极参与少数民族贫困地区扶贫开发建设，不仅加快了民族地区扶贫开发的步伐，而且弘扬了中华民族手足相亲、守望相助的优秀传统，取得了积极而显著的成果。

同时需要强调的是，各族群众自力更生、艰苦奋斗的精神始终是民族地区扶贫开发的强大内在动力。民族地区扶贫开发工作一定要更加重视"输血"与"造血"、"硬件"与"软件"相结合，从而进一步提升贫困地区群众的自主参与意识，拓展贫困地区的内生发展动力。民族地区依然需要国家和社会各界的扶持与支援，但最终还是要靠自身的艰苦努力来改变贫困落后面貌、实现经济社会发展。只有将外部扶持与自力更生有机结合起来，民族地区才能充分发挥自身潜力，实现后发优势，彻底摆脱贫困、实现全面小康。

四、坚持政府主导、市场运作、社会参与的思路

首先，必须坚持政府主导。中国民族地区扶贫开发工作的最大特色就是始终坚持由中央和地方各级政府主导。这既是由中国政府全心全意为人民服务的根本宗旨所决定，也是社会主义制度的一大优势。今后民族地区扶贫开发政策的制定、重点的确立、方向的把握等都应继续由各级政府通过落实工作责任制，全力推动完成。其次，必须坚持市场运作。民族地区的扶贫开发工作是在中国特色社会主义市场经济体制的大背景下开展的，因此在坚持政府主导的同时，也务必要遵循市场经济的基本规律。要使市场在资源配置中发挥决定性作用，从而充分调动民族贫困地区群众脱贫致富的主动性和创造性。最后，必须坚持社会参与。改革开放以来，部分东部发达省市和企事业单位、社会组织等与少数民族贫困地区开展结对扶贫协作，发挥了重要引领作用。今后应进一步搭建社会参与平台，完善政策支撑体系，营造良好社会氛围，多种形式推进，形成民族地区扶贫开发工作的强大合力①。

五、重视文化认同在脱贫攻坚与民族团结中的作用

一味的通过解决物质方面的差距，并不能天然的促成民族团结，极易落入"功利主义"的陷阱，形成"虚假"的繁荣和"虚伪"的团结。习近平总书记"解决民族问题需要将物质和精神两个方面的问题都解决好，加强中华民族大团结，长远和根本的是增强文化认同……"的论断强调了处理民族问题物质力量与精神力量应当并举

① 李天华：《改革开放以来民族地区扶贫政策的演进及特点》，《当代中国史研究》2017 年第 1 期。

的同时，也指明了解决精神方面问题的"切入点"，即文化认同。①

我国各少数民族文化内容丰富、特色鲜明、形态多样，是中华文化不可分割的重要组成部分，更是维系和促进团结的重要纽带。要在脱贫攻坚和民族团结中，挖掘、传承和保护民族传统文化，通过增强各民族彼此间对对方优秀传统文化的认同，奠定其树立正确祖国观、民族观、历史观的基础，培育中华民族共有精神家园，铸牢中华民族共同体意识，以认同增强团结，促进民族地区经济社会发展。

第三节　脱贫攻坚与民族团结双轮驱动的展望

2020 年是脱贫攻坚决战决胜之年，千百年来困扰中华民族的绝对贫困问题即将历史性地画上句号，我们将全面建成小康社会，实现第一个百年奋斗目标。现有标准下的绝对贫困问题的解决，并不意味着今后不再有贫困问题，也不意味着反贫困的终结，而是要进入一个减贫的新阶段。后续的减贫工作该如何开展是一个需要提前谋划的问题。根据党和国家重大战略方针政策及国内外环境的变化，结合泽普县自身的脱贫攻坚实际情况，我们对未来的减贫工作所面临的挑战及可能的变化趋势进行一下展望。

一、面临的挑战

（一）巩固脱贫成效与防止返贫的挑战

民族地区的贫困面积大，贫困人口多，贫困程度深，返贫率高，

---

① 吴春宝：《论习近平民族团结思想的内容、特征和意义》，《黑龙江民族丛刊》2018 年第 1 期。

特别是集中连片贫困和因灾因病返贫问题十分突出，脱贫减贫的成本高且任务艰巨，难以在短时间内实现充分脱贫，且脱贫攻坚的成就是在诸多政策支持和资源投入的基础上取得的，在打赢脱贫攻坚战后，依然会存在一些短板，如果缺乏持续的政策支持和资源投入，难免出现脱贫后返贫的隐患。另外，贫困县摘帽后，随着绝对贫困人口的消失，未来的减贫对象将会转向相对贫困人口，如何进一步解决此类人口的脱贫问题，都是民族地区要解决的问题。

而民族地区基础设施薄弱，公共服务能力不足，难以满足贫困人口日益增长的发展需要；农业产业结构单一，产业融合带动能力不足，市场体系建设滞后，难以充分发挥市场对资源的配置作用；农村人口文化水平低、职业技能欠缺，具有带动作用的现代实用人才不足等诸多因素都可能成为影响脱贫成效的原因。因此，如何巩固脱贫成效，防治返贫的问题发生，是民族地区各级政府必然要回答的现实问题。

（二）经济发展滞后与经济下行压力带来的挑战

通过脱贫攻坚和民族团结进步创建活动等措施，民族地区的经济发展尽管取得了显著成绩，但受资源环境、地理条件等因素的影响，我国民族地区的经济发展相对滞后且发展差距有逐渐拉大的趋势。又加上近年来我国经济增速持续下降，经济下行压力较大，财政资金投入紧张。同时，外部环境的不确定性增大，使得我国民族地区的经济发展不得不面临诸多挑战，易对区域经济发展产生冲击与影响。

因此，如何依托民族地区独特的资源和区位优势，实现区域产业结构的转型升级与合理化，发挥产业的脱贫带动作用，增强民族地区经济发展的内生动力；如何通过体制机制创新，实现区域经济增长在质量与效益上的双重提升，缩小与发达地区经济发展水平上的巨大差距，就成为民族地区面临的又一严峻任务与挑战。

（三）人力资源匮乏与人才竞争力提升的挑战

当今社会，人力资源已经成为决定一个国家或地区竞争力的核心要素。受自然条件、历史发展、经济基础薄弱等因素的影响，民族地区的人力资源存在着明显的总体质量不高、结构不尽合理、人才流失较为严重等问题。一是民族地区人口平均文化程度较低，文盲率较高，人力资源的总体质量不高。二是人才结构不合理。民族地区大多以传统农业或畜牧业为主，传统型劳动力较多、专业技术人才短缺、高层次管理人才和高新技术人才缺乏等结构性问题较为突出，特别是一些边远地区的县及县以下基层单位普遍缺乏教育、卫生、农业、畜牧等专业技术人才。三是人才流失现象较为普遍。受地理位置、生活条件及发展空间等因素影响，民族地区的人才吸引力不足，人才竞争力较弱，外地人才不愿去，本地人才留不住的问题相当严重。

民族地区人力资源的匮乏与人才竞争力的不足，严重制约了民族地区脱贫攻坚和民族团结进步创建活动，也更难以适应"人才强国"的战略需要。因此，如何推动民族地区人力资源整体性开发，提升人力资源的整体质量；如何创新人才培养机制，更快更多地培养民族地区急需的各级各类专业人才；如何创造良好的用人机制与环境，形成民族地区人才竞争的比较优势，增强民族地区的人才吸引力和人才竞争力，是当前及今后一段时期内民族地区面临的一个重要任务与巨大挑战。

（四）生态环境脆弱与生态环境保护的挑战

民族地区是我国生态环境系统中最为脆弱的地区。近年来，受全球气候变暖以及地方政府对资源无序与过度开发等人为因素的影响，民族地区生态环境恶化严重，不仅影响了当地群众的生活质量，也成为当地群众致贫的主要根源。因而，如何在经济发展与生态环境保护之间找到平衡并实现双赢，如何为子孙后代留住永续发展的本钱，也是民族地区面临的现实问题。

（五）社会风险因素增加与民族地区团结稳定的挑战

由于社会转型、利益分化、风俗习惯、宗教信仰、民族问题以及境外敌对势力渗透等各种因素的交互影响，民族地区已经成为我国多种社会矛盾交织与多发的重点区域，社会不稳定因素明显且十分复杂。一是民族地区经济发展和民生建设上的滞后与落差及基本公共服务不均等是影响民族地区社会稳定与和谐的主要隐患与潜在威胁。二是"三股势力"是民族地区以及我国边疆安全与稳定的最大威胁。三是民族问题与宗教问题相互交织是民族地区社会矛盾错综复杂的重要根源。

民族地区社会稳定事关民族地区各族民众的幸福与安宁，事关国家安全与稳定。如何消除、预防并有效化解引发民族地区社会不稳定的各种诱因与因素，促进和实现民族地区持续稳定、长期稳定、全面稳定，促进各民族间的包容与团结；如何构建维护稳定的长效机制，确保民族地区的长治久安，是民族地区政府社会治理面临的一个严峻任务与挑战。

（六）社会治理现代化的挑战

民族地区社会治理现代化是国家治理体系现代化的重要组成部分，社会治理的现代化直接决定并影响着一个国家或地区政府治理现代化的水平。当前我国民族地区正处于转型发展的战略机遇期和各种社会矛盾凸显期，民族地区社会治理面临一系列的新问题、新矛盾与新挑战，创新社会治理，促进民族地区社会治理现代化应是民族地区政府的重要议题。

二、未来的战略选择

（一）改善民生，巩固脱贫成效

民生问题是引发各种社会矛盾的重要根源，尤其是在民族地区，如若得不到妥善解决或长期落差过大，势必会影响民族团结，国家统一和社会安定。习近平总书记在 2017 年参加新疆代表团审议时，就明确指出，"紧紧围绕各族群众安居乐业，多搞一些改善生产生活条件的项目，多办一些惠民生的实事，多解决一些各族群众牵肠挂肚的问题，让各族群众切身感受到党的关怀和祖国大家庭的温暖"。

因而，在脱贫攻坚结束后，应继续对贫困地区和贫困人口给予一定的脱贫攻坚政策稳定期和过渡期，以巩固脱贫成效。要在巩固现有贫困人口"两不愁三保障"的基础上，适当提高贫困标准，扩大帮扶范围，尤其是在绝对贫困线附近的边缘人群；完善提高"五个一批"的扶贫途径，提升扶贫效能；补齐贫困地区的基础设施短板，优先支持与老百姓生产生活密切相关的水、电、路、气、网络等民心工程建设，彻底改善民众的生产生活条件；逐步建立城乡一体化公共服务体系。为后续的乡村振兴以及城乡统筹发展打下坚实基础。

（二）转变经济发展方式，实现民族地区经济跨越式发展

经济发展水平是衡量一个国家政府治理水平和治理能力高低的重要指标。经济繁荣与稳定增长不仅决定和影响着民众的生活品质与质量，也影响和决定着一个国家和地区的现代化水平。转变经济发展方式，促进和实现民族地区经济跨越式发展是社会建设"新常态"下民族地区重要目标：

1. 转变发展理念，发挥特色优势

既要确立均衡发展、绿色发展、可持续发展的新理念，又要充分发挥民族地区的区位优势、资源优势、特色文化优势、生态优势，以及后发优势，确保并促进民族地区经济又好又快发展。

2. 因地制宜，打一场产业革命

在产业发展中，要发挥各地特色优势，将上述理念融入到产业选择、资金筹措、技术服务、农民培训、组织形式、利益联结机制中去，推动一、二、三产业融合发展，延长农业产业链、价值链，提高

产品增加值。改变传统的、单一的产业结构，形成传统特色优势产业、战略性新兴产业、现代服务业协调发展的新格局。

（三）强化人才培养及提升，实现人才振兴

将脱贫攻坚、民族团结进步教育宣传、创建等一系列活动与锻炼干部、人才培养有机结合，是我国民族地区特色的扶贫经验。在后续的发展中要继续保持和发扬。同时，要通过"对内培育"和"对外引进"有机结合，坚持两条腿走路，来弥补优秀人才，尤其是引领脱贫攻坚和民族团结进步的人才不足问题。所谓"对内培育"即加强教育和培训，培育新时代的乡土人才，使其成为新时代的致富带头人和引路人；而"对外引进"则是通过各种途径大力吸纳外部优秀人才，引进懂科技、懂管理、懂市场、懂法律的现代化人才，为民族地区的脱贫攻坚、乡村振兴、民族团结提供坚实的人才支撑和智力保障。

（四）建设生态文明战略高地，铸牢民族团结发展的根基

生态环境是人类生存与发展的基本条件，也是决定一个国家或地区可持续发展的前提保障。民族地区作为我国生态保护的核心区和生态屏障，民族地区的生态环境保护与建设，不仅关系国家的生态安全，更关系中华民族的永续发展。把民族地区打造成生态文明战略高地和美丽中国的后花园，促进民族地区可持续发展，是民族地区的战略使命。

为此，应继续坚持绿色减贫的理念，以绿色发展引领民族地区可持续发展。一是在观念继承层面，要继续以"两山"思想为指导，将生态振兴与产业发展，结构调整融合起来，推动生态资源向资产与资金有序转化，实现生态保护与经济发展"双赢"。二是在内容上，要从生态保护、农业新业态、农业标准化生产方面促进贫困地区绿色发展，加快乡村振兴进程。三是在实施方法上，采取法律方式保

证绿色发展和环境保护政策切实落地，通过立法来保护乡村整体
环境。

（五）促进民族团结，实现各民族共同繁荣发展

促进民族团结，实现各民族共同繁荣发展，是民族地区社会和谐
稳定的前提保障和脱贫攻坚的目标追求：1. 加强宣传引导，培育中
华民族共同体意识。通过民族团结宣传教育工作，完善民族团结进步
激励机制，营造民族团结的条件和氛围，增强各民族"对伟大祖国
的认同、对中华民族的认同、对中华文化的认同、对中国共产党的认
同、对中国特色社会主义道路的认同"。2. 促进各民族交往交流交
融。民族交往交流交融不仅是历史发展的必然，也是各民族共同繁荣
发展的重要途径。可采用的措施或途径有：一是建立相互嵌入式社会
结构和社区环境，为各族群众创造共生、共学、共事、共乐的社会条
件，以维护社会结构的稳定和社区民族关系的和睦；二是通过经济生
活的互嵌，增进不同民族成员在经济活动领域的广泛合作和相互了
解，逐渐实现民族关系上的相互交融。3. 要依法打击敌对势力、分
裂势力及其极端恐怖活动，坚决维护民族团结、社会稳定和国家
安全。

（六）脱贫攻坚与民族团结双轮驱动，促进民族地区社会
治理现代化

在脱贫攻坚中，我们建立了"中央统筹、省负总责、市县抓落
实"的扶贫体制机制，强化了各级党委总揽全局、协调各方的作用，
省市县乡村五级书记抓扶贫，为扶贫开发提供了坚强的政治保证，也
是未来巩固和拓展脱贫成果的制度保障。与此同时，我国不断改革和
创新国家治理体系，尤其是完善了乡村治理体系：一是将国家治理重
心下移，通过干部驻村促使帮扶措施更加精准；二是初步形成了多层
级、跨部门的贫困治理网络，对涉农资金进行统筹整合；三是实现了

扶贫的多元主体参与，构建了大扶贫格局，包括事业单位、企业主体、社区组织、第三方机构和合作社的参与，多元主体的协同推进实现了减贫效应的最大化①。

同时，为了创造良好的脱贫攻坚环境，在民族地区我们还大力开展了一系列的民族团结进步宣传教育和民族团结进步创建活动，并将其体制机制和内容与脱贫攻坚相结合，创新了民族地区的社会治理内容，提升了治理水平。

---

① 左停、刘文婧、李博：《梯度推进与优化升级：脱贫攻坚与乡村振兴有效衔接研究》，《华中农业大学学报》（社会科学版）2019 年第 5 期。

后　记

　　脱贫攻坚是实现我们党第一个百年奋斗目标的标志性指标，是全面建成小康社会必须完成的硬任务。党的十八大以来，以习近平同志为核心的党中央把脱贫攻坚纳入"五位一体"总体布局和"四个全面"战略布局，摆到治国理政的突出位置，采取一系列具有原创性、独特性的重大举措，组织实施了人类历史上规模空前、力度最大、惠及人口最多的脱贫攻坚战。经过8年持续奋斗，现行标准下9899万农村贫困人口全部脱贫，832个贫困县全部摘帽，12.8万个贫困村全部出列，区域性整体贫困得到解决，完成了消除绝对贫困的艰巨任务，脱贫攻坚目标任务如期完成，困扰中华民族几千年的绝对贫困问题得到历史性解决，取得了令全世界刮目相看的重大胜利。

　　根据国务院扶贫办的安排，全国扶贫宣传教育中心从中西部22个省（区、市）和新疆生产建设兵团中选择河北省魏县、山西省岢岚县、内蒙古自治区科尔沁左翼后旗、吉林省镇赉县、黑龙江省望奎县、安徽省泗县、江西省石城县、河南省光山县、湖北省丹江口市、湖南省宜章县、广西壮族自治区百色市田阳区、海南省保亭县、重庆市石柱县、四川省仪陇县、四川省丹巴县、贵州省赤水市、贵州省黔西县、云南省西盟佤族自治县、云南省双江拉祜族佤族布朗族傣族自治县、西藏自治区朗县、陕西省镇安县、甘肃省成县、甘肃省平凉市崆峒区、青海省西宁市湟中区、青海省互助土族自治县、宁夏回族自治区隆德县、新疆维吾尔自治区尼勒克县、新疆维吾尔自治区泽普县、新疆生产建设兵团图木舒克市等 29 个县（市、区、旗），组织中国农业大学、华中科技大学、华中师范大学等高校开展贫困县脱贫摘帽研究，旨在深入总结习近平总书记关于扶贫工作的重要论述在贫困县的实践创新，全面评估脱贫攻坚对县域发展与县域治理产生的综合效应，为巩固拓展脱贫攻坚成果同乡村振兴有效衔接提供决策参考，具有重大的理论和实践意义。

脱贫摘帽不是终点，而是新生活、新奋斗的起点。脱贫攻坚目标任务完成后，"三农"工作重心实现向全面推进乡村振兴的历史性转移。我们要高举习近平新时代中国特色社会主义思想伟大旗帜，紧密团结在以习近平同志为核心的党中央周围，开拓创新，奋发进取，真抓实干，巩固拓展脱贫攻坚成果，全面推进乡村振兴，以优异成绩迎接党的二十大胜利召开。

由于时间仓促，加之编写水平有限，本书难免有不少疏漏之处，敬请广大读者批评指正！

本书编写组

责任编辑：罗少强
封面设计：姚　菲
版式设计：王欢欢

图书在版编目（CIP）数据

泽普:脱贫攻坚与民族团结双轮驱动/全国扶贫宣传教育中心 组织编写. —北京：
人民出版社,2022.10
（新时代中国县域脱贫攻坚案例研究丛书）
ISBN 978 - 7 - 01 - 025229 - 2

Ⅰ.①泽…　Ⅱ.①全…　Ⅲ.①扶贫-案例-泽普县　Ⅳ.①F127.454

中国版本图书馆 CIP 数据核字（2022）第 197693 号

泽普:脱贫攻坚与民族团结双轮驱动
ZEPU TUOPINGONGJIAN YU MINZUTUANJIE SHUANGLUNQUDONG

全国扶贫宣传教育中心　组织编写

人民出版社 出版发行
（100706　北京市东城区隆福寺街 99 号）

北京盛通印刷股份有限公司印刷　新华书店经销

2022 年 10 月第 1 版　2022 年 10 月北京第 1 次印刷
开本:787 毫米×1092 毫米 1/16　印张:16
字数:200 千字

ISBN 978 - 7 - 01 - 025229 - 2　定价:48.00 元

邮购地址 100706　北京市东城区隆福寺街 99 号
人民东方图书销售中心　电话（010)65250042　65289539